走進民法典

陳加元题

走进民法典

106个精选案例释解

汪宝琳　著

ZOUJIN MINFADIAN

106GE JINGXUAN ANLI SHIJIE

法律出版社
LAW PRESS·CHINA
北京

图书在版编目(CIP)数据

走进民法典：106个精选案例释解 / 汪宝琳著. -- 北京：法律出版社，2023

ISBN 978-7-5197-8273-3

Ⅰ. ①走… Ⅱ. ①汪… Ⅲ. ①民法-法典-案例-中国 Ⅳ. ①D923.05

中国国家版本馆CIP数据核字(2023)第173190号

走进民法典

——106个精选案例释解

ZOUJIN MINFADIAN

—106 GE JINGXUAN ANLI SHIJIE

汪宝琳 著

责任编辑 李　群　赵雪慧

装帧设计 臧晓飞

出版发行 法律出版社

编辑统筹 法规出版分社

责任校对 张红蕊

责任印制 耿润瑜

经　　销 新华书店

开本 710毫米×1000毫米　1/16

印张 22.5　　**字数** 342千

版本 2023年9月第1版

印次 2023年9月第1次印刷

印刷 北京虎彩文化传播有限公司

地址：北京市丰台区莲花池西里7号(100073)

网址：www.lawpress.com.cn

投稿邮箱：info@lawpress.com.cn

举报盗版邮箱：jbwq@lawpress.com.cn

销售电话：010-83938349

客服电话：010-83938350

咨询电话：010-63939796

书号：ISBN 978-7-5197-8273-3　　**定价**：88.00元

凡购买本社图书，如有印装错误，我社负责退换。电话：010-83938349

序言　驿动的心

时光荏苒,不知不觉从事法律工作三十余年,真快。最初那些年,如饥似渴地忙于各种学习,报考各种证书,试图加持一些标签。经过多年打磨,自觉已成为一个还过得去的一专多能、辨识度较高的律师,不被人称为"万金油"律师或许可聊以自慰。感谢这个进入社会主义法治的伟大时代,让我遨游在法治世界中不断成长,不断成熟,不断成功。

近些年,有时感觉自己又像一部"办案机器",疲于奔命,很难停下来。曾试图爬爬格子,用这似乎远离"法律"之外的文字记录某段有趣的灵魂,也曾试图远离尘嚣,逃避人世间的纷纷扰扰去到一个无人的世外桃源徜徉山水之间,更曾试图找到一个去处安放我那驿动的心……原来这么多试图,只是想做点"案外"但又不曾"离案"的编一本有普法意义的书这件事情而已,原来这么多试图也只是想为自己放慢脚步找个另外的"合法"理由罢了。

《民法典》是中华人民共和国成立以来第一部以"法典"命名的法律,是新时代社会主义法治建设的重大成果,具有里程碑意义。《民法典》系统整合了中华人民共和国成立70多年来长期司法实践形成的民事法律规范,汲取了中华民族几千年的优秀法律文化,借鉴了人类法治文明史的有益成果,是一部真正体现社会主义法治性质,符合人民利益,顺应时代发展要求的法典。《民法典》调整的是自然人、法人等民事主体之间人身、财产关系,《民法典》调整的是人们从生到死,更准确地讲是从生前(胎儿权益)到死后(名誉权等)的各种民事法律关系,与各行各业紧密相连,生死攸关,生生不息。

本书试图以律师的视角,按《民法典》目录对精选案例进行精确解析。

总则编部分，通过某未成年人权益保护等案例重点阐述了诚信原则、公平原则、守法与公序良俗等原则内涵；物权编部分，通过某网络购物案、某宅基地使用权案、股权收购案、不当得利案、装修纠纷案、见义勇为案、所有权确认案等案例，阐述了物的归属、利用的各种民事关系，阐述物权平等保护和物权公示原则；合同编部分，通过房屋买卖合同、租赁合同、借贷合同、技术合同、赠与合同、中介合同、建设工程合同、合伙合同、运输合同、保理合同等案例，阐述各类合同的特点及内涵；人格权编部分，通过养女权益保护案、公司股东除名案、变更姓名案、美术馆名誉权案、隐私权案等案例，阐述民事主体享有的生命权、身体权、健康权、姓名权、名称权、名誉权、隐私权等权利及相关权利的保护；婚姻家庭编部分，通过离婚、抚养、财产等案例，阐述婚姻自由、男女平等、保护妇女、未成年人、老年人等合法权益，倡导良好家风，维护家庭美德等原则；继承编部分，通过一些继承案例，阐述了法定继承、遗嘱继承、遗赠等问题及继承权的保护；侵权责任编部分，通过某肖像权案、某隐私权案、医疗纠纷案、高空抛物案、不正当竞争案、未尽安全保障义务案、交通事故赔偿案、著作权侵权案等案例，阐述侵害民事权益的过错和推定过错责任原则，阐述无过错责任和自甘风险责任以及承担责任的方式等问题。

“法与时转则治。”《民法典》施行已两年，突如其来的新型冠状病毒肺炎疫情给各行各业都带来巨大影响，出现了很多新问题、新情况。因此，有必要总结各类民法典案例，通过一个个鲜活的案例“以案说法”地解析《民法典》，让《民法典》“有血有肉”，让普通老百姓能看得懂、学得好、用得上，真正让《民法典》成为人们生活中密不可分的“宝典”。这也算笔者为普法宣传尽点绵薄之力，这也算是笔者编这本书的初心之所在。因时间仓促，水平有限，不足和疏漏在所难免，请各位读者批评指正。

是为序。

汪宝琳

二〇二三年春

目　录

第一编
总　　则

一、不可抗力未履行　解除合同退费用

关键词：不可抗力、公平原则、合同纠纷

案情简介

闫某、尚某原在邯郸学院二楼餐厅售饭窗口经营麦多姆米线坊，后二人与杜某某协商达成合意，由闫某、尚某将麦多姆米线技术以及邯郸学院二楼餐厅售饭窗口的设备用具、剩余原料、窗口使用权等全部转让给杜某某，杜某某支付转让费50000元。后杜某某于2019年12月20日通过微信转账方式向闫某支付定金100元，又于2019年12月26日通过支付宝转账方式向尚某支付转让费39900元。闫某向杜某某出具收据载明“今收到转让费40000元整（肆万元整），剩余费用营业前结清”。后杜某某未支付剩余转让费10000元，闫某亦未转让窗口、技术及相关设备，窗口未能营业。到2020年2月，因疫情防控原因，学校未能如期开学，窗口至2020年2月仍未能营业，闫某亦未转让相关技术、设备用具。后杜某某要求闫某、尚某返还转让费未果，诉至人民法院。

原告观点

被告未转让技术和相关设备，未履行合同，应当解除合同并退还转让费。

被告观点

各方经商定口头达成合意合法有效，双方应依约履行。

争议焦点

合同无法继续履行，被告是否存在过错并应返还转让款。

裁判结果

闫某、尚某于判决生效之日起 10 日内返还杜某某转让费 29000 元;驳回杜某某的其他诉讼请求。

法律依据及解析

《民法典》

第六条 民事主体从事民事活动,应当遵循公平原则,合理确定各方的权利和义务。

第四百六十九条 当事人订立合同,可以采用书面形式、口头形式或者其他形式。

书面形式是合同书、信件、电报、电传、传真等可以有形地表现所载内容的形式。

以电子数据交换、电子邮件等方式能够有形地表现所载内容,并可以随时调取查用的数据电文,视为书面形式。

第五百零九条 当事人应当按照约定全面履行自己的义务。

当事人应当遵循诚信原则,根据合同的性质、目的和交易习惯履行通知、协助、保密等义务。

当事人在履行合同过程中,应当避免浪费资源、污染环境和破坏生态。

第五百六十三条第一款 有下列情形之一的,当事人可以解除合同:

(一)因不可抗力致使不能实现合同目的;

(二)在履行期限届满前,当事人一方明确表示或者以自己的行为表明不履行主要债务;

(三)当事人一方迟延履行主要债务,经催告后在合理期限内仍未履行;

(四)当事人一方迟延履行债务或者有其他违约行为致使不能实现合同目的;

(五)法律规定的其他情形。

第五百九十条 当事人一方因不可抗力不能履行合同的,根据不可抗力的影响,部分或者全部免除责任,但是法律另有规定的除外。因不可抗力不能履行合同的，应当及时通知对方，以减轻可能给对方造成的损失，并应当在合理期限内提供证明。

当事人迟延履行后发生不可抗力的，不免除其违约责任。

本案中，杜某某依约支付部分款项后，双方就剩余款项又进行了协商，但因约定不清，双方在履行中对先付款还是先转让窗口、技术等产生分歧，又恰值疫情，窗口无法正常开业，致使双方分歧加深，拖至诉讼时窗口亦未营业，双方之间因不可抗力及分歧已不能实现合同目的，故对杜某某当庭要求解除合同的请求人民法院依法可予以支持。并依据公平原则，综合考虑履约状态、窗口经营及损失情况，依法可酌情由闫某、尚某返还杜某某29000元。

二、雇主依约欲免责　雇员依法少担责

关键词:交通事故、免责条款、过错划分

案情简介

2020年12月23日,于某某(甲方)与马某某(乙方)签订《货车驾驶员聘用合同》,于某某雇用马某某从事车辆货物运输驾驶员工作。该合同第5部分乙方责任和义务第4条约定:"乙方承担赔偿责任。严格遵守道路交通法律法规,车辆如发生交通事故赔偿以交警大队责任鉴定为准,驾驶员无责任的,不处罚;交警部门判定责任划分属乙方承担主要责任的,赔偿金额由保险公司理赔后,剩余损失部分由乙方全部承担。"该合同还对劳动报酬支付标准等甲乙双方其他权利义务进行了约定,合同履行期限至2021年12月23日。2021年1月12日1时30分,马某某驾驶于某某提供的吉AV8×××+吉A3×××挂重型半挂牵引车为于某某运输货物途中,因操作不当,车辆驶入右侧路下与树木相撞致车辆损坏。2021年3月10日,经辉南县公安局交通管理大队进行事故责任认定,该事故马某某负全部责任。车辆受损后,先后在辉南县、抚松县、长春市进行维修,于2021年2月6日维修完毕,发生车辆维修费23809元、倒货装卸费600元、拖车费1000元。

原告观点

双方签订的《货车驾驶员聘用合同》中对于交通事故的赔偿作出了明确约定,被告应当支付修车费、拖车费、搬运费及车辆损失费。

被告观点

原、被告之间的《货车驾驶员聘用合同》是原告起草的，合同中并未约定发生单方交通事故造成车辆损失的赔偿。签订合同时，原告曾表示该车辆保险齐全，但发生单方交通事故后却发现该车辆未投保自损险，车辆的保险应由原告缴纳，因原告没有交纳自损险，致使该项损失无法向保险公司索赔，其损失应由原告承担。被告是在履行原告指派的工作时发生交通事故，不存在故意行为。而且发生交通事故时路面有雪，车辆相对难以控制。依相关法律规定，被告行为系工作行为，原告雇用被告在正常工作时所发生的一切后果应当由雇主即原告承担。

争议焦点

对于事故所造成的财产损失，于某某是否有权向马某某追偿。

裁判结果

被告马某某于判决生效后 5 日内赔偿原告于某某各项损失 10163.6 元；驳回原告其他诉讼请求。

法律依据及解析

《民法典》

第三条　民事主体的人身权利、财产权利以及其他合法权益受法律保护，任何组织或者个人不得侵犯。

第六条　民事主体从事民事活动，应当遵循公平原则，合理确定各方的权利和义务。

涉案《货车驾驶员聘用合同》中约定，如发生交通事故，保险公司理赔偿不足部分，由马某某承担全部赔偿责任。对此，人民法院认为，因雇员本人原因给雇主造成经济损失的，雇主可以与雇员约定赔偿责任，但雇主作为雇员的管理者、监督者及经营受益人，应当承担经营风险，其约定不能完全免除雇主的责任。本案中，马某某系于某某聘用的汽车驾驶员，其岗位有高风险性，上述约定完全免除了雇主于某某的经营风险，将风险转嫁给了雇员，故该约定应为无效。上述约定虽无效，但不代表马某某不承担责任。根据权利义务对等的原则，马某某获取报酬的同时，也应履行安全从事劳务活动的义务，否则应承担过错责任。马某某驾驶车辆为于某某提供劳务的过程中发生事故，经交警部门认定，马某某操作不当，负事故全部责任。据此，马某某存在重大过失，应适当承担 40% 的赔偿责任。

三、对母未尽赡养责　欲得财产被驳回

关键词：房屋、继承权、赡养义务

案情简介

原告郭某甲与被告郭某乙系堂姐弟关系，原告的父亲郭某丙生前有三位妻子，肖某某是郭某丙的第三位妻子，原告是郭某丙与第二位妻子所生的女儿，郭某丙生前仅有独生女原告郭某甲，无其他子女。郭某丙去世后，因郭某甲不愿继续赡养继母肖某某，1982 年 12 月，经村大队、乡公社落实，由被告郭某乙与肖某某达成五保户供养协议，协议约定：由郭某乙负担肖某某的生活照料、生病治疗及死后安葬事宜，肖某某所有家产（包含旧房屋 8 间、牛猪栏 2 间、厕所 1 间）均由郭某乙继承。签订协议后，肖某某由郭某乙供养，郭某乙于 1987 年搬进本案诉争房屋与肖某某共同生活，肖某某于 1996 年去世，郭某乙安排其后事后居住到 2000 年，2000 年后该房屋一直空置。2020 年 9 月，因诉争房屋旁边的中心小学扩建，政府欲对该房屋征收补偿。郭某甲得知后认为该房屋由其父亲郭某丙所建，郭某甲是房屋的所有人和继承人。因与被告郭某乙协商未果，郭某甲于 2020 年 10 月 9 日，向泰和县人民法院提起房地产登记行政确认行政诉讼，请求法院判决撤销原万安县土地利用管理局于 1992 年颁发给郭某乙的万集建（92）字第 03－060068 号集体土地建设用地使用权证，并向郭某甲颁发不动产权证。泰和县人民法院于 2020 年 11 月 5 日裁定驳回原告郭某甲的起诉。后郭某甲又于 2021 年 1 月 7 日向万安县人民法院提起民事诉讼，要求确认郭某乙名下涉案房产的 3/8 份额归其所有。

原告观点

该房屋系原告父亲所建，其对案涉房屋有继承权和所有权。

被告观点

被告与原告继母之间签订了五保户供养协议，该协议合法有效，且原告因不愿履行赡养义务已经放弃对案涉财产的继承权。

争议焦点

原告以不继续履行赡养继母肖某某义务为对价，放弃其对案涉房产的继承权是否有效。

裁判结果

一审驳回原告诉讼请求；二审驳回上诉，维持原判。

法律依据及解析

《民法典》

第七条 民事主体从事民事活动，应当遵循诚信原则，秉持诚实，恪守承诺。

第一千一百五十八条 自然人可以与继承人以外的组织或者个人签订遗赠扶养协议。按照协议，该组织或者个人承担该自然人生养死葬的义务，享有受遗赠的权利。

本案中，肖某某与被告郭某乙签订的五保户供养协议系遗赠扶养协议，属于双务、有偿合同，双方都负有对等给付义务，任何一方享有权利都以履行相应的义务为对价。被告郭某乙在签订五保户供养协议后履行了对肖某某生养死葬的义务，其依协议享有受遗赠财产的权利。原告郭某甲以不继续履行赡养继母肖某某义务为对价，从而放弃了其对案涉房产的继承权。原告郭某甲于 2020 年 9 月得知案涉房屋即将被政府征收并能得到相应补偿时，在提起行政诉讼被依法驳回后，又提起本案的民事诉讼，有违民事活动中应当遵循的诚实信用原则。

四、寿坟建好无异议　事后索赔真无理

关键词：合同履行、丧葬习俗、质量问题

案情简介

逝者丁某乙育有三子二女，大儿子丁某丙（已去世），二儿子丁某丁，小儿子丁某甲。丁某戊系丁某丙的女儿。约30年前，丁某甲在其父母健在时修建了寿坟。2011年，丁某甲的母亲去世；2020年年初，丁某甲的父亲丁某乙去世。丁某甲、丁某丁、丁某戊协商后，将修缮坟墓工程交给胡某某，修缮内容为结顶（浇筑坟墓顶部）以及修（坟墓）道地（浇筑坟墓院子），每家出资2000元，承揽款共计6000元，由丁某戊保管。完工后，丁某甲的妻子、丁某丁的妻子和丁某戊夫妻一同到现场进行了验收，丁某戊询问各方无异议后将6000元交予胡某某。后丁某甲提出坟墓修缮存在质量问题，认为道地高低不平，不利于自家风水，且会导致雨水倒灌坟墓，多次找胡某某交涉均未果，故诉至人民法院，要求胡某某返还丁某甲坟墓修缮承包款6000元，赔偿丁某甲今后重新修缮坟墓所需的全部修缮费用（预计2万元）、精神损失费5000元，胡某某以书面形式公开赔礼道歉。

原告观点

被告修缮的坟墓存在质量问题导致雨水倒灌、地基下沉，应当承担原告今后修缮费及精神损失。

被告观点

被告完成修缮工作后已经经过全体家属的一致认可，合同已经履行完毕。

争议焦点

逝者的单个家属在坟墓修缮完成并获得全体家属的一致认可后，再以影响自家风水为由要求承揽人对坟墓进行修缮的诉讼请求应否支持。

裁判结果

一审驳回原告诉讼请求；二审驳回上诉请求，维持原判。

法律依据及解析

《民法典》

第十条 处理民事纠纷，应当依照法律；法律没有规定的，可以适用习惯，但是不得违背公序良俗。

所谓习惯，是指人们在长期生活实践中形成的自觉或不自觉应遵守的行为准则。

所谓公序良俗，是指全社会普遍认可接受及遵循的社会公共秩序和道德准则及良好风尚。

本案中，丁某甲、丁某丁、丁某戊共同出资将案涉坟墓交由胡某某修缮施工，双方成立承揽合同关系。案件由丁某甲提起诉讼后，一审法院依法通知丁某丁、丁某戊参加诉讼，二人均表示不愿意参加诉讼，也不主张任何实体权利，故不追加丁某丁、丁某戊为共同诉讼人。丁某甲主张胡某某修缮的坟墓存在质量问题导致雨水倒灌、地基下沉，但其提供的证据不足以证明其主张的事实。胡某某将案涉坟墓修缮完工后，经丁某甲妻子、丁某丁妻子和丁某戊夫妻共同验收后才获得承揽款，表明定作人对承揽人交付的工作成果无异议。坟墓作为安葬逝者、家属祭祀的特定场所，其管理、修缮应由家属共同决定，而仅丁某甲要求胡某某返还承揽款并且赔偿费用重新修缮，不仅超出其权利范围，且有违其他共同权利人的意愿，法院依法应驳回丁某甲的诉讼请求。

五、成年子女应自立　啃老占房法不许

关键词：成年子女、啃老、处分权

案情简介

杨某甲系杨某乙、吴某某夫妇的儿子。杨某甲出生后一直随其父母在农村同一房屋中居住生活。杨某甲成年后，长期沉迷赌博，欠下巨额赌债。后该房屋被列入平改范围，经拆迁征收补偿后置换楼房三套。三套楼房交付后，其中一套房屋出售给他人，所得款项用于帮助杨某甲偿还赌债；剩余两套一套出租给他人，另一套供三人共同居住生活。后因家庭矛盾，杨某乙、吴某某夫妇不再允许杨某甲在二人的房屋内居住。杨某甲遂以对案涉房屋享有居住权为由，将杨某乙、吴某某夫妇诉至法院，请求判决其对用于出租的房屋享有居住的权利。

原告观点

原告自出生以来一直与父母在一起居住生活，双方形成事实上的共同居住关系，被告无权将其赶出房屋。

被告观点

该房屋归被告所有，被告有权决定如何使用和处分该房屋。

裁判结果

判决驳回杨某甲的诉讼请求。

法律依据及解析

《民法典》

第二十六条 父母对未成年子女负有抚养、教育和保护的义务。

成年子女对父母负有赡养、扶助和保护的义务。

本案中,杨某甲成年后具有完全民事行为能力和劳动能力,应当为了自身及家庭的美好生活自力更生,而非依靠父母。杨某乙、吴某某夫妇虽为父母,但对成年子女已没有法定抚养义务。案涉房屋系夫妻共同财产,杨某乙、吴某某夫妇有权决定如何使用和处分该房屋,其他人无权干涉。杨某甲虽然自出生就与杨某乙、吴某某夫妇共同生活,但并不因此当然享有案涉房屋的居住权,无权要求继续居住在父母所有的房屋中。依法应驳回诉请。

六、监护人失责签约　未成年人权益损

关键词：未成年人、最大利益、执行和解

案情简介

代某乙、黄某系代某甲的祖父母。2016年，代某乙（被拆迁人）与当地征地拆迁办公室（拆迁人）签订房屋拆迁补偿安置协议书，协议约定拆迁安置对象包括代某乙、黄某、代某甲。协议签订后，代某乙领取拆迁安置款共计530597元，但未向代某甲支付其应得的拆迁款份额。2019年，代某甲父母离婚，其抚养权归母亲赵某。经代某甲起诉，人民法院生效判决确定代某乙、黄某应给付代某甲拆迁奖励、货币安置款共计108125元。因被执行人代某乙、黄某逾期未履行义务，申请执行人代某甲申请强制执行，执行标的额为108125元。执行过程中，被执行人希望减少案款换取一次性付款，以达成执行和解。

原告观点

同意减少执行款换取一次性付款，以达成执行和解。

被告观点

希望减少案款换取一次性付款，以达成执行和解。

争议焦点

监护人擅自同意和解，损害了未成年人权益，该和解是否有效。

裁判结果

不得和解，被告全额付清案款，支付执行费用。

法律依据及解析

《民法典》

第三十五条 监护人应当按照最有利于被监护人的原则履行监护职责。监护人除为维护被监护人利益外,不得处分被监护人的财产。

未成年人的监护人履行监护职责,在作出与被监护人利益有关的决定时,应当根据被监护人的年龄和智力状况,尊重被监护人的真实意愿。

成年人的监护人履行监护职责,应当最大程度地尊重被监护人的真实意愿,保障并协助被监护人实施与其智力、精神健康状况相适应的民事法律行为。对被监护人有能力独立处理的事务,监护人不得干涉。

本案中,针对被执行人提出执行和解的情况,为最大限度保护未成年人财产权利,避免案款减损损害未成年人权益,人民法院应以财产权利告知书形式就案款性质、保管及处分向双方当事人作出告知:(1)该款属于未成年人所有财产,监护人对该款的保管和处分应当按照《民法典》《未成年人保护法》等法律法规的规定予以处理;(2)对于被执行人提出的减少案款以达成执行和解的意见,监护人的职责是保护被监护人的人身权利、财产权利以及其他合法权益,其不宜通过执行和解等方式对未成年人财产作出全部或部分放弃。

七、个人欠钱应偿还　独资企业同担责

关键词：破产、债权确认、担保

案情简介

2017 年 6 月 26 日，原告与案外人王某、许某、孙某达成以下协议：(1)王某、许某给付唐某借款本金 2018496 元及利息(以 2018496 元为基数，自 2017 年 1 月 18 日起计算至实际履行完毕之日止，按年利率 24% 计算)，于 2017 年 7 月 6 日前履行完毕；(2)孙某对上述债务承担连带偿还责任；(3)案件受理费 27728 元，减半收取计 13864 元，保全费 5000 元，合计 18864 元，由王某、许某、孙某负担，于 2017 年 7 月 6 日前履行完毕。律师代理费 15000 元，由唐某负担。法院作出(2017)苏 1324 民初 3294 号民事调解书。

2017 年 7 月 26 日，唐某申请强制执行。2020 年 12 月 31 日，案外人华某对冲压件厂提出破产清算申请，并于 2021 年 2 月 3 日，指定江苏八面锋律师事务所担任破产管理人。在破产清算中，冲压件厂位于泗洪县的房屋被处置拍卖。唐某依据(2017)苏 1324 民初 3294 号民事调解书向破产管理人申报债权 3122564 元(本金 1383400 元，利息 1720300 元，其他费用 18864 元)。2021 年 3 月 22 日，经破产管理人审核确认唐某债权为 0 元。原、被告协商无果，双方因而成讼。

原告观点

被告冲压件厂进入破产程序，因被告系个人独资企业，企业资产为孙某所有，故原告基于孙某的债权而合法享有被告债权。

被告观点

原告主张的债权是孙某个人担保而来的,属于孙某个人债权,不应向被告主张;孙某与被告是两个不同的主体,原告虽然对孙某享有债权,但并不意味其对被告也当然地享有债权;对原告主张的债权数额计算方法有异议,被告于 2020 年 12 月 31 日被裁定受理破产清算,利息应当计算至该日止。

争议焦点

(1)原告要求个人独资企业承担投资人的个人债务有无事实和法律依据;(2)如本案债权予以确认,债权的数额应当为多少,相应的利息计算方式如何确定。

裁判结果

确认原告唐某享有被告某某冲压件厂破产债权 3121864 元;驳回原告唐某的其他诉讼请求。

法律依据及解析

《民法典》

第一百零二条 非法人组织是不具有法人资格,但是能够依法以自己的名义从事民事活动的组织。

非法人组织包括个人独资企业、合伙企业、不具有法人资格的专业服务机构等。

第一百零四条 非法人组织的财产不足以清偿债务的,其出资人或者设立人承担无限责任。法律另有规定的,依照其规定。

根据《个人独资企业法》第 2 条,《民法典》第 102 条、第 104 条的规定,首先,个人独资企业属于非法人组织,区别于法人,其财产独立性较差,所需要承担的是一种团体的有限责任与其成员的无限责任相结合的责任形式,且个人独资企业成立时并没有法定最低限额独立财产的要求,因此个人独资企业不能作为独立组织与其出资人或设立人相分离,其民事责任问题就形成了组织与成员互不分离、互为连带、互相转承的法律关系。其次,个人独资企业的财产为投资人个人所有,投资人应以其个人所有的财产偿还其个人债务。最后，同等性质的债权拥有平等受偿的权利。当投资人的财产不足以同时清偿企业债务和个人债务时，如仅将企业资产用于清偿企业债务，则人为创设了企业债权较个人债权的优先受偿权，使个人债务的债权人的权益受到严重损害，违反了债权的平等性，于法无据。故投资人个人债权和个人独资企业的企业债权应平等受偿。本案中，投资人孙某除冲压件厂外无其他可供执行的财产，原告要求以冲压件厂的资产偿还孙某个人债务并无不当，应确认原告享有被告破产债权。

围绕第二个争议焦点，因个人独资企业清算可以参照适用破产清算程序，根据《企业破产法》第46条的规定，附利息的债权自破产申请受理时停止计息。冲压件厂系于2020年12月31日被裁定受理破产，故原告的债权于2020年12月31日停止计息，因原告自认所偿还款项均为本金，故最终债权总额为312186元。

八、未成年人被文身　检察亮剑正当时

关键词：公益诉讼、未成年人、公共利益

案情简介

2020年4月，江苏省沭阳县人民检察院在办理未成年人刑事案件中发现，一些涉案未成年人存在不同程度的文身，且大部分是满臂、满背的大面积文身，有文身馆存在为未成年人提供文身、清除文身服务的行为。其中，章某经营的文身馆先后为40余名未成年人文身，并在未取得医疗美容许可证的情况下为7名未成年人清除文身。2020年12月25日，沭阳县人民检察院发布诉前公告。公告期满，没有适格主体提起民事公益诉讼。2021年4月12日，沭阳县人民检察院依据民事公益诉讼级别管辖的规定，将案件移送宿迁市人民检察院审查起诉。2021年5月6日，宿迁市人民检察院向宿迁市中级人民法院提起民事公益诉讼，请求判令：章某不得向未成年人提供文身服务，并通过国家级媒体向社会公众公开赔礼道歉。

原告观点

沭阳县人民检察院认为，未成年人文身具有易感染、难复原、就业受限制、易被标签化等危害。章某为未成年人提供文身服务，危害未成年人的身体权、健康权，影响其发展，损害社会公共利益。

被告观点

法律没有禁止给未成年人文身，现行法律没有明确界定公共利益，章某的行为未达到涉及全体或多数未成年人利益的程度，不应认定侵犯社会公共利益。

争议焦点

在法律规定不够明确具体的情况下，给未成年人文身是否侵犯了未成年人的合法权益。

裁判结果

判令章某停止向未成年人提供文身服务，并在判决生效之日起 10 日内通过国家级媒体公开向社会公众书面赔礼道歉。

法律依据及解析

《民法典》

第十九条　八周岁以上的未成年人为限制民事行为能力人，实施民事法律行为由其法定代理人代理或者经其法定代理人同意、追认；但是，可以独立实施纯获利益的民事法律行为或者与其年龄、智力相适应的民事法律行为。

第一百一十条　自然人享有生命权、身体权、健康权、姓名权、肖像权、名誉权、荣誉权、隐私权、婚姻自主权等权利。

法人、非法人组织享有名称权、名誉权和荣誉权。

第一百七十九条　承担民事责任的方式主要有：

（一）停止侵害；

（二）排除妨碍；

（三）消除危险；

（四）返还财产；

（五）恢复原状；

（六）修理、重作、更换；

（七）继续履行；

（八）赔偿损失；

（九）支付违约金；

（十）消除影响、恢复名誉；

（十一）赔礼道歉。

法律规定惩罚性赔偿的,依照其规定。

本条规定的承担民事责任的方式,可以单独适用,也可以合并适用。

本案中,为未成年人提供文身服务,侵犯未成年人合法权益,损害社会公共利益,属于检察机关公益诉讼监督范畴。文身对未成年人的身心健康和发展均有不同程度的现实影响和潜在危害。未成年人身心尚未成熟,认知和辨别能力较弱,自护能力不足,对文身给自身成长和未来发展带来的影响缺乏预见和判断。为未成年人提供文身服务,侵犯未成年人合法权益,且侵犯行为具有持续性和反复性,侵犯结果和范围可能随时扩大,应当认定其侵犯社会公共利益,检察机关可以提起公益诉讼。

九、服务不好遭批评　物业无理还反告

关键词：名誉权、必要限度、负面评价

案情简介

原告某物业公司为某小区提供物业管理服务，被告吴某、案外人徐某系该小区业主。2020 年 12 月 11 日，徐某在业主微信群内发了 15 秒的短视频，并在群内发表“小区大门口动用该房屋维修金，你们大家签了字，同意了吗？”的言论，被告吴某接着发表“现在一点这个东西就这么多钱，到时电梯坏了，楼顶坏了咋办，维修基金被物业套完了，拍拍屁股走人了，业主找谁去！”“真要大修没钱就自生自灭了，太黑心了”“所以这个小区成立业主委员会是迫在眉睫”“不管怎样你们签的字违规，我们不认可，要求公示名单”等言论，物业公司工作人员在该群内制止吴某并要求吴某道歉，吴某继续发表“凭什么跟你道歉”“我说的是事实”等。原告某物业公司认为被告吴某的言论侵害其名誉权，遂诉至法院，要求吴某公开赔礼道歉并赔偿损失。

原告观点

被告的发言侵害其名誉权，应当公开赔礼道歉并赔偿损失。

被告观点

被告系陈述事实并未侮辱、诽谤原告，也未对原告造成损失。

争议焦点

被告的言论是否侵害了原告的名誉权。

裁判结果

判决驳回原告某物业公司的诉讼请求。

法律依据及解析

《民法典》

第一百一十条 自然人享有生命权、身体权、健康权、姓名权、肖像权、名誉权、荣誉权、隐私权、婚姻自主权等权利。

法人、非法人组织享有名称权、名誉权和荣誉权。

第一千零二十四条 民事主体享有名誉权。任何组织或者个人不得以侮辱、诽谤等方式侵害他人的名誉权。

名誉是对民事主体的品德、声望、才能、信用等的社会评价。

住宅专项维修资金的使用涉及业主的切身利益,被告吴某作为小区业主,在案涉业主微信群内围绕专项维修资金的申领、使用等不规范情形对原告某物业公司所作的负面评价,措辞虽有不文明、不严谨之处,但未超过必要的限度,不足以产生某物业公司社会评价降低的损害后果。物业公司系为业主提供服务的企业法人,对业主在业主群内围绕其切身权益所作发言具有一定容忍义务,未超出必要限度的负面评价不构成名誉侵权。因此,被告吴某的行为不构成对原告名誉权的侵害。业主在行使监督权利时应当理性表达质疑、陈述观点。

十、信息安全要牢记　微信买卖不可取

关键词：无效合同、微信账户买卖

案情简介

被告赵某某经营医疗美容项目，原告程某某为网红医美顾问。2019 年 9 月 22 日，甲方赵某某（受让方）与乙方程某某（出让方）签订《转让协议》，约定乙方将其拥有的 9 个微信号的使用权、所有权转让给甲方，甲方受让并支付转让价款 50 万元。协议签订当日，赵某某支付程某某转让款 30 万元，程某某将约定的微信号交付赵某某并完成微信号的密码、绑定手机号信息变更。2020 年 3 月 31 日，程某某向赵某某邮寄律师函，要求赵某某收函后 3 日内付清尾款及利息，赵某某未给付，遂成讼。

原告观点

双方签订的合同的权利义务明确，被告应当履行合同。

被告观点

（1）原告的转让行为是无权处分，自始无效。（2）微信号转让的行为容易损害第三人利益，违反公序良俗，应当认定无效。（3）本案转让的法律关系的权力基础本身因违反法律法规强制性规定和公共利益，不应受到法律保护，应当认定无效。（4）即便转让协议有效，原告未按约履行协议，存在履行瑕疵，被告有权不支付剩余款项。

争议焦点

涉案微信账号买卖合同是否有效。

裁判结果

驳回程某某的全部诉讼请求。

法律依据及解析

《民法典》

第一百一十一条 自然人的个人信息受法律保护。任何组织或者个人需要获取他人个人信息的，应当依法取得并确保信息安全，不得非法收集、使用、加工、传输他人个人信息，不得非法买卖、提供或者公开他人个人信息。

第一百五十三条第一款 违反法律、行政法规的强制性规定的民事法律行为无效。但是，该强制性规定不导致该民事法律行为无效的除外。

第一百五十四条 行为人与相对人恶意串通，损害他人合法权益的民事法律行为无效。

第一百五十五条 无效的或者被撤销的民事法律行为自始没有法律约束力。

第一千零三十二条 自然人享有隐私权。任何组织或者个人不得以刺探、侵扰、泄露、公开等方式侵害他人的隐私权。

隐私是自然人的私人生活安宁和不愿为他人知晓的私密空间、私密活动、私密信息。

第一千零三十四条 自然人的个人信息受法律保护。

个人信息是以电子或者其他方式记录的能够单独或者与其他信息结合识别特定自然人的各种信息，包括自然人的姓名、出生日期、身份证件号码、生物识别信息、住址、电话号码、电子邮箱、健康信息、行踪信息等。

个人信息中的私密信息，适用有关隐私权的规定；没有规定的，适用有关个人信息保护的规定。

第一千零三十八条 信息处理者不得泄露或者篡改其收集、存储的个人信息；未经自然人同意，不得向他人非法提供其个人信息，但是经过加工无法识别特定个人且不能复原的除外。

信息处理者应当采取技术措施和其他必要措施，确保其收集、存储的个人信息安全，防止信息泄露、篡改、丢失；发生或者可能发生个人信息泄露、篡改、丢失的，应当及时采取补救措施，按照规定告知自然人并向有关主管部门报告。

自然人的个人信息受法律保护。任何组织或者个人需要获取他人个人信息的，应当依法取得并确保信息安全，不得非法收集、使用、加工、传输他人个人信息，不得非法买卖、提供或者公开他人个人信息。微信账号是以电子数据方式记录能够单独或者与其他信息结合识别特定自然人个人身份的个人信息的有机载体，其承载了使用者个人特有的可识别信息和微信好友的大量个人信息，买卖微信账号构成了买卖他人个人信息。因此，涉案微信账号买卖合同应属无效。

第二编
物　　权

十一、买卖合同假贸易　欲盖弥彰真融资

关键词：合同效力、循环贸易、融资

案情简介

2013 年 4 月 24 日，洛阳某科技公司（买方）与河南某粮油公司（卖方）签订粮食采购合同，购买玉米 13000 吨，单价为 2300 元/吨，合同总价款为 2990 万元。同日，洛阳某科技公司（卖方）与河南某粮库（买方）签订销售合同，将玉米销售给河南某粮库，单价为每吨不低于 2392 元，合同总价款为 3109.6 万元。同日，河南某粮库（卖方）又与河南某农业公司（买方）签订销售合同，销售单价为每吨不低于 2412 元，合同总价款 3135.6 万元，将上述合同约定的同一批玉米最终转卖给河南某农业公司。赵某是玉米最初出卖人河南某粮油公司的实际控制人，也是玉米最终买受人河南某农业公司的法定代表人。

2013 年 7 月 16 日，河南某粮库向洛阳某科技公司出具粮食入库凭证 1 份，载明收到洛阳某科技公司玉米 13000 吨，单价 2392 元/吨，合计价值 3109.6 万元。同年 11 月 25 日，洛阳某科技公司向河南某粮库开具相应发票。2014 年 1 月 17 日，河南某农业公司、赵某分别出具连带责任担保书，自愿为河南某粮库（债务人）提供连带责任保证，以担保债务人履行主合同约定的义务，并确认债务人应于 2014 年 1 月向甲方支付货款共计 3109.6 万元。如债务人未按合同约定履行付款义务，担保人对债务人的全部债务（包括但不限于借款本金、利息、违约金、诉讼费和律师代理费等）承担连带保证责任。之后，河南某粮库、河南某农业公司、赵某均未向洛阳某科技公司支付相应货款或者承担保证责任。另外，2013 年 10 月 9 日、2014 年 2 月

17 日,洛阳某科技公司两次向河南某粮库发出企业询证函,载明售出商品为 13000 吨玉米,销售金额为 3109.6 万元,应收账款 3109.6 万元,并且河南某粮库在该两份企业询证函上均盖章确认数据无误。

资金流转情况:2013 年 7 月 11 日,洛阳某科技公司向河南某粮油公司银行转账 2990 万元;同日,河南某粮油公司向河南某农业公司银行转账 2990 万元;同日,河南某农业公司向洛阳某科技公司银行转账 3042 万元,用于偿还之前欠款。

2016 年 12 月 27 日,洛阳某科技公司向法院起诉请求:(1)河南某粮库向该科技公司支付货款 3109.6 万元,自合同约定的付款日期起至实际付款之日止按逾期付款金额及时间每日按 0.05% 支付违约金,暂计算至 2015 年 1 月 9 日,违约金为 5675020 元;(2)河南某农业公司、赵某对上述款项承担连带清偿责任。

原告观点

被告违约,其应当按合同约定支付货款并承担违约责任。

被告观点

无实际交易发生,案涉合同无效,被告不承担任何责任。

争议焦点

循环贸易中进行融资的合同是否有效。

裁判结果

一审判决:(1)河南某粮库于判决生效之日起 15 日内向洛阳某科技公司支付 3109.6 万元货款及违约金(违约金按日 0.05% 自 2013 年 10 月 24 日起计算至实际清偿之日止);(2)河南某农业公司、赵某对上述款项承担连带清偿责任;(3)驳回洛阳某科技公司的其他诉讼请求。

二审驳回上诉,维持原判。

再审判决:由河南某农业公司、赵某共同承担返还借款及利息的责任,由河南某粮库对河南某农业公司、赵某不能偿还部分承担 10% 的赔偿责任。

法律依据及解析

《民法典》

第一百四十六条　行为人与相对人以虚假的意思表示实施的民事法律行为无效。

以虚假的意思表示隐藏的民事法律行为的效力，依照有关法律规定处理。

所谓虚假的意思表示，是指行为人和相对人通谋作出的与真实意思不一致的虚假意思表示。

所谓隐藏行为，是指双方当事人的民事法律行为被虚假的意思表示隐藏。要根据隐藏的行为本身来判断其是否有效，如果隐藏的行为无效，那么按无效处理；如果有效，即按有效处理；如果可撤销，就按可撤销处理。

本案中，洛阳某科技公司、河南某粮库、河南某粮油公司、河南某农业公司四方主体以签订买卖合同的形式掩盖企业间的融资交易，以实现河南某农业公司偿还在案涉交易之前拖欠的洛阳某科技公司的欠款的目的。本案当事人之间不存在真实的货物交易关系。河南某粮库与洛阳某科技公司签订销售合同后又与河南某农业公司签订销售合同，其参与交易只是循环贸易中的一环，双方的合同关系既不属于典型的买卖合同关系，也不属于典型的借款合同关系，应当认定为循环贸易式融资法律关系，该合同属于以合法形式掩盖非法目的的无效合同。根据各方在循环贸易式融资交易中的参与程度、获益情况、主观过错等因素综合判断，依据诚实信用原则与无效合同处理规则，对合同当事人的民事责任重新进行分配，由河南某农业公司、赵某共同承担返还借款及利息的责任，由河南某粮库对河南某农业公司、赵某不能偿还部分承担10%的赔偿责任。

十二、意外撞人出事故　草率签约多赔偿

关键词：调解书、重大误解

案情简介

2021年6月1日9时45分许，原告黄某与四被告父亲陈某某驾驶的无号牌电动三轮车相撞，造成陈某某受伤，后送医院抢救无效，于6月5日死亡。在陈某某在医院抢救期间，原告垫付医疗费1.8万元，在陈某某经抢救无效死亡后，原告垫付了丧葬费3万元。2021年6月9日，原告为免除刑事处罚与四被告签订了1份《调解协议书》，2021年6月21日，洪湖市公安局交通警察大队作出交通事故认定书，认定原告在此次交通事故中承担同等责任。原告收到交警的道路交通事故认定书后才知道自己对陈某某的死亡并不需要承担刑事责任，原告在与四被告签订《调解协议书》时存在重大误解。《民法典》第147条规定："基于重大误解实施的民事法律行为，行为人有权请求人民法院或者仲裁机构予以撤销。"

原告观点

原告在与四被告签订《调解协议书》时存在重大误解，有权请求人民法院或者仲裁机构予以撤销。

被告观点

（1）黄某与四被告人签订的《调解协议书》系双方真实意思表示，合法有效，对双方均具有约束力，黄某诉请撤销有违诚信。（2）黄某与四被告签订《调解协议书》不存在法律上的重大误解等情形，应予驳回。黄某作为本次事故的亲历者，对事故发生的过程、原因以及后果理应有非常清晰的认

识，其在明知交警部门尚未进行事故认定的情况下仍然在家属的陪同下多次找四被告商量，最后签订协议书，系其真实意思表示，不存在重大误解。

争议焦点

《调解协议书》是否因存在重大误解的情形而应当被撤销。

裁判结果

（1）撤销原告黄杰与四被告于2021年6月9日签订的《调解协议书》；（2）四被告于（2021）鄂1083民初2074号机动车交通事故责任纠纷一案执行后返还原告黄某3万元。

法律依据及解析

《民法典》

第一百四十七条　基于重大误解实施的民事法律行为，行为人有权请求人民法院或者仲裁机构予以撤销。

依法成立的合同对当事人具有法律约束力，当事人应当按照合同约定履行自己的义务，不得擅自变更或者解除合同，除非因重大误解订立的合同，当事人可以请求撤销。

所谓重大误解，是指当事人作出意思表示时，对涉及合同法律效果的重要事项存在认识上的显著缺陷，其后果是使误解者的利益受到较大的损失，或者达不到误解者订立合同的目的。

本案中，在交警部门尚未作出事故责任认定书之前，原告在购买了足额保险的情形下与四被告签订《调解协议书》时，基于主观上认为自己可能会被追究刑事责任的错误认识而与被告签订了《调解协议书》，支付超出需其应负的民事责任之外较大额的赔偿，其主要目的是取得死者家属的谅解，从而减轻自己的刑事责任。原告签订《调解协议书》时存在重大误解，请求撤销，法院予以支持。

十三、银行贷款应审查　担保合同莫乱签

关键词：借款合同、担保、资信审查

案情简介

原告某某建行与被告甲建设公司签订《某流动资金贷款合同》，乙建设公司、丙建设公司、丁建设公司、张某某、曾某某作为担保人，逾期借款人与各担保人均未还款，原告将六被告诉至法院。

原告观点

借款合同及担保合同均合法有效，各被告应承担还款责任。

被告观点

各被告认为，借款人甲建设公司为失信被执行人，原告未审查被告资信借款给被告，也未将该事实告知各担保人，该合同无效，且该合同也未实际履行。

争议焦点

本案的《某流动资金贷款合同》是否合法有效，是否已实际履行。

裁判结果

支持原告的诉讼请求。

法律依据及解析

《民法典》

第五百七十七条　当事人一方不履行合同义务或者履行合同义务不符合约定的，应当承担继续履行、采取补救措施或者赔偿损失等违约责任。

第六百七十四条 借款人应当按照约定的期限支付利息。对支付利息的期限没有约定或者约定不明确,依据本法第五百一十条的规定仍不能确定,借款期间不满一年的,应当在返还借款时一并支付;借款期间一年以上的,应当在每届满一年时支付,剩余期间不满一年的,应当在返还借款时一并支付。

第六百七十五条 借款人应当按照约定的期限返还借款。对借款期限没有约定或者约定不明确,依据本法第五百一十条的规定仍不能确定的,借款人可以随时返还;贷款人可以催告借款人在合理期限内返还。

第六百七十六条 借款人未按照约定的期限返还借款的,应当按照约定或者国家有关规定支付逾期利息。

第六百八十八条 当事人在保证合同中约定保证人和债务人对债务承担连带责任的,为连带责任保证。

连带责任保证的债务人不履行到期债务或者发生当事人约定的情形时,债权人可以请求债务人履行债务,也可以请求保证人在其保证范围内承担保证责任。

第六百九十条 保证人与债权人可以协商订立最高额保证的合同,约定在最高债权额限度内就一定期间连续发生的债权提供保证。

最高额保证除适用本章规定外,参照适用本法第二编最高额抵押权的有关规定。

第六百九十一条 保证的范围包括主债权及其利息、违约金、损害赔偿金和实现债权的费用。当事人另有约定的,按照其约定。

第六百九十二条 保证期间是确定保证人承担保证责任的期间,不发生中止、中断和延长。

债权人与保证人可以约定保证期间,但是约定的保证期间早于主债务履行期限或者与主债务履行期限同时届满的,视为没有约定;没有约定或者约定不明确的,保证期间为主债务履行期限届满之日起六个月。

债权人与债务人对主债务履行期限没有约定或者约定不明确的,保证期间自债权人请求债务人履行债务的宽限期届满之日起计算。

第七百条 保证人承担保证责任后,除当事人另有约定外,有权在其承担保证责任的范围内向债务人追偿,享有债权人对债务人的权利,但是不得损害债权人的利益。

本案中,某某建行是否对甲建设公司的资信问题尽到审慎审查的注意义务,性质上均是从商业银行风险控制角度加以规范的,属管理性规范,即使没有尽到相关义务,亦不影响某某建行与甲建设公司等的《最高额保证合同》的效力。因此,案涉合同有效。

十四、网络购物纠纷多　重大误解可撤销

关键词：标价错误、欺诈认定、重大误解

案情简介

2021年7月28日，谢某在某某公司经营的淘宝企业店铺“某某官方店”下单购买了3件男款T恤，商品单价68元，订单总价204元，叠加使用优惠券后实付6元。次日，某某公司以活动商品价格低于成本价为由请求谢某申请退款，谢某不同意，并认为某某公司虚假宣传引诱其购买并故意不发货，构成欺诈，遂起诉请求依照《消费者权益保护法》第48条，判令某某公司赔偿500元。

原告观点

原告认为商品是明码标价的，其下单后某某公司请求其申请退款，该公司系虚假宣传引诱其购买并故意不发货。

被告观点

某某公司认为案涉商品价格设置错误，与其真实意思严重背离，案涉商品本应以99元/件的价格定价，因此订单存在重大误解，其并无欺诈行为，不同意赔偿500元。

争议焦点

价格标识错误是否构成欺诈。

裁判结果

驳回原告诉讼请求。

法律依据及解析

《民法典》

第一百四十七条 基于重大误解实施的民事法律行为，行为人有权请求人民法院或者仲裁机构予以撤销。

第一百四十八条 一方以欺诈手段，使对方在违背真实意思的情况下实施的民事法律行为，受欺诈方有权请求人民法院或者仲裁机构予以撤销。

第一百五十二条 有下列情形之一的，撤销权消灭：

（一）当事人自知道或者应当知道撤销事由之日起一年内、重大误解的当事人自知道或者应当知道撤销事由之日起九十日内没有行使撤销权；

（二）当事人受胁迫，自胁迫行为终止之日起一年内没有行使撤销权；

（三）当事人知道撤销事由后明确表示或者以自己的行为表明放弃撤销权。

当事人自民事法律行为发生之日起五年内没有行使撤销权的，撤销权消灭。

所谓重大误解，是指一方当事人因为自己的过错而对民事法律行为内容产生重大认知错误。

所谓欺诈，是指一方当事人故意告知对方当事人虚假的信息或者故意隐瞒真实的情况，欺骗诱导对方当事人作出错误的意思表示。

从案涉订单实付金额来看，每件T恤仅为2元，根据日常生活经验，该价格明显低于正常商品售价，不符合常情。从某某公司提交的2021年3月以来的案涉商品后台订单记录可知，案涉商品单件在未促销期间的售价在100元至150元左右，在促销活动中历史最低价格记录为35.99元。案涉订单生成后，某某公司于次日通过商品页面发布了“致歉声明”，告知价格设置错误，通知买家申请退款，并分别通过淘宝平台以及短信通知谢某申请退款并予以补偿，可知其发现订单异常后，及时作出了取消订单的意思表示。某某公司不存在故意告知虚假情况，或者故意隐瞒真实价格而以标低价格的方式诱使谢某作出错误意思表示的情形。因此，某某公司不构成欺诈。

十五、医院转让应审批　违法转让起纠纷

关键词：医院转让、协议效力

案情简介

上诉人王某与被上诉人杨某、林某签订《医院转让协议》，约定杨某、林某以 140 万元将凉城县百姓医院转让给王某，但王某仅支付 70 万元，杨某、林某诉至人民法院，一审判决王某履行合同，支付剩余款项。王某不服上诉。

上诉人观点

医院营业执照不得转让，案涉协议因违反强制性规定而无效。

被上诉人观点

协议有效，应按协议约定履行。

争议焦点

案涉《医院转让协议》及附件的法律效力问题。

裁判结果

(1)撤销乌兰察布市集宁区人民法院(2020)内 0902 民初 1820 号民事判决；(2)驳回原审原告杨某、林某的全部诉讼请求；(3)驳回原审被告(反诉原告)王某的全部诉讼请求；(4)王某与杨某、林某于本判决生效之日起 10 日内办理凉城县百姓医院及相关证照手续、设施设备、库存药品(材)、物品的交接手续。

法律依据及解析

《民法典》

第一百五十三条第一款 违反法律、行政法规的强制性规定的民事法律行为无效。但是,该强制性规定不导致该民事法律行为无效的除外。

违背公序良俗的民事法律行为无效。本案双方当事人签订转让民营医院的合同,实质上包含对医疗机构执业许可证的转让,须由卫生医疗管理部门审核批准。双方签订的《医院转让协议》及附件因未办理相关变更登记手续不发生效力,王某在未变更主要负责人等手续的情况下,于协议签订后至 2019 年 12 月使用医院原有资质及手续对该医院进行实际经营的行为违法。鉴于凉城县百姓医院自 2019 年 12 月停业后至今未复诊营业的实际情况,双方之间的《医院转让协议》实际已无法继续履行,双方的转让合同的目的已无法实现,故一审认定双方应按照案涉转让协议约定的内容履行义务,处理不当,应予以纠正。

十六、相互勾结谋私利　恶意串通无效力

关键词：损害他人利益、处分他人财产、合同效力

案情简介

1981 年彭某向龙某乙购买房屋 A，1987 年龙某甲向龙某乙购买房屋 B，并约定房屋 A 与房屋 B 的土地所有权均归龙某甲所有。2021 年彭某家失火，房屋 A 与房屋 B 均烧毁。龙某甲向法院提起诉讼，要求彭某返还房屋 A 所在的土地。

原告观点

合同约定房屋 A 的土地所有权归龙某甲，彭某是借地建房，房屋 A 与 B 的土地所有权均归原告所有。

被告观点

房屋 A 是被告向龙某乙购买的，合同合法有效，该房屋与土地归被告所有。

争议焦点

彭某家房屋宅基地土地权属问题。

裁判结果

驳回原告诉讼请求。

法律依据及解析

《民法典》

第一百五十四条　行为人与相对人恶意串通，损害他人合法权益的民

事法律行为无效。

所谓恶意串通,是指行为人与第三人相互勾结,为谋取利益而实施损害他人合法权益的民事法律行为。

本案中,1987 年龙某甲与龙某乙签订的房屋买卖合同中将被告管理使用的宅基地一并转让的行为无效,理由是:该合同没有被告与原权利人的签名确认,且该合同内容明显侵害了他人的合法权益。该房屋也未登记,原告不能达到房屋 A 是其所有的证明目的。

十七、收购协议未批准　解除合同不违约

关键词：成立未生效合同、解除条件

案情简介

2018年3月31日，江上（甲方）与某某医疗（乙方）、浙江康静（丙方目标公司）、杭州爱德（丁方）签署了浙江爱德医院有限公司股权收购框架协议。该收购框架协议第1条“交易标的”约定：乙方拟按照目标公司现状估值，通过受让甲方持有的目标公司100%股权从而受让目标公司100%权益。第4条“交易及付款方式”约定：该收购框架协议签订后，乙方支付定金5000万元至甲乙双方指定的共管账户。该收购框架协议还约定，需经某某医疗董事会、股东大会批准同意该收购框架协议及案涉交易相关议案后该收购框架协议才生效。后因被告无意履行合同，原告诉至人民法院，被告提起反诉，要求原告返还定金。

原告观点

因被告未满足合同生效条件，原告有权解除合同。

被告观点

协议未生效，原告应当返还定金。

争议焦点

案涉协议的效力，以及定金是否需要返还。

裁判结果

支持原告诉讼请求，驳回反诉原告诉讼请求。

法律依据及解析

《民法典》

第一百五十八条 民事法律行为可以附条件，但是根据其性质不得附条件的除外。附生效条件的民事法律行为，自条件成就时生效。附解除条件的民事法律行为，自条件成就时失效。

本案中，收购框架协议经各方签署，已经成立，但因协议约定经某某医疗董事会、股东大会批准同意该协议及案涉交易相关议案后该协议才生效，而前述条件并未成就，故该协议因生效条件未成就而未生效。因被告违约导致合同无法履行，故原告无须退还定金。

十八、假冒签名车过户　擅自处分应归还

关键词：父子、擅自处分、不当得利

案情简介

2020年5月，徐某以补办车辆保险为由，从其母亲处取得其父亲的小轿车机动车登记证书和身份证复印件，假冒父亲徐某某签名填写委托书，以买卖为名将车辆转移登记至其女友名下，并将车牌号变更。徐某某得知情况后，将徐某和徐某女友蔡某告上法庭。

原告观点

被告无权处分原告财产。

被告观点

被告有权处分其父亲的财产。

争议焦点

徐某是否有权处分其父亲的财产。

裁判结果

蔡某协助原告徐某某办理车辆的过户手续，将车辆过户至原告徐某某名下，返还车辆。

法律依据及解析

《民法典》

第一百七十一条　行为人没有代理权、超越代理权或者代理权终止后，仍然实施代理行为，未经被代理人追认的，对被代理人不发生效力。

相对人可以催告被代理人自收到通知之日起三十日内予以追认。被代理人未作表示的,视为拒绝追认。行为人实施的行为被追认前,善意相对人有撤销的权利。撤销应当以通知的方式作出。

行为人实施的行为未被追认的,善意相对人有权请求行为人履行债务或者就其受到的损害请求行为人赔偿。但是,赔偿的范围不得超过被代理人追认时相对人所能获得的利益。

相对人知道或者应当知道行为人无权代理的,相对人和行为人按照各自的过错承担责任。

第九百八十五条 得利人没有法律根据取得不当利益的,受损失的人可以请求得利人返还取得的利益,但是有下列情形之一的除外:

(一)为履行道德义务进行的给付;

(二)债务到期之前的清偿;

(三)明知无给付义务而进行的债务清偿。

所谓不当得利,是指得利人取得了利益没有法律依据,而使他人利益受损失的行为。

本案中,徐某与徐某某虽为父子,但未经徐某某授权,徐某不具有对其父亲财产随意处置的权力。

十九、无权代理乱处分　未经追认还股份

关键词：未成年人财产、处分权、无效合同

案情简介

父亲程丙与母亲卢某于2003年登记结婚，两人育有一子（程乙）、一女（程甲，2009年10月出生），2016年12月双方协议离婚。2017年6月19日，程丙与卢某签订《共同财产处理协议书》，就资产转让（股权及合伙财产份额）、房产分割等作出安排。2017年9月，母亲卢某将其持有的帅翼驰新材料集团有限公司（以下简称帅翼驰公司）18.1818%的股权、上海某某商务咨询中心（有限合伙，以下简称某某商务中心）40%的财产份额均各半转让给儿子程乙及女儿程甲。转让后，某某商务中心的股权比例为程丙占60%，程甲和程乙各占20%。2017年10月9日，程甲作为甲方、程乙作为乙方、程丙作为丙方，签订《授权确认书》，《授权确认书》中对程甲、程乙成为帅翼驰公司股东后，程丙可以代为行使的权利进行了相应限定：允许程丙代表程甲、程乙行使投票权，但利润分配权、股东知情权等股东权利均排除在授权范围内。《授权确认书》第2条授权期限特别约定："自本确认书签署之日开始，至甲方（程甲）、乙方（程乙）分别年满18周岁之日止。"2020年4月，程甲（甲方）与某某商务中心（乙方）签订《股权转让协议》，约定程甲将所持有的帅翼驰公司7.9098%的股权转让给某某商务中心，该协议甲方落款处显示程丙代，乙方落款处加盖公章及附有程丙签字。

原告程甲认为，程丙利用法定代理人身份实施的代理行为严重侵害了其未成年人合法利益，遂起诉，请求判令程甲、某某商务中心之间《股权转让协议》对程甲无效，某某商务中心返还股权并配合办理相应的工商变更

登记手续。

原告观点

被告损害原告利益,被告在未经原告授权的情况下擅自转让原告的股权,该行为无效。

被告观点

协议签订时原告为限制民事行为能力人,第三人程丙与案外人卢某离异并不影响程丙对原告的监护权,程丙系原告的父亲及法定代理人,其有权代理原告签订该协议。

争议焦点

监护人是否有权在授权范围外行使代理权。

裁判结果

(1)撤销松江区人民法院(2020)沪 0117 民初 19010 号民事判决书;(2)程丙与某某商务中心签订的《股权转让协议》对程甲不发生效力;(3)某某商务中心将其持有的帅翼驰公司 7.9098% 的股权返还程甲;(4)某某商务中心配合办理将其持有的帅翼驰公司 7.9098% 股权返还至程甲名下的工商变更登记手续。

法律依据及解析

《民法典》

第一百七十一条第一款 行为人没有代理权、超越代理权或者代理权终止后,仍然实施代理行为,未经被代理人追认的,对被代理人不发生效力。

本案中,程丙转让程甲名下帅翼驰公司股权,超出约定的授权范围,并且在程甲明确表示反对的情况下,系争股权转让协议不应对程甲产生法律效力。2016 年 12 月 28 日,卢某与程丙协议离婚,在处理夫妻共同财产的过程中,卢某同意将其持有的帅翼驰公司股权,以折价受偿作为条件,全部转让给两个孩子程甲和程乙,并于 2017 年 6 月 19 日与程某签署《共同财产处理协议书》,因此,程甲所获得的股权并非通常的交易取得或赠与取得,实质上是程丙与卢某离婚时对共同财产处理的一项安排。2017 年 10 月 9 日，在办理卢某股权转让变更登记之前，程丙、卢某及两个孩子程甲、程乙共同签署了《授权确认书》，其中对程甲和程乙成为帅翼驰公司股东后，程丙可以代为行使的权利进行了明确限定：允许程丙代表程甲、程乙行使投票权，但利润分配权、股东知情权等股东权利均排除在授权范围外。由此可见，就程甲的股东权利而言，程丙可以行使代理权限的范围，两位监护人及两位被监护人之间有明确约定。程丙没有行使利润分配权、股东知情权等的代理权限，举轻以明重，则应认为程丙并无直接处分帅翼驰公司股权的代理权限。

另外，《授权确认书》第 2 条授权期限特别约定："自本确认书签署之日开始，至甲方（程甲）、乙方（程乙）分别年满 18 周岁之日止。"即程甲年满 18 周岁之后，其可自主行使在帅翼驰公司所享有的各项股东权利。现程丙未告知协议各方而擅自实施系争股权转让的行为，直接剥夺了程甲年满 18 周岁之后可以自主行使的各项股东权利，侵害了程甲的合法权益，应认为违背了《授权协议书》各方的真实意愿。

二十、员工离职没手续　表见代理损失大

关键词:表见代理、授权、员工

案情简介

2020 年 10 月,青岛某装饰公司与青岛某包装公司签订《厂房装饰装修合同》,合同约定了装修范围、装修造价、结算、违约责任等条款,合同同时约定了双方项目的负责人,其中青岛某装饰公司的负责人是张某。工程完工后,青岛某包装公司没有付清款项,青岛某装饰公司向人民法院提起诉讼要求给付工程款 60 余万元。青岛某包装公司称其只欠 10 万余元,2021 年 2 月,其向青岛某装饰公司的工地负责人张某支付了 50 万元。

原告观点

2020 年 12 月,张某已经辞职,青岛某包装公司支付该 50 万元对青岛某装饰公司不产生法律效力。

被告观点

合同中约定张某为青岛某装饰公司负责人,张某构成表见代理,青岛某包装公司支付该 50 万元对其产生效力。

争议焦点

青岛某包装公司支付 50 万元是否有效。

裁判结果

被告支付原告 10 万元装修款。

法律依据及解析

《民法典》

第一百七十二条　行为人没有代理权、超越代理权或者代理权终止后，仍然实施代理行为，相对人有理由相信行为人有代理权的，代理行为有效。

所谓表见代理，是指行为人没有权代理，但相对人有理由相信行为人有代理权，相对人是善意且无过错的，从而产生有权代理的法律效果。

本案中，双方在合同中明确约定张某为青岛某装饰公司负责人，且在交易过程中也存在青岛某包装公司向张某付款，张某向该包装公司出具单位收据的业务操作惯例。张某从单位辞职不再代表青岛某装饰公司进行相关业务，青岛某装饰公司并未告知青岛某包装公司，张某收取50万元款项对青岛某包装公司而言构成表见代理，青岛某包装公司善意无过失，张某收款的效力及于青岛某装饰公司，其主张的欠款中应该扣除该50万元。

二十一、黑白合同签两份　查清真假公平判

关键词：*房屋租赁、单方解除、新冠疫情*

案情简介

2014年11月18日，原告某某酒店（甲方）和被告某某堂公司（乙方）签订《商铺租赁合同》，约定甲方将自有店面出租给乙方用于经营中药店，租期10年，即自2014年11月19日起至2024年11月18日止，租金在上年度基础上每年递增5%，付款方式为一年一付。逾期支付的，逾期1日，则乙方需按日租金1.5倍支付滞纳金。2016年8月5日，原告与被告分店签订《租赁合同》，约定租赁的房屋与原、被告签订的合同相同，租期1年，租金198500元。此后双方仍按2014年的合同交纳租金，截至2021年11月18日的租金已交清。2021年9月11日，被告分店以2016年8月5日合同为依据向原告发出《解除租赁合同关系函》，通知不再承租房屋，自2021年11月18日起解除双方的租赁合同关系。原告于同年9月15日向被告分店回复《催缴租金通知函》，明确表示2014年11月18日签订的合同尚未到期，不同意解除，并要求被告继续履行合同，支付滞纳金与违约金。原告遂诉至法院。

原告观点

原告书面回复明确不同意解除租赁合同关系，签订第二份合同是配合被告公司开票上市，并不否定原合同，被告单方解除合同构成违约。

被告观点

原、被告于2014年11月18日签订了一份商铺租赁合同是事实，但在

2016 年 8 月 5 日原告与案外人某某堂公司分店重新签订了一份租赁合同，原告与被告的租赁关系已经在 2021 年 11 月 18 日终止，被告已经搬出。原告与分店签订的合同的期限是一年，之后是不定期合同，他们之间的租赁关系于 2021 年 11 月 18 日已经终止，承租的房屋于 2021 年 11 月 18 日交还原告。

争议焦点

2014 年 11 月 18 日签订的合同是否有效。

裁判结果

（1）解除原、被告于 2014 年 11 月 18 日签订的《商铺租赁合同》；（2）被告于判决生效之日起 10 日内支付原告某某酒店违约损失 105531 元。

法律依据及解析

《民法典》

第五百七十七条　当事人一方不履行合同义务或者履行合同义务不符合约定的，应当承担继续履行、采取补救措施或者赔偿损失等违约责任。

原、被告于 2014 年 11 月 18 日签订的《商铺租赁合同》系双方当事人真实意思表示，不违反法律、行政法规的强制性规定，应认定合法有效。虽然在双方签订上述合同后，被告分店又与原告就同一标的在 2016 年 8 月 5 日签订《租赁合同》，但根据双方真实意思及合同履行的过程，双方实际履行的仍是 2014 年 11 月 18 日签订的《商铺租赁合同》。分店系被告下属分公司，其履行职务行为的法律后果应由被告承担。被告未按约履行合同，擅自主张解除合同并腾空房屋，系违约行为，应承担违约责任。当事人一方违约后，对方也有义务采取适当措施防止损失的继续扩大，对双方约定违约金过高的，法院可予以酌情调整。综合本案剩余租期、房屋空置的现实及被告单方违约、新冠疫情等情况，按照诚实信用原则和公平原则，法院应判决被告支付相应违约金并赔偿相应的租金损失。

二十二、不可抗力遇疫情　停业期间减租金

关键词：不可抗力、疫情、减少租金

案情简介

2018 年 4 月 3 日，原告（甲方）与被告丁某某（乙方）签订《金地国际商业中心店铺租赁合同》，约定甲方将坐落于江西省峡江县金地国际商业中心海天汇宾馆三楼，建筑面积 1186m^2 租予乙方用作经营餐饮。租期 8 年，即 2018 年 6 月 1 日起至 2026 年 5 月 31 日止。被告承租原告商铺后用于经营餐饮，2019 年 12 月新冠肺炎疫情暴发，政策要求禁止聚集，餐饮业关闭了几个月。受疫情影响，被告的营业收入明显减少。被告交清了 2020 年 6 月 1 日之前的租金及物业管理费，2020 年 6 月 1 日至 2021 年 5 月 31 日的租金及物业费，被告支付了租金 11 万元。

2021 年 9 月 19 日，原告委托律师向被告出具律师函，要求被告在收到函后 7 日内付清租金及物业费，被告收到后未向原告支付相关款项。

原告观点

合同合法有效，被告未按约履行，原告有权单方解除合同。

被告观点

对于租赁合同及未支付的租金被告予以认可，但因疫情酒店经营困难，被告找原告商量租金减免，原告未予同意，被告同意解除合同但是原告应当对餐馆的装修款及购买的设备予以补偿。

争议焦点

疫情环境下，双方是否要按约履行合同。

裁判结果

被告在按原合同约定租金的90%支付租金。

法律依据及解析

《民法典》

第一百八十条　因不可抗力不能履行民事义务的，不承担民事责任。法律另有规定的，依照其规定。

不可抗力是不能预见、不能避免且不能克服的客观情况。

所谓不可抗力，是指人的行为能力所无法控制的，而且不受当事人意志支配，不可抗拒不可避免的客观情况。不可抗力是典型的免责事由。

本案中，原、被告签订的铺位租赁合同系双方真实意思表示，且不违反法律规定，该合同真实、合法，有效，对双方均具有法律约束力。原告依约向被告交付了租赁物，被告应当按照约定履行支付租金等义务。现双方履行合同过程中出现疫情，该疫情的发生及强度超出普通人的预知能力，为不能预见、不能避免并不能克服的客观情况，属于不可抗力，严重影响到被告的营业及被告与原告签订合同时的合同目的。因不可抗力不能履行民事义务的，不承担民事责任。被告承租原告商铺用于经营餐饮，现被告因受疫情影响导致营业收入明显减少，不能按期支付租金及物业管理费，被告因不可抗力而逾期支付租金，其违约责任应当被免除。原告以此为由要求解除合同并支付违约金的请求，法院不应支持。

二十三、新冠突发难出游　合同解除还费用

关键词:疫情、不可抗力、合同解除

案情简介

2019 年 12 月 17 日,某某公司与某某国际旅行社签订团队出境旅游合同,约定由某某国际旅行社组织某某公司 23 名人员于 2020 年 1 月 31 日从上海浦东机场出发,乘坐印度尼西亚狮子航空有限公司的 JT2622 航班至巴厘岛 4 晚 6 天境外游,合计旅游费用 137800 元,旅游者同意拼团至八爪鱼公司成团。合同签订后,某某公司向某某国际旅行社支付了旅游费用 137800 元,某某国际旅行社随即将该旅游团队拼至八爪鱼公司。八爪鱼公司通过其关联公司向印度尼西亚狮子航空有限公司广州代表处订购了往来机票,费用为 81041.19 元。

2020 年 1 月 31 日,因新冠疫情暴发,国家对旅客出入境进行限制,某某公司 23 人巴厘岛旅游团未能出行。根据印度尼西亚狮子航空有限公司出具的证明材料,2020 年 1 月 31 日去程航班正常执飞,2020 年 2 月 5 日返程航班受疫情防控措施影响未能执飞。2020 年 5 月,某某公司以双方旅游合同因疫情不可抗力无法履行为由,向江苏省苏州市姑苏区人民法院提起诉讼,要求某某国际旅行社退还全部旅游费用 137800 元。某某国际旅行社辩称,同意合同解除,机票费用无法退还,余款可以退还给某某公司。

原告观点

合同未能履行,被告应当返还合同所有款项。

被告观点

合同并非被告原因无法履行，机票款不予退还系航空客运行业的惯例，机票无法退还。

争议焦点

旅游合同项下费用退还问题。

裁判结果

一审判决：某某国际旅行社于判决生效之日起10日内向某某公司返还旅游费用56758.81元。

二审判决：撤销原判，改判某某国际旅行社于判决生效之日起10日内向某某公司返还旅游费用117539.71元。

法律依据及解析

《民法典》

第一百八十条　因不可抗力不能履行民事义务的，不承担民事责任。法律另有规定的，依照其规定。

不可抗力是不能预见、不能避免且不能克服的客观情况。

一审：某某公司与某某国际旅行社签订的团队出境旅游合同因不可抗力导致合同目的不能实现，应予以解除。合同解除后，出境社应当在扣除已向地接社或者履行辅助人支付且不可退还的费用后，将余款退还旅游者。涉案机票为团队机票，按照除非航空公司自身的原因，机票款不予退还系航空客运行业的惯例，某某国际旅行社应当将机票费用以外的其他旅游费用56758.81元退还给某某公司。

二审：首先，根据某某国际旅行社提供的航空公司证明材料，2020年2月5日返程航班并未正常执飞，某某国际旅行社也未提供证据证明其积极与航空公司协商退票且机票费用不能退回，故对于2020年2月5日返程机票费用40520.6元，某某国际旅行社应当全部退还某某公司。其次，对于2020年1月31日去程机票费用，虽然航空公司证明材料证实航班正常执飞，但在突发疫情国家出境旅游政策发生重大变化的情况下，旅行社理应及时与航空公司协商退票,现同样没有证据表明某某国际旅行社积极与航空公司协商退票且机票费用不能退回,故综合考虑去程航班确已执飞及某某公司放弃出境旅游,酌定去程机票费用 40520.59 元由合同双方各负担一半,即某某国际旅行社应退还部分机票费用 20260.3 元。由此,某某国际旅行社应当向某某公司返还机票费用为 60780.9 元。加上双方无争议的应退合同费用 56758.81 元,某某国际旅行社共应当向某某公司退还费用金额为 117539.71 元。最后,对于某某国际旅行社主张团队机票不得改退签的问题,此情形应适用于正常合同履行过程中因一方原因导致合同不能履行的情形,而本案系因突发疫情不可抗力导致合同解除,故某某国际旅行社上述抗辩意见不能成立。

二十四、见义勇为受损失　受益人等应补偿

关键词：救助人损害、受益人、赔偿

案情简介

2020 年 3 月 2 日，被告徐某某（86 岁）独自拄着拐杖行走时摔倒在地，原告余某某恰巧经过，遂与其他行人合力将被告扶起。被告被扶起后，原告欲离开，因发现被告仍不能站稳遂又回到原地与行人同时扶着被告。在此期间，被告因站立不稳身体向原告倾斜并向地下倾倒，原告在扶被告时突感腰背疼痛不能伸直。后被告的配偶赶到现场将原告送至医院检查并住院治疗。原告经治疗好转出院后又进行了康复治疗。后原告自行委托司法鉴定，评定其伤情为十级伤残。

原告观点

原告是在救助被告的过程中受伤的，应由被告承担赔偿责任。

被告观点

被告没有作出侵害原告的行为，不应承担责任。

争议焦点

原告受伤与帮助被告之间是否存在因果关系。

裁判结果

被告徐某某于判决生效之日起 5 日内补偿原告余某某经济损失 45000 元；驳回原告余某某的其他诉讼请求。

法律依据及解析

《民法典》

第一百八十三条 因保护他人民事权益使自己受到损害的,由侵权人承担民事责任,受益人可以给予适当补偿。没有侵权人、侵权人逃逸或者无力承担民事责任,受害人请求补偿的,受益人应当给予适当补偿。

本案中,原告对于被告不具有任何约定或法定义务,其为了被告的人身安全不受损害而参与救助,应属见义勇为。原告因在参与救助的过程中自身遭受损害造成经济损失而提起诉讼,在没有侵权人的情况下,被告作为受益人,应当对原告在救助中受到的经济损失给予适当补偿。

二十五、英雄烈士勇戍边　名誉荣誉法维护

关键词：英雄烈士、名誉侵害

案情简介

2020年6月，印度军队公然违背与我方达成的共识，悍然越线挑衅。在与之交涉和激烈斗争中，团长祁发宝身先士卒，身负重伤；营长陈红军、战士陈祥榕突入重围营救，奋力反击，英勇牺牲；战士肖思远突围后义无反顾返回营救战友，战斗至生命最后一刻；战士王焯冉在渡河支援途中，拼力救助被冲散的战友脱险，自己却淹没在冰河中。边防官兵誓死捍卫祖国领土，彰显了新时代卫国戍边官兵的昂扬风貌。同年6月，陈红军、陈祥榕、肖思远、王焯冉被评定为烈士；2021年2月，中央军委追授陈红军"卫国戍边英雄"荣誉称号，追记陈祥榕、肖思远、王焯冉一等功，授予祁发宝"卫国戍边英雄团长"荣誉称号。

2021年2月19日上午，仇某在卫国戍边官兵英雄事迹宣传报道后，为博取眼球，获得更多关注，在住处使用其新浪微博账号"辣笔小球"（粉丝数250余万），先后发布2条微博，歪曲卫国戍边官兵祁发宝、陈红军、陈祥榕、肖思远、王焯冉等人的英雄事迹，诋毁、贬损卫国戍边官兵的英雄精神。

上述微博在网络上迅速扩散，引起公众强烈愤慨，造成恶劣社会影响。截至当日15时30分，仇某删除微博时，上述2条微博共计被阅读202569次、转发122次、评论280次。

2021年2月20日，江苏省南京市建邺区人民检察院经公安机关商请介入侦查，围绕犯罪对象、动机、情节、行为方式及造成的社会影响等方面提出收集证据的意见。4月26日，检察院提起附带民事公益诉讼，请求判令

仇某在国内主要门户网站及全国性媒体公开赔礼道歉，消除影响。

原告观点

仇某作为具有媒体从业经历的“网络大 V”，恶意用游戏术语诋毁、贬损卫国戍边官兵，主观恶性明显。其微博账户拥有 250 余万粉丝，其不当言论在网络上迅速扩散、蔓延，网友对其口诛笔伐，恰恰说明其言论严重伤害民众情感，损害社会公共利益。

被告观点

认罪认罚。

争议焦点

是否构成侵害英雄烈士名誉、荣誉。

裁判结果

仇某犯侵害英雄烈士名誉、荣誉罪判处有期徒刑 8 个月，并责令仇某自判决生效之日起 10 日内通过国内主要门户网站及全国性媒体公开赔礼道歉，消除影响。

法律依据及解析

《民法典》

第一百八十五条 侵害英雄烈士等的姓名、肖像、名誉、荣誉，损害社会公共利益的，应当承担民事责任。

《民法典》第 185 条规定具有鲜明的中国特色，具有强烈的社会主义核心价值观色彩，强化对英雄烈士人格利益的保护，有利于改善扬善抑恶的不良社会风气。

二十六、期间届满已履行　事后反悔难支持

关键词：时效、履行意愿

案情简介

重庆某某假日酒店管理有限公司（以下简称假日酒店）与遵义某某旅游房地产开发有限公司（以下简称某某公司）于2015年3月签订《战略合作协议书》，约定甲方对乙方项目冠名，同意乙方使用其子公司"重庆宾馆""重宾"商标等进行项目推广宣传，合作期限为2015年4月1日至2025年3月31日。2015年4月1日至2016年3月31日，冠名费为30万元，在该协议签订后10个工作日内乙方支付至甲方指定账户。2016年4月1日至2025年3月31日，冠名费为20万元/年。乙方于每年3月20日前支付下一年度冠名费至甲方指定账户。并约定任何一方违约，守约方有权要求违约方支付10万元违约金并赔偿由此造成的损失（包括但不限于直接或间接损失、诉讼费、律师费等）。某某公司于2015年4月1日支付了冠名费30万元后再未向假日酒店支付任何费用，假日酒店也未向某某公司要求支付冠名费。2021年2月26日，某某公司发送《关于遵义某某旅游房地产开发有限公司与重庆某某酒店管理有限公司战略合作协议情况说明》，主要载明：因某某公司自2015年起不再经营及管理重宾生态旅游文化城（以下简称天池三号项目），某某公司自2015年起股权已冻结不再正常经营及管理，2019年6月1日天池三号项目重新启动，2019年10月30日正式由贵州正麟房地产开发有限公司经营管理。2021年6月16日，假日酒店提起诉讼，要求解除合同，并支付自合同解除之日起的冠名费及违约金10万元。

原告观点

被告提供的相应的说明依据是为体现自2015年某某公司未再经营天

池三号项目，其自 2015 年起至 2019 年 6 月 1 日止所与假日酒店产生的合作费用想允以减免，有履行合同的意向，未过诉讼时效。

被告观点

某某公司辩称冠名费 2018 年 6 月 16 日前的部分已过诉讼时效，不应予以主张。

争议焦点

商标被许可人出具减免申请是否构成在诉讼时效届满后作出愿意履行的意思表示的认定。

裁判结果

该合同于 2021 年 7 月 23 日解除，某某公司应当支付冠名费 106.26 万元并按照合同约定支付违约金 10 万元和律师费 1.5 万元。

法律依据及解析

《民法典》

第一百九十二条 诉讼时效期间届满的，义务人可以提出不履行义务的抗辩。

诉讼时效期间届满后，义务人同意履行的，不得以诉讼时效期间届满为由抗辩；义务人已经自愿履行的，不得请求返还。

案涉商标“重宾”“重庆宾馆”所有权人系重庆宾馆有限公司，重庆宾馆有限公司将上述商标授权给假日酒店使用，根据《授权书》，假日酒店有权将上述商标授权给他人使用。某某公司使用了上述商标，应当按照合同约定支付冠名费，虽然部分冠名费已过诉讼时效，但某某公司于 2021 年 2 月 26 日向假日酒店发送的情况说明明确支付的金额为 2015 年至 2019 年 6 月 1 日的费用，希望假日酒店予以减免，表明某某公司在诉讼时效期间届满时，仍愿意履行上述期间的费用，只是希望假日酒店予以减免。因此，某某公司不得以诉讼时效届满进行抗辩。

二十七、离婚协议车归妻　按约过户责在夫

关键词：车牌权利、车辆权利、优先保障规则

案情简介

满某、张某 2008 年结婚，2014 年 11 月 7 日协议离婚。离婚协议中，双方约定“北京牌照的车两年内归男方张某使用，两年后过户给女方满某”。2015 年 6 月 27 日张某购置第二辆车。2017 年张某将第二辆车的相应票据给了满某。2020 年 6 月，张某购置第三辆车，仍使用原京牌车的车牌号。满某在北京市申请个人小客车配置指标未果，在北京市未登记小客车。满某认为，张某应履行离婚协议内容，故诉至法院，请求法院判令张某配合办理京牌车辆的转移登记过户手续，并自愿补偿相应的差价 5 万元。

原告观点

协议约定车牌归满某所有，满某应当按协议履行。

被告观点

现在的车辆是张某购买，与满某没有任何关系，满某没有车的物权；车辆转移登记过户属于行政行为，不属于民事诉讼受案范围；车辆号牌的变更属于车辆管理机关的行政行为，车辆号牌不具有给付或者变更的金钱价值；本案已过诉讼时效。

争议焦点

发生冲突时，优先考虑车牌权利还是车辆权利；本案是否已过诉讼时效。

裁判结果

一审：判决驳回满某的诉讼请求。

二审：(1)撤销一审判决；(2)张某名下的京牌车(包括北京牌照与车辆)归满某所有，张某配合满某于本判决生效后10日内办理转移登记过户手续并交付满某；(3)满某自愿补偿张某5万元，于京牌车转移登记过户并交付后10日内履行完毕；(4)驳回满某的其他诉讼请求。

法律依据及解析

《民法典》

第一百九十五条 有下列情形之一的，诉讼时效中断，从中断、有关程序终结时起，诉讼时效期间重新计算：

(一)权利人向义务人提出履行请求；

(二)义务人同意履行义务；

(三)权利人提起诉讼或者申请仲裁；

(四)与提起诉讼或者申请仲裁具有同等效力的其他情形。

本案中，一方当事人对北京车牌权利与另一方当事人对车辆物权发生冲突时，应当考虑北京牌照属于行政行为调控与配置范畴、不能够通过市场交易获得，而车辆可以通过市场交易获得，按照《民法典》第322条规定的物分属不同权利主体的物的归属原则，优先保障当事人对北京牌照的权利。另外，一方交付车辆票据等行为应当视作同意履行义务的情形，诉讼时效中断，若未约定宽限期，应当自义务人明确不履行义务之时重新起算诉讼时效。

二十八、离婚虽约房归妻　共同债务难逃避

关键词:执行异议、离婚协议

案情简介

2019年11月19日,陆某与曹某因婚后感情破裂在合肥经济技术开发区婚姻登记处协议离婚。陆某与曹某签订的《离婚协议书》约定案涉房屋归陆某所有,房屋未办理房屋过户手续,陆某至今实际占有并居住在该房屋。王某与曹某民间借贷纠纷案中,王某依据(2020)皖0191民特8号裁定书申请强制执行。陆某提出书面异议,合肥高新技术产业开发区人民法院作出(2021)皖0191执异38号执行裁定书,驳回陆某的异议。

原告观点

陆某与曹某签订《离婚协议书》约定案涉房屋全部份额归陆某所有,但因房屋剩余贷款尚未结清,暂无法办理房屋过户手续,非陆某自身原因所致。陆某至今实际占有并居住在该房屋,是案涉房屋的实际所有权人。

被告观点

陆某与曹某签订《离婚协议书》系典型的规避债务行为,该协议书不得对抗法院执行。从该协议书形成的时间上看,该协议书于2019年11月19日签订,曹某所涉债务于2019年9月即形成,且于2019年11月5日届期。在债务届期后,王某多次向曹某讨要借款无果后于2019年11月12日向法院诉讼。该协议书形成的时间晚于债务发生时间、债务到期时间及王某起诉时间。从离婚协议实质内容上看,该协议书约定将原夫妻双方各占50%份额的案涉房屋无偿转让给陆某,其房屋剩余贷款则由曹某全部承担,这一

约定明显有利用离婚协议规避执行的意图。根据相关规定,婚姻登记机构对于离婚协议仅作形式审查,陆某与曹某在婚姻登记机关登记离婚并不具备公示效力,亦不会发生物权变动。

争议焦点

(1)陆某要求确认被执行房产归其所有,该主张能否成立;(2)陆某诉请法院停止执行案涉房产并解除查封,该主张是否能够阻却法院对房产的查封、执行。

裁判结果

驳回原告全部诉讼请求。

法律依据及解析

《民法典》

第二百零九条 不动产物权的设立、变更、转让和消灭,经依法登记,发生效力;未经登记,不发生效力,但是法律另有规定的除外。

依法属于国家所有的自然资源,所有权可以不登记。

第二百一十四条 不动产物权的设立、变更、转让和消灭,依照法律规定应当登记的,自记载于不动产登记簿时发生效力。

第二百一十六条 不动产登记簿是物权归属和内容的根据。

不动产登记簿由登记机构管理。

第四百六十五条 依法成立的合同,受法律保护。

依法成立的合同,仅对当事人具有法律约束力,但是法律另有规定的除外。

《离婚协议书》的约定仅在双方当事人之间产生法律效力,婚姻关系结束后,双方未按约定办理过户登记手续,则只能形成陆某对曹某的债权而不是必然形成对案涉房产的所有权;曹某与陆某于 2019 年 11 月 19 日签订《离婚协议书》并登记离婚,但案涉执行的债权约定的还款日期为 2019 年 11 月 5 日,曹某未能按约定及时还款,后王某于 2019 年 11 月 12 日向人民法院申请财产保全,由此可见,案涉执行债权的约定还款时间、向法院申请保全时间均早于双方签订《离婚协议书》的时间，王某的金钱债权请求权成立在前，时间上具有优先性，且《离婚协议书》约定将曹某 50% 案涉房屋的份额无偿转让给陆某，但案涉房屋剩余贷款则由曹某承担，该约定明显不符合常理。另外，陆某不能仅以《离婚协议书》的约定主张案涉房产的所有权人发生变动。人民法院在执行过程中，根据房产证登记所有人的情况，对曹某名下的房产依法查封符合法律规定，并无不当。陆某并无充足的理由阻却人民法院对案涉房产查封的执行行为。陆某要求人民法院停止执行案涉房产并解除查封的诉请，于法无据，法院不应支持。

二十九、信息查询要合法　不可随意滥用权

关键词:法律理解、信息安全

案情简介

2019年12月2日,包某至某某自然资源确权登记局(以下简称市确权登记局)下属的杨浦区不动产登记事务中心(以下简称杨浦登记中心,现为杨浦区自然资源确权登记事务中心),要求提供包某名下杨浦区飞虹路某处房屋(以下简称涉案房屋)的登记资料。其间,包某递交了某某不动产登记原始凭证查阅申请书,申请查阅其名下涉案房屋房地产登记簿中的初始登记资料。杨浦登记中心经审查,涉案房屋产权人于2000年9月因房屋买卖登记为包某,遂向包某提供了涉案房屋产权人登记为包某时的房地产买卖合同等不动产变更登记资料,对包某申请查阅的涉案房屋初始登记资料,不予查询。包某诉至人民法院。

原告观点

原告是涉案房屋的所有权人,是涉案房屋唯一的权利人,依据《不动产登记暂行条例》第27条和《不动产登记资料查询暂行办法》第2条的规定,原告有权查询、复制涉案房屋的不动产登记簿和不动产登记原始材料;《不动产登记资料查询暂行办法》第14条中的"本不动产"即指向不动产本身,可以理解为"该不动产",不应解释为"本次登记的不动产"。从立法本意上看,所有权人应当可以查询所有的不动产登记资料,市确权登记局拒不提供原告申请查阅的涉案房屋原始登记材料的行为违法;退一步讲,即使市确权登记局认为公开原始登记资料可能涉及个人隐私,也不能成

为其不履行法定职责的理由，市确权登记局可以通过采取变通的方式向原告提供。故原告诉请法院判令被告履行配合原告查阅不动产登记资料的法定职责。

被告观点

包某系涉案房屋的现房屋产权人，每次不动产登记都会将不动产登记结果记载于不动产登记簿，记载内容包括权利人，故每一次登记都会有相应的登记簿上的权利人产生，而包某将“不动产登记簿上记载的权利人”与“产权人”对等表述，显然是对法条的误读；根据我国《民法典》第216条“不动产登记簿是物权归属和内容的根据”的规定，不动产登记簿上记载了不动产从首次登记起的每一次登记信息，历次登记汇总形成该不动产的全部不动产登记簿，因此不动产登记簿上记载的权利人不仅包括现房屋产权人，还包括过往历次登记生成的登记簿信息上记载的权利人，每位权利人与其登记行为是一一对应关系。市确权登记局根据《不动产登记暂行条例》等规定，已将涉案房屋2000年9月的不动产转移登记资料提供给包某。包某要求提供涉案房屋的初始登记资料，但涉案房屋自1997年起经过多次转让登记，房屋的原始资料涉及1997年房屋产权人的个人隐私，包某既非1997年产权证上所记载的房屋权利人，也非1997年转让房屋时的利害关系人，故市确权登记局根据《不动产登记暂行条例实施细则》第97条规定未予提供，并无不当，请求依法驳回原告的诉讼请求。

争议焦点

根据包某作为因买卖取得涉案房屋所有权的权利人提出的查阅申请，市确权登记局应否向其提供涉案房屋首次登记及至本次转移登记之前的历史登记的不动产登记资料。

裁判结果

一审：驳回包某的诉讼请求。

二审：驳回上诉，维持原判。

法律依据及解析

《民法典》

第二百一十八条 权利人、利害关系人可以申请查询、复制不动产登记资料,登记机构应当提供。

第一,从查询主体来看,该法条规定的查询主体指向"不动产登记簿上记载的权利人",与不动产权利人的概括表述不同,突出权利人与每次不动产登记行为的一一对应关系。因与之对应,"本不动产登记"也应当理解为与"不动产登记簿上记载权利人"行为相对应的"本次不动产登记"。否则,该法条则应与其他概括规定如"权利人、利害关系人可以申请查询、复制不动产登记资料"一致,统一表述为"不动产权利人"。因此,作为定语的"不动产登记簿上记载的"应当理解为对权利人范围的限缩。

第二,从查询范围来看,不动产登记簿上记载的权利人可以查询的范围是"本不动产登记结果"和"本不动产登记原始资料"。如果是指全部不动产登记结果和原始资料,从立法技术上,完全可以表述为"不动产登记结果和不动产登记原始资料"。因为相关法条中已经明确规定,不动产登记资料包括不动产登记结果和不动产登记原始资料,本条甚至可以直接表述为"不动产登记资料"。从语义及语法结构上看,此处两次用"本"字用以强调与本次登记相关的登记结果和登记资料,而并非泛指全部。

第三,从查询主体与范围的相适性来看,不动产登记的权利不仅指房屋等建筑物、构筑物所有权,还包括土地承包经营权、建设用地使用权、地役权、抵押权等。相应地,不动产登记簿上记载的权利人并不仅限于不动产所有权人,还包括地役权人、抵押权人等。如果按照"本不动产之登记"理解,则抵押权人对抵押的不动产的全部登记资料亦享有查询、复制的权利,这显然超出其应予查询的合理范围,不符合《不动产登记暂行条例》《不动产登记资料查询暂行办法》对于不同主体分类查询的严格界定。

第四,根据《不动产登记资料查询暂行办法》第1条规定,其目的是规范不动产登记资料查询活动,加强不动产登记资料管理、保护和利用,维护不动产交易安全,保护不动产权利人的合法权益。因此,不动产登记资料查询既要以保护权利人的交易安全及其合法权益为目的，遵循便民、高效原则，也要加强登记资料利用的严格管理，强调依法原则，确保信息安全，避免不当泄露。

本案包某自2000年9月因买卖办理转移登记，为保障其交易安全及合法权益，其可以查询其转移登记结果及原始资料，在其登记成为所有权人之前的房屋买卖过程中，其亦可作为利害关系人查询涉案房屋的自然状况、权利人以及查封、抵押、预告登记、异议登记等状况。上述查询内容已充分保障包某作为买受人、涉案房屋所有权人的合法权益。包某在2000年9月之前并非涉案房屋权利人或利害关系人，根据规定，其亦并非当时登记资料的查询主体范围，故其无权查询2000年9月之前的涉案房屋的登记资料。

第三编
合　同

走进民法典——106个精选案例释解

三十、签订合同应履行　无故违约赔损失

关键词：诚实信用、合同履行、违约

案情简介

2020年11月16日，李某、张某甲经智翔公司的介绍与张某乙签订的房屋买卖合同合法有效，且已实际履行。张某乙依约向李某支付3万元购房定金及27万元购房款，并向智翔创信房地产经纪公司支付25000元中介服务费和按揭费。李某、张某甲收到张某乙的购房款后将涉案房屋的抵押贷款办理解除抵押手续，取得房屋产权手续，但之后李某、张某甲作为卖方未按照合同约定配合买方张某乙办理申请按揭贷款手续，合同未再继续履行。张某乙诉至人民法院要求赔偿。

原告观点

被告未按约履行合同，应当承担赔偿责任。

被告观点

被告是被律师误导提出解除合同的诉讼的，并非本人意愿，被告未违约。

争议焦点

李某、张某甲是否违约以及本案房屋买卖合同应否解除。

裁判结果

（1）被告李某、张某甲于判决生效后10日内返还原告张某乙购房款27万元；（2）被告李某、张某甲于本判决生效后10日内返还原告张某乙双倍

定金 6 万元;(3)被告李某、张某甲于本判决生效后 10 日内返还原告张某乙购房中介服务费和按揭费 25000 元;(4)驳回原告张某乙的其他诉讼请求。案件受理费 6937 元,减半收取 3469 元,保全申请费 2320 元,共计 5789 元,由被告李某、张某甲负担。

法律依据及解析

《民法典》

第五百零九条 当事人应当按照约定全面履行自己的义务。

当事人应当遵循诚信原则,根据合同的性质、目的和交易习惯履行通知、协助、保密等义务。

当事人在履行合同过程中,应当避免浪费资源、污染环境和破坏生态。

第五百七十七条 当事人一方不履行合同义务或者履行合同义务不符合约定的,应当承担继续履行、采取补救措施或者赔偿损失等违约责任。

第五百八十八条 当事人既约定违约金,又约定定金的,一方违约时,对方可以选择适用违约金或者定金条款。

定金不足以弥补一方违约造成的损失的,对方可以请求赔偿超过定金数额的损失。

第六百九十三条 一般保证的债权人未在保证期间对债务人提起诉讼或者申请仲裁的,保证人不再承担保证责任。

连带责任保证的债权人未在保证期间请求保证人承担保证责任的,保证人不再承担保证责任。

本案中,原告张某乙与被告李某、张某甲经被告智翔创信房地产经纪公司居间介绍签订房屋买卖合同,原告张某乙按照合同约定分别向被告李某、张某甲支付了定金 3 万元及房屋首付款 27 万元,向被告智翔创信房地产经纪公司支付了中介服务费和按揭费 25000 元,现被告李某、张某甲拒绝按照合同约定配合原告办理房屋按揭贷款手续,并两次提起诉讼要求解除和撤销该房屋买卖合同,明确表示其不再继续履行该合同义务。对于其第二次起诉盐湖区法院要求撤销该房屋买卖合同,经审理认定三方签订的房屋买卖合同系双方真实意思表示,合法有效,且已实际部分履行,被告李某在收到原告张某乙支付的购房首付款后,不但不按照合同约定履行相应义务,反而将涉案房屋的抵押贷款办理了解押并取得该房屋的产权,该案经盐湖区人民法院判决已驳回了其诉讼请求,被告李某、张某甲的行为已明显违约,亦违反诚实信用和交易安全原则,应当按照合同约定承担违约责任。

三十一、无力履行签合同　收取定金双倍还

关键词：定金罚则、疫情特殊时期

案情简介

2019年疫情暴发，原告某某公司与被告某某公司协商签订《订货合同》，约定由被告向原告提供KN95防护口罩，总金额780万元，原告支付定金200万元。后被告未提供样品也未交付口罩，原告通知被告解除合同并退回定金200万元，但被告一直未退还，遂原告诉至人民法院。

原告观点

被告无履行合同的能力，技术、生产能力缺乏，一直没有生产出产品，违约事实清楚，且因疫情原因口罩价格浮动巨大，被告未按时交货给原告造成极大损失，被告应当双倍返还原告支付的200万元定金，并且承担给原告造成的损失。

被告观点

原告违反合同约定，要求提供样品后生产口罩，对口罩有特殊要求也必须在合同中有书面约定，不能在合同履行过程中提出，原告的生产要求朝令夕改，存在违约行为。

争议焦点

被告未能按时交货是否由原告行为造成。

裁判结果

解除原、被告之间合同，被告双倍返还312万元定金、44万元预付款及

原告为维权支出的6万元律师费。

二审法院维持原判。

法律依据及解析

《民法典》

第五百八十六条　当事人可以约定一方向对方给付定金作为债权的担保。定金合同自实际交付定金时成立。

定金的数额由当事人约定;但是,不得超过主合同标的额的百分之二十,超过部分不产生定金的效力。实际交付的定金数额多于或者少于约定数额的,视为变更约定的定金数额。

第五百八十七条　债务人履行债务的,定金应当抵作价款或者收回。给付定金的一方不履行债务或者履行债务不符合约定,致使不能实现合同目的的,无权请求返还定金;收受定金的一方不履行债务或者履行债务不符合约定,致使不能实现合同目的的,应当双倍返还定金。

原告与被告之间签订的订货合同系双方真实意思表示,合同中除定金条款外并不违反法律规定,应认定合法有效。订货合同签订后,原告与被告某某公司为了如何履行合同又通过微信对有关事项进行了补充,这些补充的内容也不违反法律规定,也应认定合法有效。原、被告均应严格按合同约定以及微信中达成的补充规定履行自己的义务。被告未按约定提供样品和交付货物,系违约,应承担相应的违约责任。原告在被告违约的情况下有权解除合同,也有权要求被告退回未履行的定金、货款并承担相应的违约责任。原告支付给被告的200万元款项中定金应为156万元,其余44万元应为预付货款。收受定金的一方不履行约定义务的,应当双倍返还定金,原告要求被告双倍返还定金、退回未履行的货款并支付原告为实现本案债权的律师代理费证据充分,理由正当,应予支持。

三十二、终止合同收退货　无理蛮横拒退款

关键词：疫情时期、解除合同合意

案情简介

2020年3月16日，原告骆某与被告某某公司签订《设备销售合同》，约定原告向被告购买两台全自动口罩生产机，总价106万元，原告支付60%预付款给被告。被告收到预付款后迟延交货一台，并因质量不合格派公司员工至原告处，经多次调试无法解决质量问题，双方同意终止合同退货退款，并在《设备销售合同》下方注明"因机器原因已退回。收到合同终止。货款同意退回。4月10日前到账。如未到账造成损失由我公司负责"。原告将机器退回后，被告未退还货款，原告遂将被告诉至人民法院。

原告观点

被告收到预付款后仅交付一台质量不合格的口罩机器，并且双方同意退货退款，被告违约后又失信，应当承担违约责任。

被告观点

原告仅支付预付款，不自行提货也不支付余款，系原告违约。

争议焦点

涉案《设备销售合同》是解除还是继续履行的认定。

裁判结果

被告返还原告预付款。

法律依据及解析

《民法典》

第五百四十三条　当事人协商一致，可以变更合同。

第五百六十二条　当事人协商一致，可以解除合同。

当事人可以约定一方解除合同的事由。解除合同的事由发生时，解除权人可以解除合同。

第五百六十六条　合同解除后，尚未履行的，终止履行；已经履行的，根据履行情况和合同性质，当事人可以请求恢复原状或者采取其他补救措施，并有权请求赔偿损失。

合同因违约解除的，解除权人可以请求违约方承担违约责任，但是当事人另有约定的除外。

主合同解除后，担保人对债务人应当承担的民事责任仍应当承担担保责任，但是担保合同另有约定的除外。

本案中，双方2020年3月16日签订的合同不违反法律、行政法规，合法有效，双方当事人应当依照合同的约定履行义务，在合同履行过程中，双方可以协商变更合同内容。3月20日，因机器原因达不到生产量，双方就合同的履行达成新的协议，即终止合同，退货退款，被告经理保证在4月10日前到账，可认定双方经协商一致解除合同。被告应返还原告支付的预付款。

三十三、银行未尽监管责　盗刷损失谁赔偿

关键词：银行卡盗刷、监管责任

案情简介

徐某系招商银行股份有限公司上海某某支行（以下简称招行某某支行）储户，其持有的借记卡发生3笔由他人操作的汇款，共146200元。徐某向人民法院起诉请求招行某某支行赔偿银行卡盗刷损失及利息。

原告观点

因被告未尽到监管责任，导致原告借记卡内的存款被案外人通过非法手段盗走，被告应当承担赔偿责任。

被告观点

持卡人转账时身份识别信息和交易验证信息相符，被告不存在过错。

争议焦点

仅核实持卡人身份识别信息和交易验证信息的情况下，银行是否尽到监管义务。

裁判结果

招行某某支行给付徐某存款损失146200元及相应利息。

法律依据及解析

《民法典》

第五百七十七条　当事人一方不履行合同义务或者履行合同义务不符合约定的，应当承担继续履行、采取补救措施或者赔偿损失等违约责任。

本案中,持卡人提供证据证明他人盗用持卡人名义进行网络交易,请求发卡行承担被盗刷账户资金减少的损失赔偿责任,发卡行未提供证据证明持卡人违反信息妥善保管义务,仅以持卡人身份识别信息和交易验证信息相符为由主张不承担赔偿责任的,法院不应支持。

三十四、网络主播签独家　中途违约应担责

关键词：排他性条款、履行瑕疵

案情简介

被告李某原为原告上海某某互娱文化有限公司（以下简称某某互娱公司）创办的某某直播平台游戏主播，被告昆山某某信息技术有限公司（以下简称某某信息公司）为李某的经纪公司。2018 年 2 月 28 日，某某互娱公司、某某信息公司及李某签订《主播独家合作协议》（以下简称《合作协议》），约定李某在某某直播平台独家进行“绝地求生游戏”的第一视角游戏直播和游戏解说。该协议违约条款中约定，协议有效期内，某某互娱公司或李某未经某某信息公司同意，擅自终止该协议或在直播竞品平台上进行相同或类似合作，或将已在某某直播上发布的直播视频授权给任何第三方使用的，构成根本性违约，某某互娱公司应向某某直播平台支付赔偿金，合同期限为 1 年。2018 年 6 月 1 日，某某信息公司向某某互娱公司发出主播催款单，催讨欠付李某的两个月合作费用。截至 2018 年 6 月 4 日，某某信息公司为李某直播累计支付 2017 年 2 月至 2018 年 3 月的合作费用 1111661 元。2018 年 6 月 27 日，李某发布微博称其将带领所在直播团队至另一直播平台进行直播，并公布了直播时间及房间号。某某公司认为其违约，遂诉至人民法院。某某互娱公司不同意某某信息公司请求，并提出反诉。

原告观点

被告违反合同约定在其他平台直播，构成违约，应当承担赔偿责任。

被告观点

原告未按时支付合作费，被告有权提出解除合同，现合同已解除，被告不承担违约责任。

争议焦点

被告单方解除《合作协议》的行为是否有效，被告是否违约。

裁判结果

(1)某某互娱公司于判决生效之日起10日内支付某某公司违约金2600000元；(2)李某对某某互娱公司上述付款义务承担连带清偿责任；(3)某某互娱公司于判决生效之日起10日内支付某某公司2018年4月至2018年6月的合作费用186640.10元；(4)驳回某某信息公司其他反诉请求。

法律依据及解析

《民法典》

第五百八十五条　当事人可以约定一方违约时应当根据违约情况向对方支付一定数额的违约金，也可以约定因违约产生的损失赔偿额的计算方法。

约定的违约金低于造成的损失的，人民法院或者仲裁机构可以根据当事人的请求予以增加；约定的违约金过分高于造成的损失的，人民法院或者仲裁机构可以根据当事人的请求予以适当减少。

当事人就迟延履行约定违约金的，违约方支付违约金后，还应当履行债务。

本案中，网络主播违反约定的排他性合作条款，未经直播平台同意在其他平台从事类似业务，应当依法承担违约责任。网络主播主张合同约定的违约金明显过高请求予以减少的，在实际损失难以确定的情形下，人民法院可以根据网络直播行业特点，以网络主播从平台中获取的实际收益为参考基础，结合平台前期投入、平台流量、主播个体商业价值等因素合理酌定。

三十五、赡养义务未履行　赠与协议可撤销

关键词：孝敬父母、赡养老人

案情简介

张某与辛某共育有子女 3 人，分别是大儿子张某强、二儿子张某平和女儿张某珍。2019 年 12 月，张某与辛某向张某强、张某平各赠与款项 32000 元。2020 年，近八旬的张某两次因病住院治疗，但受赠的两个儿子既未前来看望、照顾，也未为老人支付医疗费。

两位老人诉至人民法院，要求撤销对张某强、张某平的赠与。

原告观点

被告未尽到赡养义务，原告有权撤销赠与。

被告观点

自己没有对父母不闻不问，也没有不履行对父母的赡养义务，父母有失地农民的养老金和残疾人低保，完全有能力支付医疗费，也正因为有经济能力才从积蓄中拿出一部分赠与两个儿子。

争议焦点

原告是否可以基于被告未尽到赡养义务而撤销赠与。

裁判结果

法院判决撤销张某和辛某对两儿子的赠与，张某强、张某平分别向张某及辛某返还其接受赠与的 32000 元。

法律依据及解析

《民法典》

第六百六十三条　受赠人有下列情形之一的，赠与人可以撤销赠与：

（一）严重侵害赠与人或者赠与人近亲属的合法权益；

（二）对赠与人有扶养义务而不履行；

（三）不履行赠与合同约定的义务。

赠与人的撤销权，自知道或者应当知道撤销事由之日起一年内行使。

本案中，对赠与人有扶养义务而不履行，赠与人可以撤销赠与，该扶养义务包括对长辈的赡养。赡养父母不仅是道德上要求，更是子女应尽的法律义务，即使未获赠与，两被告作为子女均有义务为父母提供经济上的供养、生活上的照料和精神上的慰藉。张某强、张某平二人在接受赠与财产后，对其父亲的医疗费用并未及时支付，反而针对医疗费的给付与张某对簿公堂，且两人亦没有证据证明对张某及辛某履行了赡养义务。故张某及辛某有权撤销与两个儿子之间的赠与协议。

三十六、借款期限未约定　要求归还可随时

关键词：利息推定、诉讼权利

案情简介

2011年6月10日、2011年7月25日及2012年1月29日，杜某某先后3次向崔某某借款10万元、9万元、10万元，合计29万元，均约定月利率为20‰。2015年8月19日，杜某某在偿还2万元本金后，给崔某某出具写有"今欠到崔某某人民币贰拾柒万元整（270000元）"和"今欠到崔某某人民币贰拾叁万元整（230000元），此款等杜某某开始卖地款回来时全部还清，在未卖地时，崔某某不得起诉和要账"的欠据两份。同日，杜某某与王某约定："现杜某某代（此处'代'应为'贷'）崔某某27万元款，杜某某拿神木县大保当镇鑫安停车场作为抵押，每月还2万元……"该停车场所占用之地无相应登记备案。2018年11月11日，杜某某书写承诺"以前欠崔某某的钱，明年赶年底地买（条据中写错，应为'卖'字）了，本钱、打的利息一次性还清"。届满，停车场现仍由杜某某经营。2015年9月24日至2021年9月29日，杜某某每次以1000元或2000元不等通过银行转账67次共向崔某某偿还117800元。现崔某某等之不及，遂提起诉讼，形成本案。

原告观点

被告不能按期偿还原告全部欠款，亦未将其停车场归于原告处置。

被告观点

原借款3笔本金共计29万元，约定利率20‰，后双方将利率约定为15‰。2015年8月19日偿还2万元本金后，剩余借款本金27万元及所产

生的利息 23 万元属实，并分别就本金和利息重新出具二份条据，再未约定利息和逾期利率。此后，共向原告偿还借款本金 117800 元。

争议焦点

杜某某所欠崔某某 27 万元本金是否承担支付利息的责任。

裁判结果

(1)杜某某偿还所借崔某某借款本金 27 万元。(2)杜某某支付崔某某 27 万元本金的利息：于 2015 年 8 月 19 日起至 2019 年 8 月 19 日止按月利率 15‰计算的利息 197235 元；于 2019 年 8 月 20 日起以一年期贷款市场报价利率 3.85% 计算至本金履行完毕之日止的利息。(3)杜某某向崔某某支付 2015 年 8 月 19 日前 29 万元本金所产生的利息 23 万元。

法律依据及解析

《民法典》

第六百七十五条　借款人应当按照约定的期限返还借款。对借款期限没有约定或者约定不明确，依据本法第五百一十条的规定仍不能确定的，借款人可以随时返还；贷款人可以催告借款人在合理期限内返还。

崔某某、杜某某在 2015 年 8 月 19 日就此前借贷的 29 万元在本金减少 2 万元的情况下出具 27 万元的欠据，并非该日发生借贷的 27 万元，故不属于“对利息约定不明”的情形，故对杜某某代理人主张无利息约定的事实，法院不予采纳，杜某某应承担支付利息的责任。关于月利率，原告主张为 20‰，杜某某主张由 20‰变为 15‰，结合双方在 2015 年 8 月 19 日结算时，原 29 万元本金按月利率 20‰计算利息为 27.7 万余元，而出具利息欠据的金额为 23 万元，则截至 2015 年 8 月 19 日，29 万元本金的月利率在此前几个月就由 20‰降为 15‰，否则利息不可能为 23 万元。崔某某未有支持其主张月利率按 20‰计算的证据，需承担不利后果，故应当按 15‰的月利率计算利息。有关杜某某出具的停车场抵押的承诺，法院在法庭上已作出不予确认该抵押协议的结论。有关 23 万元利息，欠据中约定“在未卖地时，崔某某不得起诉和要账”的约定，限制了崔某某就该 23 万元提起诉讼权利的行使范围,诉权是国家赋予公民司法救济的基本权利,应受到法律保护,当事人虽有处分权,可选择诉或不诉,但不能通过事先约定的方式排除国家的司法救济途径。本案中,双方约定原告不得起诉被告,该约定应属无效。

三十七、征信信息要真实　上传不当应纠正

关键词：名誉权、担保人、诉讼时效

案情简介

原告翟某与案外人郝某某、袁某某与被告农业银行共同签订《个人最高额联合保证借款合同》（以下简称借款合同）及《农户、个体工商户联保协议》（以下简称联保协议），约定原告翟某与案外人郝某某、袁某某自愿组成联保小组，自2012年3月23日起至2014年3月20日止，在贷款人处发生的借款业务所形成的债务最高余额为55万元，相互提供最高额连带责任担保，保证期间为以上约定期限届满之日起2年。后根据合同约定，被告农业银行分别为原告翟某及案外人郝某某、袁某某提供相应的贷款，2014年1月30日，原告翟某偿还了自己的贷款本息150382.5元，贷款余额显示为0元。案外人郝某某、袁某某对自己的贷款并未清偿完毕，被告农业银行亦未向原告主张过相关权利。2020年12月4日，经原告翟某本人查询，其《个人信用报告》中第3项"相关还款责任信息"显示，因案外人郝某某、袁某某未及时偿还贷款，其分类备注为"可疑"，导致原告办理信用卡未获审批。

原告观点

农业银行作为征信系统的"信息提供者"向中国某某银行监督管理的金融信用信息基础数据库提供了翟某虚假的征信信息，从而导致了翟某的社会信用等级降低的不利后果，被告此举严重侵害了翟某的名誉权。

被告观点

被告认为不侵权。

争议焦点

被告的行为是否导致原告名誉受损。

裁判结果

被告农业银行于判决生效之日起 5 日内协助中国某某银行将原告翟某在征信系统中的“相关还款责任信息”内容清除。

法律依据及解析

《民法典》

第六百九十二条 保证期间是确定保证人承担保证责任的期间，不发生中止、中断和延长。

债权人与保证人可以约定保证期间，但是约定的保证期间早于主债务履行期限或者与主债务履行期限同时届满的，视为没有约定；没有约定或者约定不明确的，保证期间为主债务履行期限届满之日起六个月。

债权人与债务人对主债务履行期限没有约定或者约定不明确的，保证期间自债权人请求债务人履行债务的宽限期届满之日起计算。

本案中，被告农业银行作为信息提供者向金融信用基础数据库提供了原告负面的征信信息，导致原告社会信用等级降低而不能办理信用卡。被告农业银行做出了有损他人信用的行为，该行为因原告未履行担保责任而引发。《民法典》第 692 条第 1 款规定：“保证期间是确定保证人承担保证责任的期间，不发生中止、中断和延长。”第 693 条规定：“一般保证的债权人未在保证期间对债务人提起诉讼或者申请仲裁的，保证人不再承担保证责任。连带责任保证的债权人未在保证期间请求保证人承担保证责任的，保证人不再承担保证责任。”

根据原告及案外人郝某某、袁某某与被告农业银行签订的借款合同和联保协议的约定，借款期限截止日期为 2014 年 3 月 20 日，保证期间为 2 年，即 2016 年 3 月 20 日，现被告农业银行未提交相关证据证实在保证期间内向原告翟某主张过权利，故保证期间届满，原告翟某不再对上述贷款承担保证责任。被告农业银行以翟某未承担保证责任而向金融信用基础数据库提供了原告负面的征信信息，于法无据，应予纠正。原告主张被告农业银行侵犯其名誉权不成立，但农业银行因疏于主张自身权利而导致原告的保证责任消失，应承担对自己不利的法律后果，其以原告未履行保证责任而将原告负面征信信息上传至金融信用基础数据库不当，应予纠正。

三十八、房屋检测不合格　租客有权解合约

关键词：租赁用途、甲醛超标

案情简介

2021 年 3 月 21 日，某某公司（甲方）与原告江某某（乙方）签订《房屋租赁合同》一份，约定甲方将位于南京市江宁区 × 幢 × 室房屋出租给乙方使用，合同签订后，被告将房屋交给原告使用。2021 年 4 月，原告江某某妻子（已怀孕）出现身体不适，至江苏省某某医院、东部战区总医院等医疗机构检查，诊断为慢性肾小球肾炎。原告认为与室内甲醛超标有关，自行购买甲醛检测试纸检测，结果显示超标，故与被告某某公司业务员联系要求退租，但协商未果。原告自行委托江苏智然检测有限公司（以下简称智然公司）对案涉房屋内的空气质量进行检测，结果显示甲醛、总挥发性有机物 TVOC 不合格。原告取得上述检测报告后，搬出租赁房屋并告知被告，同时将房门钥匙邮寄交还被告。

原告观点

被告的房屋的空气质量不合格，原告有权解除合同。

被告观点

原告江某某未按约定的时间交纳租金，构成违约。

争议焦点

甲醛超标的租房是否符合租赁用途。

裁判结果

(1)原告江某某与被告南京某某房产经纪有限公司之间的《房屋租赁合同》于2021年7月3日解除;(2)被告南京某某房产经纪有限公司于判决发生法律效力之日起10日内返还原告江某某租金4400元、物业费1056元、押金1100元,合计6556元。

法律依据及解析

《民法典》

第七百零八条　出租人应当按照约定将租赁物交付承租人,并在租赁期限内保持租赁物符合约定的用途。

出租人向承租人提供租赁物,应符合租赁用途。经营房屋租赁业务的出租人,应对室内空气质量进行检测、治理,使之符合国家有关环保标准。出租人如提供有害气体超标的租赁房屋,侵害了承租人的生命健康安全,致承租人的租赁目的无法实现,承租人要求解除合同并退还租金等费用的,法院应予支持。

三十九、维修义务在房东　否则费用要承担

关键词:租赁物维修、破产

案情简介

农药厂与双语学校于2003年6月1日签订《财产租赁合同》。合同约定出租方(农药厂)愿将现有的厂办公大楼西半栋等共计全部面积11000平方米出租给承租方(双语学校)开办学校使用。后该农药厂破产,破产期间留守人员、原厂长胡某某证明:2013年,因租赁的房屋不达标,存在安全隐患,被告与农药厂协商,由被告先行对原单身楼进行加固、窗户进行更换、水池进行移动,共计花费1193000元,农药厂同意加固修缮费用从租金中扣除。时任农药厂破产管理人组长李某甲在证明上批注"情况属实"。农药厂破产期间留守人员李某乙证明:被告租赁的房屋年久失修、围墙破旧,经破产管理人同意被告对原单身楼厕所、洗漱间进行改造,对楼顶防水、校处门口路面硬化、农药厂生活区南北隔离围墙、供暖设施进行整修的事实。李某甲在证明上批注"情况属实"。2021年4月2日,被告双语学校在对账函上书面批注:(1)2012年2月从原法人姚某某处接手;(2)交租金45万元,车抵16万元共计61万元;(3)其他情况附后说明。

原告观点

被告未按约支付租金,原告有权解除合同,并要求被告支付未付租金。

被告观点

被告维修租赁物的花费应与租金相抵扣,被告未欠付租金,原告应当继续履行合同。

争议焦点

双语学校支出的维修改造等费用是否应当由农药厂负担。

裁判结果

被告支付原告租金,维修费可与租金抵扣。

法律依据及解析

《民法典》

第七百一十二条　出租人应当履行租赁物的维修义务,但是当事人另有约定的除外。

本案中,根据农药厂破产期间留守人员负责人胡某某、李某乙和农药厂破产管理人员负责人李某甲的证明,双语学校在进行上述维修、改造前已经征得了农药厂管理人的许可,管理人同意维修、改造费用抵顶租赁费。胡某某、李某乙、李某甲的口头许可行为均属于履行职务的行为,其行为后果应由农药厂破产管理人承担,故法院对双语学校的该项主张应予以支持。

四十、违约拖欠工程款　除斥期间优先偿

关键词：除斥期间、工程款、优先受偿

案情简介

2012 年 9 月 17 日，河南某某置业有限公司（以下简称某某置业）与某某建设集团有限公司（以下简称某某公司）签订一份《某某国际商务会展中心工程建设工程施工合同》约定，由某某公司对案涉工程进行施工。2013 年 6 月 25 日，某某置业向某某公司发出《中标通知书》，通知某某公司中标位于洛阳市洛龙区开元大道的某某国际商务会展中心工程。2013 年 6 月 26 日，某某置业和某某公司签订《建设工程施工合同》，合同中双方对工期、工程价款、违约责任等有关工程事项进行了约定。合同签订后，某某公司进场施工。施工期间，因某某置业拖欠工程款，2013 年 11 月 12 日、2013 年 11 月 26 日、2014 年 12 月 23 日某某公司多次向某某置业送达联系函，请求某某置业立即支付拖欠的工程款，按合同约定支付违约金并承担相应损失。2014 年 4～5 月，某某置业与德汇工程管理（北京）有限公司签订《建设工程造价咨询合同》，委托德汇工程管理（北京）有限公司对案涉工程进行结算审核。2014 年 11 月 3 日，德汇工程管理（北京）有限公司出具《某某国际商务会展中心结算审核报告》。某某置业、某某公司和德汇工程管理（北京）有限公司分别在审核报告中的审核汇总表上加盖公章并签字确认。2014 年 11 月 24 日，某某公司收到通知，河南省焦作市中级人民法院依据某某置业其他债权人的申请将对案涉工程进行拍卖。2014 年 12 月 1 日，某某公司第九建设公司向河南省焦作市中级人民法院提交的《关于某某国际商务会展中心在建工程拍卖联系函》中载明，某某公司系某某国际商务会展中

心在建工程承包方，自项目开工，某某公司已完成产值2.87亿元工程，某某公司请求依法确认优先受偿权并参与整个拍卖过程。某某公司和某某置业均认可案涉工程于2015年2月5日停工。

2018年1月31日，河南省高级人民法院立案受理某某公司对某某置业的起诉。某某公司请求解除双方签订的建设工程施工合同并请求确认某某置业欠付某某公司工程价款及优先受偿权。

原告观点

2014年11月24日，某某公司收到通知案涉工程将进行拍卖。2014年12月1日，向河南省焦作市中级人民法院提交《关于某某国际商务会展中心在建工程拍卖联系函》，请求依法确认对案涉建设工程的优先受偿权在除斥期间内。

被告观点

某某公司未在6个月除斥期间内以诉讼方式主张优先受偿权，其优先受偿权主张不应得到支持。

争议焦点

执行法院依其他债权人的申请，对发包人的建设工程强制执行，承包人向执行法院主张其享有建设工程价款优先受偿权是否必须以诉讼方式提出。

裁判结果

（1）某某置业与某某公司于2012年9月17日、2013年6月26日签订的两份建设工程施工合同无效；（2）确认某某置业欠付某某公司工程款288428047.89元及相应利息；（3）某某公司在工程价款288428047.89元范围内，对其施工的某某国际商务会展中心工程折价或者拍卖的价款享有行使优先受偿权的权利；（4）驳回某某公司的其他诉讼请求。

法律依据及解析

《民法典》

第八百零七条　发包人未按照约定支付价款的，承包人可以催告发包人在合理期限内支付价款。发包人逾期不支付的,除根据建设工程的性质不宜折价、拍卖外,承包人可以与发包人协议将该工程折价,也可以请求人民法院将该工程依法拍卖。建设工程的价款就该工程折价或者拍卖的价款优先受偿。

本案中,执行法院依其他债权人的申请,对发包人的建设工程强制执行,承包人向执行法院主张其享有建设工程价款优先受偿权并非必须以诉讼方式提出。某某公司向河南省焦作市中级人民法院提交《关于某某国际商务会展中心在建工程拍卖联系函》,视为承包人依法行使了建设工程价款优先受偿权。发包人以承包人起诉时行使建设工程价款优先受偿权超过除斥期间为由进行抗辩的,法院不应支持。

四十一、代位诉讼追债权　未清债务仍可诉

关键词：代位权诉讼、债权人利益

案情简介

北京某某A燃料有限公司（以下简称某某A公司）与山东某某B物流有限公司（以下简称某某B公司）之间共签订采购合同41份，约定某某A公司向某某B公司销售镍铁、镍矿、精煤、冶金焦等货物。某某B公司共支付某某A公司货款1827867179.08元，某某B公司累计向某某A公司开具增值税发票总额为1869151565.63元，但某某A公司未提供相应价款的货物，且无还款能力。遂某某B公司作为原告，以宁波某某C进出口有限公司（以下简称某某C公司）为被告，某某A公司为第三人，向浙江省宁波市中级人民法院提起债权人代位权诉讼。执行期间某某B公司在限期内未能提供某某C公司可供执行的财产，也未向法院提出异议，法院作出执行裁定书，终结本次执行程序。

某某A公司以某某B公司为被告，向山东省高级人民法院提起诉讼，请求判令某某B公司向其返还本金及利息。

原告观点

代位权诉讼未能达到原告实现债权的目的，原告有权就未实现部分债权向原债务人主张。

被告观点

原告已经对该债权提起过代位权诉讼并且判决已生效，不能二次主张。

争议焦点

代位权诉讼执行中，因相对人无可供执行的财产而被终结执行程序，债权人能否就未实际获得清偿的债权另行向债务人主张权利。

裁判结果

某某 B 公司向某某 A 公司返还货款并支付相应利息。

法律依据及解析

《民法典》

第五百三十七条 人民法院认定代位权成立的，由债务人的相对人向债权人履行义务，债权人接受履行后，债权人与债务人、债务人与相对人之间相应的权利义务终止。债务人对相对人的债权或者与该债权有关的从权利被采取保全、执行措施，或者债务人破产的，依照相关法律的规定处理。

代位权诉讼属于债的保全制度，该制度是为防止债务人财产不当减少或者应当增加而未增加，给债权人实现债权造成障碍，而非要求债权人在债务人与次债务人之间择一作为履行义务的主体。如果要求债权人选择其一，无异于要求债权人在提起代位权诉讼前，需要对次债务人的偿债能力作充分调查，否则应当由其自行承担债务不得清偿的风险，这不仅加大了债权人提起代位权诉讼的经济成本，还会严重挫伤债权人提起代位权诉讼的积极性，与代位权诉讼制度的设立目的相悖。因债权人接受相对人的履行之后，债权人和债务人、债务人和相对人之间的权利义务才终止，相对人履行债务之前，债权人对债务人的债权、债务人对相对人的债权仍然存在，故本案不违反“一事不再理”原则。

四十二、托运货物出意外　物品价值要保足

关键词：所有权、过错、风险承担

案情简介

2018年3月，陈某（原告）向案外人朱某订购蓝宝石一颗，并支付了蓝宝石价款56000元及GRS证书费900元。该蓝宝石系案外人郭某所有，朱某通过案外人张某向郭某订购。2018年7月，原告和朱某沟通，要求将蓝宝石和GRS证书直接以快递到付方式寄送给原告。当日傍晚，张某通过手机下单，由某某公司（被告）的快递员上门取件，实际托寄物为蓝宝石和GRS证书，运单上托运物默认为文件（未修改），收件人为原告，付款方式为到付现结，保价金额5000元。原告迟迟未收到快件，联系被告后得知该快件已丢失。原告认为，原告享有蓝宝石和GRS证书的所有权，被告因过错致托寄物遗失，侵害了其财产权，故起诉被告赔偿财产损失56900元。

原告观点

原告享有蓝宝石和GRS证书的所有权，被告因过错致托寄物遗失，侵害了其财产权，应当承担赔偿责任。

被告观点

案涉物品所有权未转移给原告，原告不是适格主体。

争议焦点

原告是否有权提起侵权之诉；若原告是本案适格主体，其主张的侵权赔偿是否需要受到运输合同保价条款的约束。

裁判结果

被告在保价金额 5000 元的限额内赔偿原告损失。

法律依据及解析

《民法典》

第四百六十五条 依法成立的合同,受法律保护。

依法成立的合同,仅对当事人具有法律约束力,但是法律另有规定的除外。

第一,风险负担规则中的“交付”并非转移所有权的“交付”。本案中,涉案物品已经交付给第一承运人(被告),故该物品毁损、灭失的风险应当由原告承担,但是原告尚未取得该物品的占有及所有权。可是,对于原告来说,由于原告向出卖人仍负有付款义务,故被告侵犯出卖人的财产权所造成的实际损失转移至原告处。此时,原告虽尚未取得物品的所有权,但其基于经济损失有权向被告主张侵权之诉。第二,对于原告的救济,既要尊重原告在请求权上的选择权,也要保护被告依法享有的抗辩权。本案中,出卖人系按照原告的要求代办托运,安排他人寄送案涉物品,故原告与寄件人之间形成了委托合同关系。委托人行使受托人对第三人的权利的,第三人可以向委托人主张其对受托人的抗辩。原告提起侵权损害赔偿,应受到运输合同中保价条款的约束。

四十三、收取款项防风险　保理合同来保障

关键词：保理合同、债权转让

案情简介

奇号公司为一家可以提供保理融资服务的商业保理公司。娱创公司为一家IT课程培训服务机构，有为分期付款学员产生的应收账款债权进行保理融资、缓解资金压力的需求。

2020年2月24日，双方就应收账款债权的保理融资事宜签订保理融资服务合同，对奇号公司提供的保理融资服务范围、额度、方式，娱创公司据以产生应收账款债权的基础交易合同、应收账款债权转让等事宜进行约定。同日，双方签订保理融资服务合同之补充协议（以下简称补充协议），约定：如学员未按期向奇号公司支付应收账款，娱创公司同意依照约定转让比例从奇号公司处共同、无条件、不可撤销地连带受让转让标的债权；转让标的债权，是指学员在相关分期付款协议项下连续逾期超过30个自然日仍未向奇号公司全额支付应付款项时，娱创公司在该分期付款协议项下所享有的全部债权（包括但不限于培训费、逾期违约金、费用、其他违约金）；转让价格等于转让标的债权项下剩余未清偿款项（包括但不限于培训费、逾期违约金、费用、其他违约金）总额的100%，转让价款应于目标债权形成当日全额支付给奇号公司；任何迟延支付转让价款的要求均应事先取得奇号公司的同意，否则奇号公司有权以未支付转让价款为基数按照每日1%收取违约金；同时，娱创公司无条件并不可撤销向奇号公司承诺对成功获得奇号公司保理融资款所对应的分期付款学员所签署的分期付款协议项下的全部债务按照100%比例向奇号公司共同承担连带保证责任，担保债务范围包含

分期付款学员应向奇号公司支付的全部任何款项和数额，包括但不限于培训费、逾期违约金、费用、其他违约金、奇号公司实现债权和担保权利的全部费用及其他应付费用；保证期间为分期付款到期日之后的 2 年。

娱创公司通过线上分别与高某等 23 名学员签订培训费支付协议，约定娱创公司向学员提供培训课程服务，学员应按照付款计划书分期向娱创公司支付培训费。如学员未按期支付培训费，则娱创公司有权提前终止协议并终止提供教育培训服务，同时学员需对逾期未偿还的培训费自逾期之日起按逾期天数，以每日万分之五的标准向娱创公司支付违约金及催收服务费。应收账款债权转让通知书载明娱创公司将该培训费支付协议项下全部附属权利转让给奇号公司，培训费支付协议项下的应付款项将由奇号公司收取，但义务仍由娱创公司履行。各学员在应收账款债权转让通知书回执上签章。

各培训费支付协议签署当日，娱创公司向奇号公司发送应收账款融资申请书。奇号公司审核通过后，将保理融资款支付娱创公司。还款过程中，学员高峰等 23 人偿还部分款项后拒绝继续支付其余款项，且逾期已超过 30 个自然日，但娱创公司未履行回购债权义务。故奇号公司诉至人民法院，请求判令娱创公司支付应收账款债权的回购价款 515187.96 元。

原告观点

被告应按合同约定回购债权。

被告观点

认可奇号公司主张的回购金额，但因娱创公司不掌握学员在欠付行为发生后是否有继续还款的情况，故需根据奇号公司提供的数据确认学员最终欠款金额。

争议焦点

原被告签订的合同是否有效。

裁判结果

支持原告诉讼请求。

法律依据及解析

《民法典》

第七百六十一条　保理合同是应收账款债权人将现有的或者将有的应收账款转让给保理人，保理人提供资金融通、应收账款管理或者催收、应收账款债务人付款担保等服务的合同。

第七百六十六条　当事人约定有追索权保理的，保理人可以向应收账款债权人主张返还保理融资款本息或者回购应收账款债权，也可以向应收账款债务人主张应收账款债权。保理人向应收账款债务人主张应收账款债权，在扣除保理融资款本息和相关费用后有剩余的，剩余部分应当返还给应收账款债权人。

《最高人民法院关于适用〈中华人民共和国民法典〉时间效力的若干规定》自2021年1月1日起施行，其中第12条规定，《民法典》施行前订立的保理合同发生争议的，适用《民法典》第3编第16章的规定。本案中，奇号公司与娱创公司产生争议的保理融资服务合同及补充协议均在《民法典》施行前订立，应适用《民法典》第3编第16章的规定。

所谓资金融通，从保理业务的发展来看，提供资金融通是保理业务发展的最关键因素。保理分为预付保理和定期保理。预付保理，是指保理人在受让债权人转让的应收账款时，支付一定比例的预付融资，剩余款项按期从债务人处收回后支付，或者债务人发生信用风险后，保理人在约定期限内向债权人作出担保付款的保理。定期保理，是指保理人在受让债权人转让的应收账款时，不向债权人提供融资，而是在按期收到债务人付款后，向债权人支付账款，或者债务人发生信用风险，保理人在约定期限内作出担保付款的保理。预付保理业务可解决债权人回收账款慢的问题，债权人可借助预付保理业务，实现降低资产负债率和资金周转率、美化财务报表等目标，有利于债权人从其他途径获得融资。

应收账款管理或催收服务，是指保理人为应收账款债权人提供应收账款账目簿记及债权催收服务。

付款担保功能，是指保理人向应收账款债权人买进应收账款后，由保理人承担应收账款债务人不履行的风险。

本案中，依据保理融资服务合同及补充协议约定，娱创公司将其将要收取学员分期培训费的应收账款转让给具有保理资质的奇号公司，由奇号公司提供资金融通、应收培训费管理，并由娱创公司在一定条件下履行回购义务。奇号公司与娱创公司签订的保理融资服务合同及补充协议属于法律规定的保理合同，系双方的真实意思表示，亦不违反法律法规的强制性规定，应属合法有效。

上述协议签订后，娱创公司通过线上与各学员签订培训费支付协议，并向学员发送应收账款债权转让通知书，履行了将基础债权转让于奇号公司的义务；奇号公司在收到娱创公司的应收账款融资申请书后亦实际向娱创公司支付融资款，提供应收培训费管理，履行了保理人义务。

本案中，依据补充协议约定，在学员连续逾期支付培训费超过 30 个自然日的情况下，娱创公司有回购奇号公司债权的义务，同时娱创公司对学员的付款承担连带保证责任，故涉案保理属于有追索权保理。现涉案 23 名学员连续逾期支付培训费已超过 30 个自然日，在奇号公司明确其请求权基础为要求娱创公司履行回购义务的情况下，其有权要求娱创公司支付回购款。奇号公司主张娱创公司支付的回购款金额与补充协议约定相符，法院应予支持。

四十四、合伙投资转借款　性质变化应偿还

关键词：合伙关系、投资款

案情简介

2019年5月1日，欧阳某与杜某、陈某某签订《委托投资协议书》，约定杜某与陈某某通过将投资款汇入欧阳某指定账号，委托欧阳某投资仙桃品尚KTV以持有仙桃品尚KTV股权，陈某某与杜某共投资105万元受让欧阳某品尚KTV 15%的股份，其中陈某某投资60万元，杜某投资45万元。2019年4月15日至2020年4月16日，陈某某通过银行及微信分多次向欧阳某转账共计65万元，其中60万元系投资款，5万元系欧阳某向陈某某的借款。2021年4月2日，欧阳某向陈某某出具补充协议，欧阳某承诺如果在2021年4月1日至2021年7月1日品尚KTV未能实现盈利，则退还杜某和陈某某的投资款共计105万元。2021年7月16日，陈某某与欧阳某签署对账单，对账单记载"2021年7月16日，陈某某与欧阳某通过对2019年4月至2020年的借款进行对账确认，欧阳某尚欠陈某某65万元"。欧阳某向陈某某出具借条一份，借条记载"今欧阳某，于2019年4月至2020年5月共计向陈某某借款65万元，65万元均通过银行转账完成"。2021年10月18日、11月22日，欧阳某分别向陈某某还款5000元，两次共计1万元。

原告观点

原、被告之间有对账单，明确被告欠原告65万元，原、被告之间的合伙关系早已结束，被告应当归还原告的借款。

被告观点

欧阳某与陈某某系合伙合同关系，虽然其向陈某某出具了借条，但该份借条仅是一份收款凭证，系双方对前期借款及投资款数额的确认。

争议焦点

原、被告之间是否为合伙关系。

裁判结果

欧阳某于判决生效之日起 10 日内偿还陈某某借款 64 万元。

法律依据及解析

《民法典》

第六百七十五条 借款人应当按照约定的期限返还借款。对借款期限没有约定或者约定不明确，依据本法第五百一十条的规定仍不能确定的，借款人可以随时返还；贷款人可以催告借款人在合理期限内返还。

2021 年 4 月 2 日，欧阳某向陈某某、杜某出具的补充协议中承诺，"如果在 2021 年 4 月 1 日至 2021 年 7 月 1 日品尚 KTV 未能实现盈利，则退还杜某和陈某某的投资款共计 105 万元"，属于欧阳某单方个人承诺陈某某及杜某退伙及返还投资款的条件。同年 7 月 16 日，欧阳某与陈某某、杜某分别签订的两张对账单及两张借条，应视为三人经协商解除了合伙合同关系，并就合伙期间的债权债务进行了最终结算，双方当事人由合伙合同关系转变为民间借贷关系，欧阳某负有按约定偿还陈某某借款 65 万元的义务。因借条中未约定还款期限，陈某某可在合理期限内要求其偿还。现欧阳某已偿还 1 万元，陈某某要求偿还剩余 64 万元于法有据，依法予以支持。此外，因借条中未约定利息，应视为不支付利息，对陈某某诉请支付资金占用期间的利息，法院应依法不予支持。

四十五、引诱学生乱消费　格式条款可撤销

关键词：消费者权益、诱导消费、格式合同

案情简介

2019 年 12 月，两名在校大学生在短视频上看到某某摄影公司 19.9 元体验古装摄影的广告遂报名参加。到店后，架不住店员推销，先后签订 1100 元摄影定单协议，以及 1588 元和 24000 元的升级服装、选片、相册等“补充协议”。店员还现场引导两人开通网贷服务进行借钱消费，最终两人支付了大部分费用，剩余 5900 元未支付。拍摄期间和离店当晚，两人多次提出删减照片、降低套餐标准，被店方以各种理由拒绝。后原告诉至法院。

原告观点

被告诱导原告签订多份超出自身消费水平的格式合同，侵害原告合法权益。

被告观点

合同系原告自愿签署，合法有效。

争议焦点

原被告间签订的格式合同是否公平。

裁判结果

解除双方签订的 1100 元定单协议和 2.4 万元补充协议，影楼返还消费者 1.86 万元。

法律依据及解析

《民法典》

第四百九十六条 格式条款是当事人为了重复使用而预先拟定，并在订立合同时未与对方协商的条款。

采用格式条款订立合同的，提供格式条款的一方应当遵循公平原则确定当事人之间的权利和义务，并采取合理的方式提示对方注意免除或者减轻其责任等与对方有重大利害关系的条款，按照对方的要求，对该条款予以说明。提供格式条款的一方未履行提示或者说明义务，致使对方没有注意或者理解与其有重大利害关系的条款的，对方可以主张该条款不成为合同的内容。

第七百七十条 承揽合同是承揽人按照定作人的要求完成工作，交付工作成果，定作人支付报酬的合同。

承揽包括加工、定作、修理、复制、测试、检验等工作。

本案中，商家以低价体验为名，借助短视频等推广渠道吸引消费者下单，实际却在提供服务过程中重重诱导消费者加价升级，作出违背真实意思表示的消费决策，甚至引诱在校大学生办理超出自身还贷能力的消费贷，严重损害消费者合法权益。

四十六、建设工程百年计　质量问题无小事

关键词：施工资质、施工合同、质量问题

案情简介

2018 年，张某甲需在河南省修武县马道河村新建房屋，通过郭某某的介绍将其中的砌墙和粉刷室内外墙面工程发包给张某乙。双方未签订书面合同，口头约定由张某乙负责施工。随后，张某乙组织工人进行了施工。工程完工后，张某甲仅支付 2.3 万元，剩余工程款至今未付。2019 年 5 月 24 日，河南省焦作市解放区王褚街道某某调解委员会调解未果，张某乙遂向人民法院起诉。

鉴定机构于 2020 年 5 月 9 日作出工程造价咨询成果报告，结论为工程造价 54668.17 元。张某乙为此支付鉴定费 4000 元。

另外，鉴定意见认为，存在多处质量问题，建议对涉案房屋存在的质量问题采取相应修复措施，以确保房屋的使用性和观感。

此外，鉴定机构对张某甲房屋加固修复工程造价进行鉴定，结论为：张某甲房屋加固修复工程造价为 35073.88 元。张某甲为此支出鉴定费 2.2 万元。

原告观点

被告应按约支付工程款。

被告观点

原告没有施工资质，合同无效，且工程存在多处质量问题，不应支付剩余款项。

争议焦点

原、被告之间合同是否有效。

裁判结果

被告张某甲于判决生效后 10 日内向原告张某乙支付工程款 20483.15 元及利息。

法律依据及解析

《民法典》

第七百九十三条 建设工程施工合同无效,但是建设工程经验收合格的,可以参照合同关于工程价款的约定折价补偿承包人。

建设工程施工合同无效,且建设工程经验收不合格的,按照以下情形处理:

(一)修复后的建设工程经验收合格的,发包人可以请求承包人承担修复费用;

(二)修复后的建设工程经验收不合格的,承包人无权请求参照合同关于工程价款的约定折价补偿。

发包人对因建设工程不合格造成的损失有过错的,应当承担相应的责任。

案涉法律关系应受《建筑法》调整,认定涉案农村建房施工合同无效。张某乙不具有涉案工程的建设资质,张某甲允许张某乙施工,其负有选任过错责任。就涉案工程,张某乙提供的系劳务,施工材料由张某甲提供,根据鉴定结论酌定张某乙对其负责施工存在过错而造成的质量问题承担相应的赔偿责任,分担鉴定费用。

四十七、分包转包纠纷多　实际施工要保障

关键词：破产转包人、实际施工人、合同相对方

案情简介

2016年9月16日，被告某某招待所作为发包人，与第三人盐城二建集团作为承包人签订建设工程施工合同一份，约定将某某国际大酒店的土建、安装工程发包给第三人承建。合同签订后，第三人即将工程转包给原告王某某、孙某甲、孙某乙合伙施工。2018年7月26日，江苏省盐城市中级人民法院受理第三人的破产清算申请，并指定江苏省阜宁县人民法院审理。2019年12月11日，案涉工程竣工验收合格。现原告以实际施工人身份，直接诉请被告在欠付第三人工程价款的范围内承担给付责任，而不再要求第三人承担责任。

原告观点

第三人已进入破产程序，原告作为实际施工人有权优先受偿工程款。

被告观点

原告非建设工程施工合同相对方，无权直接向其提起诉讼，而应当向第三人的管理人申报债权。

争议焦点

实际施工人能否避开破产转包人直接起诉发包人。

裁判结果

驳回原告诉讼请求。

法律依据及解析

《民法典》

第八百零七条 发包人未按照约定支付价款的,承包人可以催告发包人在合理期限内支付价款。发包人逾期不支付的,除根据建设工程的性质不宜折价、拍卖外,承包人可以与发包人协议将该工程折价,也可以请求人民法院将该工程依法拍卖。建设工程的价款就该工程折价或者拍卖的价款优先受偿。

人工费仅是建设工程价款中的一部分。实际施工人利益不可全等同于农民工工资。剔除人工费后,工程价款中的剩余部分与普通破产债权无异,无采取特殊保护制度安排之必要。在作为转包人的建筑施工企业进入破产清算的情况下,为保障公平受偿,实际施工人应当向管理人申报债权,不能再径行突破合同相对性向发包人提起具有代位权性质的个别诉讼,概括性地要求发包人在欠付转包人工程价款的范围内向其承担包括人工费在内的全部工程价款。至于管理人向发包人追收的工程价款如何分配,应当按照《企业破产法》规定的程序和其他法律、行政法规规定的权利位阶进行有序清偿。

四十八、承运货物应按期　违约损失要赔偿

关键词：可预见性规则、违约、过错

案情简介

2019年9月，博强公司与腾达公司签订国内航次租船合同，运输货物名称为“四根钢管桩”，航线为江苏长风海洋装备制造有限公司射阳码头到张家港港新码头，运费包干价为27万元。腾达公司将四根钢管桩装载于船体标识为“腾峰28”的船舶上进行运输。经查，该轮实际为内河船“苏连云港货1668”轮套牌“腾峰28”轮。2019年9月26日，涉案船舶抵达张家港重装码头泊位。海事局认为该轮存在严重违章违法行为，指令港口在处理结果出具前不得对其进行卸货作业。违章违法行为处理完毕后，港口于10月16日安排该轮卸货。

2019年9月10日，博强公司与案外人签订航次租船合同，租用“建扬诚祥”轮，欲将抱桩机及涉案四根钢管桩从张家港重装码头运至阳江风场——安全作业水域，运费为204万元。合同约定：如任何一方因违约取消合同，违约方须向另一方按合同运费的20%支付取消合同费（40.8万元）。因涉案四根钢管桩未能如期从“苏连云港货1668”轮上卸下，“建扬诚祥”轮在装载抱桩机本体及其他设备后，于9月28日起航驶往阳江风场。博强公司全额支付了204万元运费。

2019年10月14日，博强公司再次与案外人签订航次租船合同，租用“大件通运”轮将涉案四根钢管桩从张家港重装码头运输到阳江风场，运费为80万元。“大件通运”轮于10月16日抵达张家港码头装载该四根钢管桩。博强公司全额支付了80万元运费。

博强公司向上海海事法院起诉，要求腾达公司赔偿因其违约导致博强公司另行租用货轮运输涉案四根钢管桩所产生的转运损失 80 万元。

原告观点

因腾达公司违约造成原告 80 万元损失，被告应当承担违约赔偿责任。

被告观点

80 万元超出被告可预见范围，数额过高。

争议焦点

本案是否适用可预见性规则。

裁判结果

腾达公司向博强公司赔偿 40.8 万元。

法律依据及解析

《民法典》

第八百一十一条 承运人应当在约定期限或者合理期限内将旅客、货物安全运输到约定地点。

腾达公司与博强公司成立航次租船合同关系，腾达公司应当在合理期限内将货物安全运输至目的港，且在卸货完毕后合同义务才告终结。

“苏连云港货 1668”轮因违章违法待查处导致运抵目的港 20 天后才被允许卸货，超出了合理的履行期限，腾达公司应当对博强公司承担迟延卸货的违约责任。博强公司使用一艘套牌船舶履行涉案货物运输，对该套牌船舶在运输过程中随时可能因遭到海事部门处理而影响正常运输进程的情况应当能够预见，对托运人因此可能遭受的损失也应当有所预见。腾达公司长期运输涉案类型货物，清楚货物系用于江面风场的设备，在被运至张家港码头后需转船继续运输至作业水域。故腾达公司在订约时对如果“苏连云港货 1668”轮运输迟延、卸货迟延导致货物无法及时转驳于博强公司事先租用的转运船舶，博强公司需另行租用其他转运船舶并可能因此遭受损失的后果应当可以预见。但通常情况下因货物原因导致承租人无法履行其与转运船舶之间航次租船合同，承租人采用向转运船舶支付违约金，再另行签订租船合同进行转运，即承租人遭受的通常是违约金损失。像本案，承租人租用原转运船舶“建扬诚祥”轮的合同照常履行，运费也未因为大部分货物未实际装船运输而减少，后又另行租用“大件通运”轮运输迟延卸港的货物，且另行租船的运费金额（80 万元）远高于与前船租船合同项下违约金金额（40.8 万元）的情况，作为违约方的出租人通常无法预见。

四十九、乘客途中自晕倒　自身病因难赔偿

关键词：承运人、伤亡、救助义务

案情简介

2021年1月24日上午9时51分左右，马某乘坐公交公司所属的公交车出行。车辆驶出后不久，马某从座位上晕倒在地，后被120救护车送至医院救治，经抢救无效后死亡。马某家属起诉要求公交公司赔偿死亡赔偿金、丧葬费、精神损害抚慰金等各项损失合计95582元。

原告观点

马某在运输过程中伤亡，承运人应当承担赔偿责任。

被告观点

马某因其自身原因导致死亡，且被告尽到救助义务，被告不应承担责任。

争议焦点

原告死亡是否由被告导致，被告是否尽到救助义务。

裁判结果

驳回原告诉讼请求。

法律依据及解析

《民法典》

第八百二十三条　承运人应当对运输过程中旅客的伤亡承担赔偿责任；但是，伤亡是旅客自身健康原因造成的或者承运人证明伤亡是旅客故

意、重大过失造成的除外。

前款规定适用于按照规定免票、持优待票或者经承运人许可搭乘的无票旅客。

马某购票乘坐公交公司运营的公交车，双方之间的客运合同关系依法成立。根据法律规定，承运人在运输过程中，应当尽力救助患有疾病、分娩、遇险的旅客；承运人应当对运输过程中旅客的伤亡承担赔偿责任，但是，伤亡是旅客自身健康原因造成的或者承运人证明伤亡是旅客故意、重大过失造成的除外。本案中，马某晕倒在地后，驾驶员随即靠边停车、上前查看，并及时拨打 120、110。由于事发突然，且公交车司机并非专业急救人员，在无法准确判断马某晕倒原因的情况下，其拨打 120 急救电话求助于专业医疗机构，应认定已经合理履行了救助义务。相关证据显示，马某生前患有高血压，且马某系 79 岁高龄的老人，结合居民死亡医学证明推断书记载的猝死死因，马某的死亡并非外力等其他原因所致，应属自身原因所致。

五十、知识产权应保护　恶意侵权要担责

关键词：知识产权、技术合同

案情简介

2020年9月4日，原告某某公司、被告启零云公司签订《云尚天街软件系统开发服务合同》，约定由被告为原告提供云尚天街软件系统开发项目开发服务。被告要保证在履行本合同时，不可侵犯第三方的知识产权。合同价款9000元。若任意一方违约承担约定总额的20%作为违约金。后原告向被告支付8100元。被告向原告提供了“云尚天街新疆”公众号。2021年5月22日，案外人太原多讯网络科技有限公司向原告出具“关于公众号云尚天街新疆使用盗版啦啦外卖跑腿系统的通知书”，表示原告正在使用的公众号云尚天街新疆使用了该公司的啦啦外卖跑腿系统，但未经授权许可，侵犯了该公司的著作权，并向原告出具其专利证书。原告表示该系统就是其委托被告开发的云尚天街软件系统开发项目。现原告要求被告返还8100元并承担违约责任。

原告观点

被告侵犯第三方知识产权，构成违约，原告有权解除合同并要求被告承担违约责任。

被告观点

不同意原告要求。

争议焦点

原、被告之间的合同是否有效。

裁判结果

被告返还原告 8100 元并承担违约损失 1800 元。

法律依据及解析

《民法典》

第八百五十条　非法垄断技术或者侵害他人技术成果的技术合同无效。

原、被告之间签订的《云尚天街软件系统开发服务合同》约定由被告按照原告的要求为原告进行软件开发，但被告将案外人太原多讯网络科技有限公司拥有专利的系统作为自己开发的系统交由原告使用，侵犯了案外人的技术成果。依据《民法典》第 850 条的规定，侵害他人技术成果的技术合同无效。原、被告之间签订的《云尚天街软件系统开发服务合同》无效，依据《民法典》第 157 条的规定，民事法律行为无效的，行为人因该行为取得的财产，应当予以返还，有过错的一方应当赔偿对方由此所受到的损失。故对原告要求被告返还 8100 元并承担违约损失 1800 元的诉讼请求，法院予以支持。

五十一、擅自处分保管物　造成损失应赔付

关键词:合伙、保管合同、返还原物

案情简介

2021年11月6日,原告某某珠宝行因故停业,并将部分货物交由被告王某某保管。被告王某某向原告某某珠宝行书写收货单一份,主要内容为:“2021年11月6日,某某周大金店黄金收货足金1820.5g,18k金256.76g,暂存于王某某处,待时机共同去变现。如有丢失或数额不够,由本人承担。特立此据　收货人:王某某。”2021年11月7日被告王某某私自将某某珠宝行暂存于其处的1820.5g足金和256.76g18k金变卖,变卖后的价款由被告王某某占有。原告某某珠宝行自认王某某向合伙人王某刚转款28万元、向罗某转款47957.8元、向袁某转款35968.3元,承认欠被告王某某20741元。另外,原告某某珠宝行和被告王某某当庭一致认可被告王某某变卖当日黄金价格为:足金380.78元/克、18k金282元/克。

原告观点

原、被告间保管合同合法有效,被告应返还原物。

被告观点

原、被告间系合伙关系,被告出售保管物是各合伙人协商后作出的行为,且已经将款项转给原告的各合伙人,不承担其他责任。

争议焦点

被告出售保管物的行为系履行合伙企业的职务行为还是私自行为。

裁判结果

扣减被告已经转给各合伙人的款项后，被告王某某应赔付原告某某珠宝行损失 380949.21 元。

法律依据及解析

《民法典》

第八百九十条　保管合同自保管物交付时成立，但是当事人另有约定的除外。

原告某某珠宝行与被告王某某经协商，将其 1820.5g 足金和 256.76g 18k 金暂存于被告王某某处由其暂时保管，对此事实双方均无异议，依据法律规定，原告某某珠宝行与被告王某某之间应系保管合同关系。被告王某某向原告某某珠宝行出具收货条，系双方当事人真实意思表示，不违反法律规定，保管合同合法有效。被告王某某依法应当妥善保管保管物，但被告王某某未经原告某某珠宝行同意将保管物变现的行为违反了双方之间的约定，故原告某某珠宝行享有返还保管物的请求权。因原告某某珠宝行与被告王某某对保管物已被被告王某某私自变卖的事实均无异议，被告王某某变卖行为造成原物已无法返还，故应按与保管物价值相当的价格予以赔付。

五十二、户口买卖签合同　有违法律应还款

关键词：户口买卖、公序良俗

案情简介

2020年5月17日，姜某甲（甲方、委托人）与马某（乙方，被委托人）签订《北京市户口落户办理委托协议》，约定甲方委托乙方代为办理甲方（金某、姜某乙）落户北京市户口事宜。本次北京市户口落户办理事宜总费用130万元，甲、乙双方签订本委托协议后，甲方当日支付乙方办理费用65万元，落户操作完毕后，甲方需当日支付乙方尾款。

上述合同签订后，姜某甲于2020年5月17日支付马某65万元，后马某将该事项转委托给王某，退还姜某25万元，王某向姜某出具收到40万元的收条。

原告观点

案涉合同无效，被告应返还剩余40万元。

被告观点

40万元应由被告和王某共同承担。

争议焦点

案涉合同是否有效。

裁判结果

（1）确认姜某甲与马某于2020年5月17日签署的《北京市户口落户办理委托协议》无效；（2）马某于判决生效之日起7日内返还姜某甲合同款40

万元。

法律依据及解析

《民法典》

第九百二十三条　受托人应当亲自处理委托事务。经委托人同意，受托人可以转委托。转委托经同意或者追认的，委托人可以就委托事务直接指示转委托的第三人，受托人仅就第三人的选任及其对第三人的指示承担责任。转委托未经同意或者追认的，受托人应当对转委托的第三人的行为承担责任；但是，在紧急情况下受托人为了维护委托人的利益需要转委托第三人的除外。

违背公序良俗的民事法律行为无效。姜某甲与马某在明知金某、姜某乙不符合北京市落户条件的情况下，仍就户口代办事宜达成一致，且明知签署的《北京市户口落户办理委托协议》违反了相关落户政策，损害了社会公共利益。该协议违反相关落户政策，扰乱经济社会管理秩序，违背公序良俗，应属无效。民事法律行为无效，行为人因该行为取得的财产，应当予以返还，故马某应返还姜某甲剩余合同款 40 万元。

五十三、中介服务引纠纷　是否跳单应查明

关键词:格式条款、跳单认定

案情简介

2021年1月至7月,某某信息中心工作人员带领鞠某某看房十余套,并让鞠某某在4份《看房协议》上签字,该协议第5条约定:甲方(包括甲方的代理人、亲属及朋友)自看该房之日起1年或6个月内,无论任何理由,不通过乙方,自己或通过第三方而与乙方提供的房屋业主达成交易,购买或租赁成交该房屋,一经查实则视为本次交易成功,甲方即构成违约并承担违约责任。甲方应按照该房屋在本协议中登记价格的双倍(2%)买卖或支付1.2个月的房租(租赁)作为中介佣金给乙方。

2021年5月5日,某某信息中心工作人员带领鞠某某看雅居苑9号楼1单元201室房屋,5月19日进行了复看。双方就该房屋价格进行了协商,某某信息中心就该套房源向鞠某某报出最低售价690000元,鞠某某对上述价格未予接受。2021年7月23日,鞠某某通过案外人(另一房屋中介公司)与雅居苑9号楼1单元201室业主达成房屋买卖合同,该合同约定房屋售价为660000元。同时,鞠某某按照约定向该中介公司支付中介佣金6600元。

原告观点

鞠某某要求某某信息中心联系房主协商房价,谈价后鞠某某为逃避中介费,自行与某某信息中心提供的房主达成交易,违反了《看房协议》第5条,构成违约。

被告观点

案涉房产的房主不只在某某信息中心挂房,在另一房产咨询中心也挂房销售,其在该房产咨询中心以 66 万元成交并支付中介费 6600 元。某某信息中心的《看房协议》是在其不知情的情况下签的,某某信息中心工作人员带其看完房之后签订,说签字代表看过房子了,不知道《看房协议》什么内容,某某信息中心工作人员也没有向其解释协议的内容。

争议焦点

(1)《看房协议》第 5 条的约定是否具有法律约束力。(2)鞠某某通过其他房屋中介公司与房主签订房屋买卖合同的行为是否属于《民法典》第 965 条规定的“跳单”行为。

裁判结果

驳回原告诉讼请求。

法律依据及解析

《民法典》

第九百六十一条　中介合同是中介人向委托人报告订立合同的机会或者提供订立合同的媒介服务,委托人支付报酬的合同。

第九百六十五条　委托人在接受中介人的服务后,利用中介人提供的交易机会或者媒介服务,绕开中介人直接订立合同的,应当向中介人支付报酬。

《民法典》第 965 条是关于委托人接受中介服务后绕开中介人直接与相对人订立合同(即跳单)的规定。“跳单”亦称为“跳中介”,是指买受人或出卖人已经与中介签订了中介服务协议,中介公司已经按照协议履行了提供独家资源信息并促使买卖双方见面洽谈等促进交易的义务,买卖一方或双方为了规避或减少交付中介费的义务,跳过中介而私自签订买卖或租赁合同等的私下交易行为。在实践中,中介公司经常约定禁止“跳单”的条款及违约责任。如果委托人构成“跳单”,则应当向中介支付报酬等违约责任。

本案某某信息中心与鞠某某签订的《看房协议》第 5 条约定，购房人一经看房，便在 1 年(或 6 个月内)无任何理由不得通过任何其他渠道交易该房产，明显属于提供格式条款一方限制了鞠某某的权利，该条款属于与对方有重大利害关系的条款。某某信息中心未提交任何证据证实其在要求鞠某某在协议上签字时，已对该条款内容履行了提示或说明义务，且某某信息中心委托诉讼代理人庭审中亦表示不能保证每名工作人员均已向签订协议的相对方解释或说明了条款内容。鞠某某庭审中亦明确表示某某信息中心工作人员要求其在协议上签字时并未让其阅读协议内容，仅告知签字的含义为确认看过房源。综上，《看房协议》第 5 条约定对当事人不具有法律约束力，某某信息中心据此要求鞠某某承担违约责任，无法律依据。

认定委托人是否构成“跳单”行为，关键在于审查委托人是否利用了中介人提供的交易机会或媒介服务从而直接与交易方订立了合同。本案中某某信息中心工作人员带领鞠某某两次入户查看拟交易房屋，后该中心就该房源给出最低报价 690000 元，鞠某某认为上述价格超出其预算遂明确表示拒绝。两个月后，鞠某某通过其他房屋中介机构与雅居苑 9 号楼 1 单元 201 室业主三方达成协议，房产交易价格为 660000 元，并按照协议约定支付该中介机构居间费用 6600 元。某某信息中心未提交任何证据证实涉诉交易房产系其独家房源，亦未证实系鞠某某向案外人透露的相关房源及业主信息。另外，鞠某某也已依约向案外人实际支付房屋交易价格的 1% 即 6600 元佣金，并不存在为恶意逃避中介费从而绕开中介人直接与业主签订的合同的行为。综上，本案鞠某某通过其他房屋中介机构与业主达成三方协议，并不属于《民法典》第 965 条规定的委托人恶意“跳单”的情形，鞠某某根据各中介公司对交易房产的报价等因素选择其中一家中介公司成交，也是作为消费者的自由和权利。某某信息中心据此要求鞠某某承担违约责任，无事实依据。

五十四、促成交易是关键　交易未成不取酬

关键词：*居间合同、守约方、格式条款*

案情简介

徐某（出售方）与中介公司即宿迁某房地产信息咨询公司（居间方）、案外人张某（买受方）签订了《房屋买卖定金协议》。为保证出售方能够及时交房并办理过户手续，宿迁某房地产信息咨询公司要求徐某向其支付10000元的交房押金。然而，案外人张某在支付20000元定金后，因自身原因拒绝支付剩余购房款，进而导致该笔交易未能成交。因未实现交易目的，徐某要求宿迁某房地产信息咨询公司退还先前支付的10000元交房押金。同时宿迁某房地产信息咨询公司主张，按照房屋买卖合同，因买受方原因导致协议无法履行的，除了买受方交付给出售方的购房定金归出售方所有外，买受方还应按房屋协议成交价的2%向中介公司支付居间服务费，并且出售方亦应按照房屋协议成交价的1%向中介公司支付居间服务费。

宿迁某房地产信息咨询公司提供的格式合同中还约定，双方签订《房屋买卖合同书》时，应分别向中介公司支付房屋成交价0.5%的居间费；在房屋过户前，双方再分别向中介公司支付成交价0.5%的居间费。因宿迁某房地产信息咨询公司收到徐某的10000元交房押金数额低于合同约定的房屋协议成交价2%的居间费，所以宿迁某房地产信息咨询公司向徐某也提起了反诉。

原告（反诉被告）观点

案涉协议是格式合同，损害原告权益，为无效合同，原告卖房的目的未

达成,被告应退回居间费。

被告(反诉原告)观点

原告应当按照合同约定支付剩余居间费。

争议焦点

案涉协议约定是否有效。

裁判结果

(1)宿迁某房地产信息咨询公司(反诉原告)于判决生效后 10 日内返回徐某(反诉被告)押金 10000 元;(2)驳回宿迁某房地产信息咨询公司(反诉原告)对徐某的反诉请求。

法律依据及解析

《民法典》

第九百六十四条 中介人未促成合同成立的,不得请求支付报酬;但是,可以按照约定请求委托人支付从事中介活动支出的必要费用。

《民法典》第 964 条是关于中介未促成交易,但可按照约定要求委托人支付中介活动支出的必要费用的规定。

本案中,按照案涉协议的约定,宿迁某房地产信息咨询公司若促成房屋交易,则其共可获得房屋成交价 2% 的中介服务费;若因案外人张某违约未达成房屋交易,则宿迁某房地产信息咨询公司不仅可以从违约方获得房屋成交价 2% 的中介服务费,还可从守约方即徐某处另行获得 1% 的中介服务费,即当房屋买卖交易未成功时,宿迁某房地产信息咨询公司反而能够获得比促成交易更多的收益。显然,宿迁某房地产信息咨询公司提供的格式合同使自己不合理地获利,亦加重了当事人的责任,故案涉合同中关于出卖人按照房屋成交价的 1% 向宿迁某房地产信息咨询公司支付中介服务费的约定应属无效。

五十五、预约合伙未成立　返还货款可支持

关键词：合伙合同、预约合同、条件成就

案情简介

2020年4月12日，双方约定，如果杨某某能在一周内生产出“90+”规格的熔喷布，顾某便与杨某某合伙生产、签订合伙协议。同日，双方拟定《合伙协议》一份，约定顾某出资50万元，杨某某以技术、设备出资，合伙比例各占50%，该协议另对出资方式、出资期限、退伙清算等具体事项作出约定，但双方均未在该合伙协议上签字。2020年4月23日，顾某向杨某某支付14万元，用于采购熔喷布生产设备等，如后期开展合伙，则该14万元算作顾某的出资款。同年4月底，杨某某采购设备开始生产熔喷布，但未能达到要求的标准，顾某遂将前述约定的“一周”期限宽限至一个月，后因产出熔喷布始终未能达到要求的标准，顾某于2020年5月11日向杨某某表示无法合伙，双方发生纠纷。顾某提起本诉，主张杨某某返还14万元。杨某某则认为双方已形成合伙关系，顾某支付的14万元属于出资，系合伙财产，在合伙关系未解除前，顾某无权主张返还出资款；况且杨某某采购设备花费87万余元，根据合伙协议约定的出资比例，顾某应当承担该费用的50%，而顾某仅支付了14万元，故提起反诉，请求判令顾某继续出资，支付其按出资比例应当承担的设备购置款29万余元。

原告(反诉被告)观点

被告未按照约定生产出熔喷布，未成就达成合伙关系的条件，被告应当返还14万元。

被告(反诉原告)观点

原、被告之间系合伙关系,被告无须返还出资款,并且原告还应承当设备购置款的 50%。

争议焦点

(1)顾某、杨某某之间有无成立合伙关系;(2)“若一周内生产出‘90 +’熔喷布则签订合伙协议”的约定是否构成预约合同。

裁判结果

(1)本诉被告杨某某立即返还本诉原告顾某价款 129350 元;(2)驳回被告杨某某的诉讼请求。

法律依据及解析

《民法典》

第九百六十七条 合伙合同是两个以上合伙人为了共同的事业目的,订立的共享利益、共担风险的协议。

顾某、杨某某为合作生产熔喷布,而以合同形式成立的契约型合伙关系,系民事合伙。民事合伙合同原则上应采用书面形式订立,但认定合伙关系是否成立,订立书面合伙合同并不是实质要件,即使没有书面合伙合同,只要双方具备合伙共同出资、共同经营的基本条件,又有口头合伙合同,也可成立合伙关系。然而,本案中顾某与杨某某之间尚未成立合伙关系,理由如下:首先,顾某、杨某某并未在《合伙协议》上签字,书面合伙协议尚未成立;其次,之所以顾某支付给杨某某 14 万元价款购买设备、生产熔喷布,并因未产出“90 +”熔喷布而停工,是因为“若一周内生产出‘90 +’熔喷布则签订合伙协议”的约定,该约定要求双方在未来一定条件下签订合伙合同,属于具有合伙意向的预约合同,顾某、杨某某前述行为系履行预约合同,双方未达成口头合伙合同。因此,顾某、杨某某之间尚未成立合伙关系,而仅就合伙意向形成预约合同关系。经顾某催告,杨某某仍未在一个月宽限期内产出“90 +”熔喷布,顾某有权解除预约合同,其向杨某某明确表示无法合伙,双方预约合同解除。预约合同解除后,顾某向杨某某支付的 14 万元价款,杨某某应予以返还,扣除杨某某已付的 10650 元,仍应返还 129350 元,杨某某所购设备自行取回。关于杨某某的反诉诉请,鉴于“90 +”熔喷布未能产出,根据双方约定,无须再签订合伙合同,双方既无合伙关系,顾某自然无须按比例承担设备采购费。

第四编
人格权

五十六、养女权益应保护　母坟碑铭不能少

关键词：养女继承权、刻名权

案情简介

原告石某甲系已故石某乙夫妇养女和唯一继承人，被告石某丙系石某乙堂侄。石家岭社区曾于2009年对村民坟墓进行过搬迁，当时所立石某乙夫妇墓碑上刻有石某甲名字。2020年夏，石家岭居委会进行迁坟过程中，除进行经济补偿外，新立墓碑由社区提供并按照各家上报的名单镌刻姓名。石某丙在向居委会上报名单时未列入石某甲，导致新立墓碑未刻石某甲名字。石某甲起诉请求判令石某丙在石某乙夫妇墓碑上镌刻石某甲姓名，返还墓地搬迁款，赔偿精神损失。

原告观点

石某丙在重新立碑时故意遗漏石某甲的刻名，侵害了石某甲的人格权益，应承担赔偿责任。

被告观点

遗漏石某甲的刻名没有侵害其权利，其也没有损失，不需要赔偿。

争议焦点

养女在过世养父母墓碑上的刻名权益是否受法律保护。

裁判结果

石某丙按民间传统风俗习惯在石某乙夫妇墓碑上镌刻石某甲姓名，石某丙返还石某甲墓地拆迁款3736元。

法律依据及解析

第九百九十条 人格权是民事主体享有的生命权、身体权、健康权、姓名权、名称权、肖像权、名誉权、荣誉权、隐私权等权利。

除前款规定的人格权外，自然人享有基于人身自由、人格尊严产生的其他人格权益。

根据《民法典》第 990 条的规定，除法律规定的具体人格权外，自然人还享有基于人身自由，人格尊严产生的其他权益。逝者墓碑上镌刻亲人的名字是中国传统文化中后人对亲人追思情感的体现，对后人有着重大的精神寄托。养子女在过世父母墓碑上镌刻自己的姓名，符合公序良俗和传统习惯，且以此彰显与逝者的特殊身份关系，获得名誉、声望等社会评价，故墓碑刻名关系到子女的人格尊严，相应权益应受法律保护。原有墓碑上镌刻有养女石某甲的姓名，石某丙在重新立碑时故意遗漏石某甲的刻名，侵害了石某甲的人格权益，应承担民事责任。

五十七、抽逃出资问题大　公司除名该不该

关键词：除名决议、回避表决、表决权

案情简介

2012年8月，万某公司决定吸收豪某公司增资入股，豪某公司在增资后持有万某公司99%的股份。后来，豪某公司抽逃出资，万某公司便于2014年3月召开股东会，决议将豪某公司除名，除豪某公司以外的其余股东均同意除名决议。豪某公司主张该决议未过半数同意而无效，宋某某及其他股东主张豪某公司应回避表决，故其投票不计入表决。

原告观点

本次表决与豪某公司有密切的利害关系，应当回避，否则侵害其他股东及公司利益，案涉决议有效。

被告观点

表决是对豪某公司自身的保护，并且表决时还未除名，其有表决权，案涉决议无效。

争议焦点

对该份除名决议，应否排除豪某公司的表决权。

裁判结果

支持原告诉讼请求，确认会议决议有效。

法律依据及解析

《民法典》

第三条 民事主体的人身权利、财产权利以及其他合法权益受法律保护,任何组织或者个人不得侵犯。

《公司法》

第五条第二款 公司的合法权益受法律保护,不受侵犯。

第二十二条第二款 股东会或者股东大会、董事会的会议召集程序、表决方式违反法律、行政法规或者公司章程,或者决议内容违反公司章程的,股东可以自决议作出之日起六十日内,请求人民法院撤销。

第三十五条 公司成立后,股东不得抽逃出资。

《最高人民法院关于适用〈中华人民共和国公司法〉若干问题的规定(三)》

第十七条第一款 有限责任公司的股东未履行出资义务或者抽逃全部出资,经公司催告缴纳或者返还,其在合理期间内仍未缴纳或者返还出资,公司以股东会决议解除该股东的股东资格,该股东请求确认该解除行为无效的,人民法院不予支持。

股东的出资,是公司设立并从事生产经营活动的物质基础,股东出资形成的有限责任公司的全部法人财产,是维护公司的正常经营与发展的必要条件,维持公司的资本是公司对外承担债务责任的基本保证。根据公司制度的一般原理,股东作为出资的财产,一旦投入公司,应属于公司的法人财产,股东不得对该财产再主张权利。因此,股东在公司成立后,不得抽逃已投入公司的出资。这一规定对目前存在的有些公司股东利用他人资金,骗取验资及公司设立登记,在登记后即将钱款或财物归还他人的虚假出资行为有明确的针对性。《公司法》在法律责任一章中对此规定了处罚措施,公司成立后,股东违反法律规定抽逃出资的,应承担相应的法律责任。股东除名权是公司为消除不履行义务的股东对公司和其他股东所产生不利影响而享有的一种法定权能,是不以征求被除名股东的意思为前提和基础的。在特定情形下,股东除名决议作出时,会涉及被除名股东可能操纵表决权的情形。故当某一股东与股东会讨论的决议事项有特别利害关系时,该股东不得就其持有的股权行使表决权。

五十八、公司通报须合法　损害名誉要赔偿

关键词：公众号通报、职工、名誉权

案情简介

原告张某原系被告北京某某A美术馆员工，2020年2月21日，被告以原告严重违反公司规章制度为由将原告辞退。后被告在其所有的公众号上发表标题为《UCCA集团廉正通报》的文章，内容为："经审计发现，UCCA集团零售部门总监张某利用职务便利，私自将由其直系亲属担任法人代表的企业引进成为零售部供应商。在张某的操作下，集团与该供应商签订多份采购合同，采购金额高达几十万元。张某在引入该供应商时未进行利益冲突披露，此行为已违反集团公司员工手册第2.13条(b)关于利益冲突供应商条款。UCCA集团现已对张某进行辞退处理。张某的行为严重违反集团管理制度，违背职业道德，触犯集团廉正工作红线。"截至2021年2月7日，通过涉案微信公众号依然可以阅读涉案文章，该文章阅读人数为379人次。被告认为原告侵害其名誉权，诉至法院。

原告观点

原告主张涉案文章中的内容与被告向其发出的解除劳动合同通知不一致，解除通知中并未提到原告违反劳动规章制度的具体行为，也没有提到所涉及的金额，但涉案文章却明确表示原告利用职务便利，私自操作与供应商签订合同金额高达几十万元等内容，上述内容都是解除通知中没有的内容。

被告观点

被告主张涉案公众号针对不特定主体，每个人使用微信都可以观看，目前来关注该公众号的都是被告的员工、供应商合作伙伴，关注度并不高，是企事业单位等对其管理的人员作出的处理决定。

争议焦点

（1）微信公众号是否可以作为侵犯名誉权的媒介；（2）被告在涉案的微信公众号中发布的涉案文章是否侵犯了原告的名誉权。

裁判结果

（1）被告于判决生效后 7 日内从其运营的微信公众号上删除针对原告的文章。（2）被告于判决生效后 7 日内在微信公众号上刊登声明，向原告张某赔礼道歉（道歉声明的内容需经法院审核，在微信公众号中的刊登时间不少于 15 日；如不能履行上述内容，法院依原告张某的申请在相关媒体刊登判决书主要内容，费用由被告负担）。（3）被告于判决生效后 7 日内赔偿原告张某精神损害抚慰金 10000 元。

法律依据及解析

《民法典》

第一千条 行为人因侵害人格权承担消除影响、恢复名誉、赔礼道歉等民事责任的，应当与行为的具体方式和造成的影响范围相当。

行为人拒不承担前款规定的民事责任的，人民法院可以采取在报刊、网络等媒体上发布公告或者公布生效裁判文书等方式执行，产生的费用由行为人负担。

被告在其设立的微信公众号上刊登对原告产生重大负面评价的文章的行为不应认定为企事业单位等对其管理的人员作出的结论或者处理决定的情形，微信公众号可以作为侵犯名誉权的媒介，原告也可提起相应的名誉权纠纷之诉。另外，案涉评价对原告而言应属重大负面评价，该评价的作出可能直接影响原告的职业生涯。此外，“违背职业道德”系针对自然人品德的定性，在本案中缺乏明确客观的判断标准，更多体现他人的主观感受，涉案文章以此评价原告，并不属于对客观事件的描述，而是针对原告个人品德的主观评价。无论涉案文章的内容是否完全真实，将此不具备客观判断标准的评价发布在微信公众号中确有造成原告名誉被损害的后果，被告应承担停止侵权、赔礼道歉及赔偿等法律责任。

五十九、姓名变更有权利　公序良俗不可违

关键词：姓名变更、法定职责、公序良俗

案情简介

2020 年 11 月，原告刘某向被告某某派出所，申请将其户籍登记姓名由刘某变更为刘某某。被告某某派出所答复称不能变更，原告刘某遂将被告某某派出所诉至沈河区人民法院，要求其履行变更原告姓名登记的法定职责。

原告观点

原告有权变更自己的姓名，被告不予履行法定职责，侵害原告合法权益。

被告观点

原告改名的理由并非系其需要变更户籍登记姓名的特殊原因或正当理由。

争议焦点

被告是否尽到法定职责。

裁判结果

驳回原告诉讼请求。

法律依据及解析

《民法典》

第一千零一十二条　自然人享有姓名权，有权依法决定、使用、变更或

者许可他人使用自己的姓名,但是不得违背公序良俗。

《民法典》第 1012 条是关于自然人姓名权利的相关规定。本条赋予了自然人姓名权的基本内涵,自然人有权自由依法决定、使用、变更或者许可他人使用自己姓名的权利。但行使姓名权时,有一定限制,即“不得违背公序良俗”。

本案中,原告刘某申请变更户籍登记姓名为刘某某的理由是,更改之后的名字系其喜欢的一款汽车的名称,变更后的姓名听起来更有气势。自然人享有姓名权,有权依法决定、使用、变更或者许可他人使用自己的姓名,但法律赋予公民自由使用、变更姓名权利的同时,也对该权利的行使作出了限定,自然人姓名的变更不得违背公序良俗,尤其是户籍登记姓名的变更。如每个自然人因其个人喜好而变更户籍登记姓名,则会给社会公共管理带来巨大成本,亦会增加社会管理的风险性和不确定性。被告某某派出所对原告刘某变更姓名的请求不予准许并无不当。

六十、网络竞价争排名　他人名称不可用

关键词：竞价排名、竞争对手、广告

案情简介

某虎公司系某搜索引擎运营商，旗下拥有搜索广告业务。甲公司为宣传企业购买了上述服务，并在3年内间断使用同行业“乙公司”的名称为关键词对甲公司进行商业推广。通过案涉搜索引擎搜索乙公司关键词，结果页面前两条词条均指向甲公司，而乙公司的官网词条却相对靠后。乙公司认为甲公司在网络推广时，擅自使用乙公司名称进行客户引流，侵犯其名称权，某虎公司明知上述行为构成侵权仍施以帮助，故诉至人民法院，要求甲公司、某虎公司停止侵权，赔礼道歉，消除影响并连带赔偿损失30万元。

原告观点

甲公司在网络推广时，擅自使用乙公司名称进行客户引流，侵犯其名称权，某虎公司明知上述行为构成侵权仍施以帮助。

被告观点

被告行为对原告没有造成损失。

争议焦点

利用竞争对手名称设置搜索关键词进行商业推广是否构成侵害名称权。

裁判结果

甲公司、某虎公司书面赔礼道歉、澄清事实、消除影响并连带赔偿

65000元。

法律依据及解析

《民法典》

第一千零一十三条　法人、非法人组织享有名称权,有权依法决定、使用、变更、转让或者许可他人使用自己的名称。

第一千零一十四条　任何组织或者个人不得以干涉、盗用、假冒等方式侵害他人的姓名权或者名称权。

名称是法人、非法人组织从事民事活动的基础和前提,是主体特定人格的表现,是区别其他主体的重要标志。名称权不仅受到《民法典》的保护,还受到《反不正当竞争法》的保护,擅自使用他人的单位名称,属于不正当竞争行为。

依照《民法典》第1013条、第1014条的规定,法人、非法人组织享有名称权,任何组织或者个人不得以干涉、盗用、假冒等方式侵害其名称权。乙公司作为具有一定知名度的企业,其名称具有一定的经济价值。甲公司擅自使用乙公司名称进行营销,必然会对其造成经济损失,已侵犯其名称权。某虎公司作为案涉搜索引擎运营商,对外开展付费广告业务,其对甲公司关键词设置的审查义务,应高于普通网络服务提供者。因某虎公司未正确履行审查义务,客观上对案涉侵权行为提供了帮助,构成共同侵权。

六十一、姓名变更应合法　违规变更该恢复

关键词：未成年人、姓名变更、人格标志

案情简介

被告向某某与郑某某原系夫妻关系，育一子取名向某，因感情破裂于2011年10月24日办理离婚登记，并约定向某由郑某某监护抚养。2012年9月24日郑某某独自一人持署名为"郑某某、向某某"（均为郑某某书写）的申请书以"父母已离异"为由向派出所申请将向某的姓名变更为郑某，2014年9月17日郑某某与向某某以"出生医学证明与户籍不相符，生活带来不便"为由向派出所申请将郑某的姓名变更为向某，2015年4月24日郑某某以"学籍姓名以及城乡医保等所有相关手续的档案都是用的郑某"为由向派出所申请将向某的姓名变更为郑某，2018年12月27日向某某以"前妻在我本人不知情况下私自将本人小孩名字向某改为郑某，其提供的申请书上的签字不是我本人签字"为由向派出所申请将郑某的名字恢复为向某。以郑某名字办理的身份证有效期到2020年11月27日，该身份证到期后郑某无法继续办理以郑某为名字的身份证，遂诉至人民法院。

原告观点

原告母亲尽心尽力地培养原告，原告不仅成绩优异且能全面发展，原告以优异的成绩顺利考入重庆某中学，并取得国际青少年儿童书画大赛、国际公开业余12岁男单舞蹈、奥林匹克数学等多项国内和国际奖项，并参与教育宣传片的拍摄，学籍上也一直是使用郑某的名字。但被告突然在公安局变更了原告的姓名，导致原告以往的奖项和成绩无法被识别，原告身份证到

期后无法继续办理以郑某为名字的身份证，对原告造成了极大的阻碍，严重影响原告的学习以及健康成长。被告早已弃原告不顾，对原告不闻不问，还在原告成长的道路上添设障碍，原告作为公民，有权在法律框架内决定自己的姓名，根据子女利益最大化原则，也应当允许原告继续使用郑某的名字，以利于孩子的健康成长。

被告观点

原告的名字叫向某属实，其与郑某某离婚也属实，但离婚后双方并没有什么来往，对原告变更姓名也不知情，现原告还未成年，待原告成年后其可以自己决定自己的姓名，故现在不同意将原告的姓名变更为郑某。

争议焦点

"郑某"这一姓名是否已成为原告人格标志。

裁判结果

被告向某某于判决生效后7日内配合原告向某将户籍登记姓名变更为郑某。

法律依据及解析

《民法典》

第一千零一十五条　自然人应当随父姓或者母姓，但是有下列情形之一的，可以在父姓和母姓之外选取姓氏：

（一）选取其他直系长辈血亲的姓氏；

（二）因由法定扶养人以外的人扶养而选取扶养人姓氏；

（三）有不违背公序良俗的其他正当理由。

少数民族自然人的姓氏可以遵从本民族的文化传统和风俗习惯。

公民依法享有姓名权，公民的姓名权既包括命名权，也包括姓名使用权或许可他人使用权，还应当包括更名权，也就是公民有权决定、使用和依照规定变更自己的姓名。

本案中，原告法定代理人、被告作为原告的父母在原告出生时经过商议为原告命名为向某，但原告从小学到中学，长达7年之久，生活和学习都是使用“郑某”这一姓名，虽然原告之母擅自将原告姓名予以变更不值得提倡，但原告这 7 年间在学业和艺术修养等各方面均有所成，该姓名既已为亲友、老师、同学所熟知，也已经成为其人格的标志，已成为其稳定的生活、学习环境的重要组成部分，继续使用该姓名，有利于原告的身心健康和成长。且原告虽未成年，但已经年满 12 周岁，属限制民事行为能力人，按其目前的年龄和智力水平，已经能够理解姓名的文字含义及社会意义。同时，原告使用“郑某”的姓名，不会改变其系母亲郑某某与被告向某某子女的事实，也不会损害生父、生母及他人的合法权益，故在变更姓名权问题上应当充分考虑其本人的意见。故原告要求被告向某某配合其将姓名变更为郑某的诉请符合法律规定，法院应予支持。

六十二、擅自使用亲密照　侵犯肖像应赔偿

关键词：商业宣传、隐私权、肖像权

案情简介

郑某与其配偶在某公司开设的照相馆拍摄照片一组，拍摄时并未在“同意拍摄作品用于商业宣传”的栏目上签字。某公司在其经营的微信朋友圈使用了郑某与其配偶的合照用于商业宣传，并配文字内容“亲密照”。

涉案朋友圈发布20天后，郑某及其配偶委托律师向某公司发函，某公司收到律师函后删除涉案朋友圈内容。郑某主张某公司侵犯肖像权、隐私权等权利，请求某公司赔礼道歉、赔偿财产损失及精神损失等费用。

原告观点

被告未经原告同意使用其与配偶照片在微信朋友圈中公开宣传，侵犯了原告的肖像权和隐私权。

被告观点

被告在收到律师函后立即删除涉案朋友圈内容，原告主张的赔偿过高。

争议焦点

案涉照片是否侵犯原告肖像权和隐私权。

裁判结果

被告在其经营的微信朋友圈发布致歉声明，并赔偿原告律师费、公证费等财产损失15000元。

法律依据及解析

《民法典》

第一千零一十九条 任何组织或者个人不得以丑化、污损，或者利用信息技术手段伪造等方式侵害他人的肖像权。未经肖像权人同意，不得制作、使用、公开肖像权人的肖像，但是法律另有规定的除外。

未经肖像权人同意，肖像作品权利人不得以发表、复制、发行、出租、展览等方式使用或者公开肖像权人的肖像。

某公司未经郑某同意使用其肖像照片用于商业宣传，侵犯了郑某的肖像权。案涉照片属于郑某与其配偶的亲密照，某公司未经同意予以公开，侵犯了郑某的隐私权。

六十三、征信评价不恰当　请求更正可支持

关键词:征信报告、违约、名誉权

案情简介

原告陈某(承租人)与被告某融资租赁公司(出租人)签订《融资租赁合同(回租)》,合同约定出租人通过售后回租方式为承租人提供融资支持,起租后任何情况下承租人都应按期足额支付租金及其他应付款项。承租人未能按照该合同的约定按期足额支付租金,出租人可以不经司法程序自行收取租赁物件。承租人同意并授权出租人将承租人信用信息,包括但不限于履行融资租赁合同过程中违约、逾期相关信息及对信息主体信用状况构成负面影响的信息,报送中国人民银行征信中心金融信用信息基础数据库。在原告未逾期支付租金的情况下,被告自行将案涉租赁车辆收回。此后,原告未再支付租金。被告将原告逾期支付租金的违约、逾期信息报送中国人民银行征信中心。原告个人信用报告显示账户状态为逾期。

原告观点

原告因被告违约而不支付租金,并非有意违约。因被告的过错导致原告信用状态显示负面信息,被告应承担删除与赔偿责任。

被告观点

原告未按合同约定支付租金的事实清楚,被告有权将该情况报送征信中心。

争议焦点

原告行为能否认定为违约。

裁判结果

(1)被告消除其在中国人民银行征信中心与被告相关的逾期还款记录;(2)驳回原告其他诉讼请求。

法律依据及解析

《民法典》

第一千零二十四条 民事主体享有名誉权。任何组织或者个人不得以侮辱、诽谤等方式侵害他人的名誉权。

名誉是对民事主体的品德、声望、才能、信用等的社会评价。

第一千零二十九条 民事主体可以依法查询自己的信用评价;发现信用评价不当的,有权提出异议并请求采取更正、删除等必要措施。信用评价人应当及时核查,经核查属实的,应当及时采取必要措施。

《民法典》第 1024 条规定,民事主体享有名誉权。任何组织或者个人不得以侮辱、诽谤等方式侵害他人的名誉权。名誉是对民事主体的品德、声望、才能、信用等的社会评价。被告无正当理由将租赁物车辆收回,妨碍了原告继续占有、使用租赁物,原告有理由中止支付租金,且中止支付租金并不构成合同项下的违约,被告继续将逾期还款等对原告信用状况构成负面影响的信息报送中国人民银行征信中心,造成征信机构对原告信用评价的不当。《民法典》第 1029 条规定,民事主体发现信用评价不当的,有权提出异议并请求采取更正、删除等必要措施。该规定赋予信用主体对信用评价的异议权、更正权和删除权。《征信业管理条例》第 25 条第 1 款规定,信息主体认为征信机构采集、保存、提供的信息存在错误、遗漏的,有权向征信机构或者信息提供者提出异议,要求更正。根据以上规定,原告在不存在违约的情况下,有权对被告报送的不良信息提出异议,并有权请求更正、删除。原告请求被告消除其在中国人民银行征信中心与被告相关的逾期还款记录具有事实和法律依据,故应予以支持。

六十四、恶意诋毁损名誉　赔礼道歉还赔钱

关键词： 医患关系、抖音视频、名誉权

案情简介

2020年12月22日，被告付某某的女儿因“发现视力差”至南大二附院儿童眼科门诊部就诊，接诊医师即原告殷某某对被告付某某的女儿查体询问并进行了诊疗，后被告付某某认为原告的医疗行为不当，向江西省卫生健康委员会及省12345政务服务热线进行投诉。在投诉结果尚未出具时，被告付某某即通过在被告北京某某A视界科技有限公司经营的抖音平台发布侮辱性的视频、文字及图片对原告进行贬低，内容包括“儿童眼科主任殷某某专家，真是没有责任心没医德，害了我的女儿，你这辈子害过多少人？良心不会痛吗？”“眼镜配错误诊，找殷某某拒不承认，还有公平公正可言？不近视都变近视！”等。后原告向被告北京某某A视界科技有限公司发出律师函，要求下架相关侵权视频，被告北京某某A视界科技有限公司依原告要求立即对被告付某某发布的涉案视频进行了下架删除处理。2021年1月29日，原告以名誉权纠纷为由诉至人民法院，要求被告停止侵权、赔礼道歉、消除影响、恢复名誉、赔偿损失。

原告观点

被告在没有事实依据的情况下，在公众平台发布侮辱性视频、文字对原告进行诋毁，侵害原告名誉权，对原告造成极大损失。

被告观点

被告发布的是事实，未构成侵权行为。

争议焦点

被告行为是否对原告造成损害。

裁判结果

被告付某某在其抖音账号上发布道歉视频,向原告殷某某发表道歉声明,并赔偿原告精神损害抚慰金 5000 元。

法律依据及解析

《民法典》

第一千零二十四条 民事主体享有名誉权。任何组织或者个人不得以侮辱、诽谤等方式侵害他人的名誉权。

名誉是对民事主体的品德、声望、才能、信用等的社会评价。

《民法典》第 1024 条是关于名誉权的概念和民事主体享有名誉权的规定。所谓名誉,是一种人格利益,具有时代特征,是针对特定主体作出的客观的、良好的具有美誉的评价。所谓名誉权,是指民事主体对自己的名誉权享有不可侵犯的权利。名誉权具有法定性、社会性的特征,具有与财产关联性的特征,具有普遍性和特定性等特征。

被告付某某在抖音平台上发布侵权言论,对原告的人格、名誉造成毁损,易引发社会公众对原告的医疗水平和医风医德的社会评价度降低,已构成侵权,应承担相应的民事责任;被告北京某某 A 视界科技有限公司作为网络服务提供者,事先无法得知涉案侵权行为的存在,在收到原告发出的律师函后,及时采取了删除侵权视频的合理措施,避免了侵权损害后果的进一步扩大,在本案中并无过错,不应承担责任。

六十五、不良征信影响大　更正信息可消除

关键词：金融机构、征信记录、怠于更正

案情简介

原告周某某为案外人莫某某向被告上林某银行的贷款提供连带保证担保，后经2018年作出的生效判决认定，周某某的保证责任被免除。3年后，周某某经所在单位领导提示，于2021年4月25日在中国某某银行征信中心查询个人信用，发现其已被列入不良征信记录，遂向上林某银行提出书面异议，并申请消除不良征信记录。但该银行在收到周某某提出的异议后未上报信用更正信息，导致周某某的不良征信记录一直未消除，周某某在办理信用卡、贷款等金融活动中受限制。周某某遂诉至人民法院，要求上林某银行协助撤销周某某的不良担保征信记录，赔偿精神损失和名誉损失费，并登报赔礼道歉、消除影响。

原告观点

被告怠于审查更正原告信用记录，在原告提出异议后仍未采取措施，侵害原告名誉权，应承担赔偿责任。

被告观点

原告上报被告的不良信用记录的行为没有过错，只是后续未及时消除，被告没有侵害原告名誉权的故意，不构成侵权。

争议焦点

被告消极更正债务人信用记录是否构成名誉侵权。

裁判结果

被告向中国人民银行征信中心报送个人信用更正信息，驳回原告其他诉讼请求。

法律依据及解析

《民法典》

第一千零二十九条 民事主体可以依法查询自己的信用评价；发现信用评价不当的，有权提出异议并请求采取更正、删除等必要措施。信用评价人应当及时核查，经核查属实的，应当及时采取必要措施。

《民法典》第 1029 条是关于信用评价不当救济措施的规定。

所谓信用评价，也称信用评估、信用评级、资信评估、资信评级等。信用评价是专业机构，根据科学、客观、公正、公平等原则对民事主体的信用进行综合评价的活动。信用评价不当的救济，本条赋予权利人异议、更正、删除等权利。

依据《民法典》第 1029 条的规定，信用评价关涉个人名誉，民事主体享有维护自己的信用评价不受他人侵害的权利，有权对不当信用评价提出异议并请求采取更正、删除等必要措施。上林某银行作为提供信用评价信息的专业机构，具有准确、完整、及时报送用户信用信息的权利和义务，发现信用评价不当的，应当及时核查并及时采取必要措施。

本案中，上林某银行未及时核查周某某已依法免除担保责任的情况，在收到周某某的异议申请后，仍未上报信用更正信息，造成征信系统对周某某个人诚信度作出不实记录和否定性评价，导致周某某在办理信用卡、贷款等金融活动中受限制，其行为构成对周某某名誉权的侵害。被告向中国人民银行征信中心报送个人信用更正信息，因报送更正信息足以消除影响，故对周某某主张赔偿损失、赔礼道歉等诉讼请求不予支持。

第五编
婚姻家庭

六十六、同居期间闹矛盾　解除婚约退彩礼

关键词：彩礼、婚约财产

案情简介

2020 年 2 月 28 日，原告经其叔叔袁某做媒与魏某甲相识，同年 3 月 29 日，原告给魏某甲、刘某见面礼金 12800 元。2020 年 6 月 12 日，原告与魏某甲按当地习俗订婚，当天给付订婚礼金 88000 元，原告还将其母亲所有的黄金首饰到金器店融化后置换新的黄金首饰交给魏某甲，魏某甲、刘某还收取了原告亲友的红包。订婚后，魏某甲即跟随原告前往西安同居生活，共同经营图文广告店。同居期间，原告与魏某甲互有经济往来。2020 年农历年底，原告与魏某甲因生活琐事发生矛盾，魏某甲返还新化与原告分居，后经亲友调解未能和好。

原告观点

因被告魏某甲要求过高，导致双方结婚目的无法达成，被告应返还原告给予的彩礼。

被告观点

双方以夫妻名义同居 8 个月之久，不同意解除婚约，也不同意返还彩礼。

争议焦点

双方同居生活了较长时间但未办理结婚登记手续的情形下，女方是否需要返还彩礼。

裁判结果

(1)由被告魏某甲、魏某乙、刘某于判决生效后 3 日内返还原告彩礼 8 万元;(2)驳回原告的其他诉讼请求。

法律依据及解析

《民法典》

第一千零四十二条 禁止包办、买卖婚姻和其他干涉婚姻自由的行为。禁止借婚姻索取财物。

禁止重婚。禁止有配偶者与他人同居。

禁止家庭暴力。禁止家庭成员间的虐待和遗弃。

《民法典》第 1042 条是关于婚姻家庭的禁止行为的列举性规定。本条从反面规定了常见违反婚姻自由的行为,并对此直接作出明确的禁止性规定,清晰地告诉人们法律对这些行为的否定性评价,有利于规范人们的行为,有利对侵害婚姻自由行为进行震慑。

彩礼是当事人以缔结婚姻为目的,按照当地习俗给付对方较大数额的金钱及财物。原告给付魏某甲价值较大的黄金首饰以及给付被告方见面礼 12800 元、订婚礼金 88000 元皆与缔结婚姻的目的紧密相连,故上述钱物均属于彩礼的范围。原告主张的魏某甲及其亲属的红包,及双方互赠的红包,不属于彩礼的范围。原告与魏某甲因双方原因已分手,双方无法实现缔结婚姻的目的,根据法律规定,双方未办理结婚登记手续,当事人请求返还按照习俗给付的彩礼的,应当予以支持,故对原告要求魏某甲返还彩礼的诉讼请求,法院予以支持。原告与魏某甲订婚后同居生活了较长时间,同居期间魏某甲身体患病,应酌情减少返还彩礼的金额,结合本案案情,应当酌定返还彩礼 8 万元左右。

六十七、婚前虽有协议定　善良风俗应维护

关键词：非婚生子、婚前协议、身份属性

案情简介

2015 年 10 月 1 日吴某、陈某登记结婚。结婚登记当日，吴某、陈某签署婚前协议。除了约定分别财产制外，协议第 4 条同时约定："陈某在婚后除与吴某生育子女外，还将生育一名与吴某无血缘关系的子女，当双方离婚时则正常的婚生子女的抚养权归男方吴某所有，与男方无血缘关系的子女抚养权归女方陈某所有，男方无须承担抚养义务。"2017 年 6 月 9 日陈某生育大儿子吴某甲。2019 年 2 月 3 日陈某购买第三人精子，在人工生育技术辅助下生育二儿子吴某乙。2020 年 6 月吴某委托第三方进行鉴定，鉴定结论为吴某与吴某乙不存在生物学上的亲子关系。

2020 年 12 月 4 日吴某起诉离婚，诉称陈某在其不知情的情况下生育吴某乙存在婚内出轨行为、侵犯其生育权，并以吴某乙非亲生为由拒绝承担抚养义务。

原告观点

吴某认为，婚前协议虽写明陈某将为他人生育子女，但该内容是陈某逼迫吴某签署，不是吴某真实意愿，且该内容违反公序良俗、社会道德，于法不符、于理不合，该条款属于无效条款，吴某不承担吴某乙的抚养义务。

被告观点

双方对生育权进行了婚前约定，吴某对此是知情和同意的陈某并无婚内出轨行为，吴某乙系通过人工授精方式生育。人工授精时，提供精子的是

专业机构，具体供精人无法查询，吴某应承担抚养义务。

争议焦点

(1)案涉婚前协议是否有效；(2)夫妻感情是否破裂。

裁判结果

(1)吴某与陈某离婚；(2)离婚后，婚内生育的吴某甲随吴某共同生活，吴某乙随陈某共同生活，抚养费各自负担；(3)驳回吴某的其他诉讼请求。

法律依据及解析

《民法典》

第一千零四十三条 家庭应当树立优良家风，弘扬家庭美德，重视家庭文明建设。

夫妻应当互相忠实，互相尊重，互相关爱；家庭成员应当敬老爱幼，互相帮助，维护平等、和睦、文明的婚姻家庭关系。

协议中的上述内容是对婚姻关系中的配偶身份权利、生育权利、抚养权利进行的约定，该协议旨在引发身份关系以及身份关系当事人之间财产关系的设立、变更或者终止等身份法律后果，该约定与配偶身份属性联系密切、蕴含着婚姻家庭的重要伦理价值，属于有关身份关系的协议。在原、被告均具备正常生育条件的情况下，上述协议关于女方可与婚外第三方生子的约定，超越了社会公众的一般认知，有违社会生活中的善良风俗，应属无效约定。协议对于子女抚养权归属的约定，并未考虑是否有利于子女的健康成长，原、被告约定的关于抚养义务的免除也存在侵害子女利益的重大风险。为了保护未成年人的合法权益、实现儿童利益最大化，对此类条款约定亦应做否定性评价。但上述条款的无效并不导致所生子女丧失其应有的法律权利。

六十八、小孩辍学不应该　监护职责应履行

关键词：义务教育、宗教信仰、受教育权

案情简介

被告徐某乙系徐某甲(2010年出生)的母亲。2018年9月，徐某乙向北海市某某区逸夫小学提出转出申请，但徐某甲的电子学籍未转走，徐某甲于2019年6月20日开始疑似辍学。

2019年5月至7月，北海市某某区逸夫小学的老师多次对徐某甲进行家访，均无果。2019年11月15日，街道办事处向被告徐某乙发出限期复学通知书、告知书，告知徐某乙自通知书送达之日起7日内，送徐某甲回北海市某某区逸夫小学三年级就学。上述通知书、告知书均留置送达。

北海市某某区政府出具授权书，授权该街道办事处对徐某乙监护权纠纷一案提起诉讼，对该办事处已进行的诉讼行为予以追认。

原告观点

徐某甲属于接受义务教育的适龄儿童，有接受教育的权利，其监护人应当保护其受教育权。

被告观点

徐某甲有接受家庭教育，被告并没有侵犯其接受并完成义务教育的权利。

争议焦点

被告对徐某甲进行家庭教育是否尽到保护徐某甲受教育权的义务。

裁判结果

判决被告徐某乙于判决发生法律效力之日起 3 个月内将其女儿徐某甲送到北海市某某区逸夫小学等有教育资质的学校继续接受并完成义务教育。

法律依据及解析

《民法典》

第一千零五十八条 夫妻双方平等享有对未成年子女抚养、教育和保护的权利，共同承担对未成年子女抚养、教育和保护的义务。

徐某甲、徐某乙均系原告某某街道办事处管辖区域内的居民，徐某甲属于接受义务教育的适龄儿童，某某街道办事处作为北海市某某区政府的派出机构，有义务保障徐某甲接受义务教育。徐某甲是否能够接受义务教育，与某某街道办事处有直接利害关系，因此北海市某某区某某政府某某街道办事处具有本案原告的诉讼主体资格。

徐某甲依法享有平等接受义务教育的权利，也应当履行接受义务教育的义务。适龄儿童、少年接受并完成义务教育的方式是入学，并不包括在家接受教育。徐某乙作为徐某甲的母亲，亦是徐某甲的法定监护人，有履行监护职责保证徐某甲按时入学接受并完成义务教育的义务，如果未尽到该义务，即侵犯了徐某甲接受并完成义务教育的权利。徐某乙曾将徐某甲送到黄某的住处对徐某甲进行家庭教育，但黄某并没有在教育机构进行登记并取得办学资格，不具备依法实施义务教育的条件和资质，徐某甲在家接受教育亦不符合法律规定的接受并完成义务教育的要求，故某某街道办事处请求徐某乙将徐某甲送到有教育资质的北海市某某区逸夫小学接受并完成义务教育，有事实及法律依据，应予支持。

六十九、代付房款视赠与　起诉借贷须证据

关键词:婚内赠与、父母出资、夫妻财产

案情简介

赵甲与赵乙系父子关系。张某与赵乙于2005年1月14日登记结婚,于2018年8月22日协议离婚,二人婚内育有一子赵某某。

2014年8月12日张某、赵乙购买102号房屋一套,登记在张某和赵某某名下。该房屋购房款111万元由赵甲转账至房屋出卖人账户。2017年6月23日张某、赵乙购买201号房屋一套,登记在赵乙名下。该房屋购房款210万元由赵甲转账至房屋出卖人账户。2018年9月20日,赵乙将该房屋产权转移登记至张某、赵某某名下。2018年8月23日,赵甲、张某、赵乙签署三方协议,约定了位于北京市昌平区东小口镇某号房屋的相关权属问题、赵甲交至张某处保管的钱款返还等事宜,同时约定协议未尽事宜,三方可以签订书面的补充协议。该协议未就102号房屋和201号房屋的购房款进行约定。赵甲提出诉讼,请求赵乙、张某共同偿还借款321万元及相应利息。

原告观点

赵乙、张某原为夫妻关系,因其购房资金紧张,先后向原告赵甲借款321万元,借款应当予以偿还。

被告观点

双方不存在借贷关系,而系婚姻关系存续期间,出于家庭成员之间所建立的和睦关系,公婆的无偿赠与。本案是原告和被告赵乙通过串通的方式来达到要求张某返还无偿赠与的钱款的目的,存在虚假诉讼,也不符合客观

事实与常理,恳请法院查明本案事实,驳回原告的全部诉讼请求。

争议焦点

案涉两笔资金的性质。

裁判结果

驳回原告的诉讼请求。

法律依据及解析

《民法典》

第一千零六十二条 夫妻在婚姻关系存续期间所得的下列财产,为夫妻的共同财产,归夫妻共同所有:

(一)工资、奖金、劳务报酬;

(二)生产、经营、投资的收益;

(三)知识产权的收益;

(四)继承或者受赠的财产,但是本法第一千零六十三条第三项规定的除外;

(五)其他应当归共同所有的财产。

夫妻对共同财产,有平等的处理权。

关于 102 号房屋的出资,应当认定为对夫妻双方的赠与,除非父母有证据证明该出资系借贷;关于 201 号房屋,由于产权仅登记在赵乙一人名下,应当视为赵乙父母对其一人的赠与,也即赵乙的个人财产(离婚前)。另外,关于 102 号房屋购房资金,赵甲主张是借贷款项的,应当承担双方在出资时存在借贷意思表示的举证责任,但赵甲在本案中并未举证予以证明。关于 201 号房屋,由于仅登记在赵乙一人名下,并不属于张某、赵乙的共同财产,更不属于夫妻共同债务范畴;赵乙、张某离婚时,赵乙自愿将该房产变更登记至张某名下,属于对个人财产的处置,张某亦不应当因此承担债务;同理,201 号房屋购房资金的性质,亦应当由赵甲举证证明出资时各方存在借贷的合意,并承担举证不能的法律责任。与此同时,以时间点为序梳理之,2018 年 8 月 22 日张某与赵乙协议离婚,第二日,赵甲、张某、赵乙即签署了三方协议，该协议内容从案外其他房屋的处置、赵甲交至张某处保管的钱款数额与返还事宜均予以明确，但并未提及案涉两笔资金的问题。结合本案纠纷背景，以及三方协议签署的时间与内容可知，三方协议属于离婚后，前儿媳与前公公、前夫的家庭结算性文件。对于为何没有在此次统一结算中提及案涉资金，赵甲、赵乙并未给出符合逻辑推理以及日常生活经验法则的解释，相反地，张某主张的"不存在案涉借款，所以在三方协议中没有提及"的说法更为合理。需要说明的是，鉴于赵甲与赵乙为父子关系，本案诉讼前张某就案外房屋租金事宜起诉赵甲、赵乙，现仅凭赵乙一方的自认，不足以证明出资时各方当事人的真实意思表示。

本案中，赵甲并未举证证明案涉资金系借贷款项，因此，赵甲应当承担举证不能的法律责任，其诉讼请求应不予支持。

七十、婚姻事务非儿戏　感情破裂方可离

关键词：离婚诉讼、感情破裂认定

案情简介

原告路某某与被告陶某甲经人介绍认识，于2003年12月26日按照习俗举行结婚典礼后开始共同生活。2005年1月19日在邱县民政局办理结婚登记手续。2011年5月14日生儿子陶某乙，2014年3月16日生女儿陶某丙，2016年3月22日生儿子陶某丁。儿子陶某丁、陶某乙、女儿陶某丙现一直随被告陶某甲生活。原告因双方感情破裂，向法院提出离婚诉讼。

原告观点

双方感情完全破裂，已无和好可能，符合法律规定的法定离婚条件。

被告观点

同意原告说法。

争议焦点

认定夫妻感情破裂的依据是否必须有法定事由。

裁判结果

准予原告路某某与被告陶某甲离婚。

法律依据及解析

《民法典》

第一千零七十九条　夫妻一方要求离婚的，可以由有关组织进行调解或者直接向人民法院提起离婚诉讼。

人民法院审理离婚案件，应当进行调解；如果感情确已破裂，调解无效的，应当准予离婚。

有下列情形之一，调解无效的，应当准予离婚：

（一）重婚或者与他人同居；

（二）实施家庭暴力或者虐待、遗弃家庭成员；

（三）有赌博、吸毒等恶习屡教不改；

（四）因感情不和分居满二年；

（五）其他导致夫妻感情破裂的情形。

一方被宣告失踪，另一方提起离婚诉讼的，应当准予离婚。

经人民法院判决不准离婚后，双方又分居满一年，一方再次提起离婚诉讼的，应当准予离婚。

原告系第一次起诉离婚，且分居不满 2 年，经法庭调查原被告均不存在《民法典》第 1079 条规定的法定离婚情形，但由于被告同意离婚，原、被告均认为双方之间夫妻感情已经完全破裂，经法院调解，双方之间无和好可能，可认定原、被告夫妻感情已经完全破裂，应当准予离婚。

七十一、非婚生子权利同　抚养义务难逃避

关键词：非婚生子女、抚养费

案情简介

母亲余某乙与赵某同居后生育余某甲（女）。其间，余某乙告知赵某生育余某甲的事实，但赵某不相信余某甲是自己的孩子。余某甲出生后一直随母亲余某乙共同生活，赵某拒不支付抚养费。余某甲遂向某某法院起诉，要求赵某支付其抚养费。经鉴定赵某确系余某甲生物学父亲。

原告观点

余某甲是被告的孩子，被告对其生活有抚养义务。

被告观点

余某甲并非被告婚生子，不愿抚养余某甲。

争议焦点

被告对非婚生子女是否有抚养义务。

裁判结果

判决赵某在余某甲上学前每月承担抚养费300元，上学后至独立生活前，每月承担抚养费500元。

法律依据及解析

《民法典》

第一千零七十一条　非婚生子女享有与婚生子女同等的权利，任何组织或者个人不得加以危害和歧视。

不直接抚养非婚生子女的生父或者生母，应当负担未成年子女或者不能独立生活的成年子女的抚养费。

《民法典》第1071条是关于非婚生子女法律地位的规定。本条的规定体现了以下几个特点：一是婚生子女和非婚生子女法律地位相同；二是不得对非婚生子女加以歧视和危害；三是父母亲都应当承担非婚生子女的抚养费。司法实践中常遇到的问题：关于亲子关系的确认问题，我国法律虽没有对非婚生子女的认领作出规定，但《民法典》第1073条规定了亲子关系的确认制度。亲子关系得到确认后，子女就可据此追索抚养费；关于未成年子女可否追索抚养费的问题，若父母一方未尽过抚养义务，子女有权对未直接抚养的父母一方追索出生后的抚养费，直至未来应当发生的抚养费用可一起主张。抚养未成年子女是父母的法定职责和义务，非婚生子女和婚生子女具有平等的权利。即便父母并未结婚，子女仍有权利向不直接抚养的父母一方主张抚养费。如父母因矛盾而分居生活，不直接抚养子女的父母一方也需尽到相应的抚养义务。原告的诉请合法有据，依法应予支持。

七十二、父子常吵感情恶　解除关系不容易

关键词:继子女、解除父子关系

案情简介

王某与耿某乙系夫妻关系,生有一子耿某甲。后双方离婚,耿某甲归王某抚养。王某与孙某甲再婚,婚后生有一女孙某乙,耿某甲此时尚未成年,后改名为孙某丙。王某现已去世。

孙某甲主张其尽到抚养义务将孙某丙抚养成人,在其后四十多年的时间里,都是各自独立生活,不相往来,在王某去世后,双方就王某墓碑上的署名等问题发生冲突,并提交微信聊天记录,其中孙某丙与孙某乙发生言语冲突,导致双方关系恶化,要求解除其与孙某丙的继父子关系,诉至法院。

原告观点

18 年来孙某甲对孙某丙曾有抚养关系,经过培养教育考上大学。孙某丙自从上大学后,就离开了家,开始独立生活,从此与孙某甲的抚养关系也就自然终止。

被告观点

双方长期共同生活,形成了深厚的父子感情,双方感情很好,没有突出的矛盾,孙某甲说的矛盾发生在孙某丙母亲去世后,孙某丙因为悲痛和孙某乙发生争执,并非与孙某甲有矛盾。孙某甲身体健康情况不太好,孙某乙本身与人沟通有障碍,维持双方的继父子关系更有利于对孙某甲进行赡养,并且由孙某丙赡养孙某甲,也是孙某丙母亲去世前的心愿。孙某丙一家愿意照顾孙某甲。

争议焦点

孙某甲能否解除其与孙某丙的继父子关系。

裁判结果

驳回原告诉讼请求。

法律依据及解析

《民法典》

第一千零七十二条　继父母与继子女间，不得虐待或者歧视。

继父或者继母和受其抚养教育的继子女间的权利义务关系，适用本法关于父母子女关系的规定。

第一千零七十三条　对亲子关系有异议且有正当理由的，父或者母可以向人民法院提起诉讼，请求确认或者否认亲子关系。

对亲子关系有异议且有正当理由的，成年子女可以向人民法院提起诉讼，请求确认亲子关系。

孙某丙的生母王某与孙某甲结婚，孙某丙2岁左右即随王某与孙某甲共同生活，时间长达十余年。双方均认可孙某甲对孙某丙存在抚养事实，双方存在抚养关系。有抚养关系的继父母与继子女之间具有拟制血亲的关系。孙某甲与孙某丙形成抚养关系的继父子关系，并不因孙某丙生母王某死亡而自然解除。但不能以《民法典》未规定父母子女关系的诉讼解除而当然认为具有抚养关系的继父子关系亦不能诉讼解除。本案中，孙某丙与孙某乙之间存在矛盾，并非解除孙某甲与孙某丙继父子关系的法定理由。结合孙某甲的举证情况、双方此前的关系、是否存在实质性突出矛盾、孙某丙对于赡养孙某甲的态度等，以及孙某甲年龄和健康情况等因素，双方关系尚未达到恶化以致解除继父子关系的程度，且判决解除继父子关系也不利于孙某甲的权利保障。

七十三、抚养责任要担起　年满十八方可停

关键词：法定义务、约定义务、抚养义务

案情简介

黄某甲与曾某某原系夫妻关系，婚后于2009年8月19日生育长子，取名黄某乙，于2011年4月28日生育次子，取名黄某丙。后双方感情破裂，于2012年1月13日协议离婚，并在《离婚协议书》中约定："孩子黄某乙、黄某丙抚养权、监护权归男方，并随同男方生活，女方不需要支付抚养费。"离婚后，黄某乙、黄某丙主要跟随黄某甲生活，曾某某也断断续续与黄某乙、黄某丙及黄某甲一起共同生活，照顾黄某乙、黄某丙，直至2017年。黄某甲主张自己现在欠有巨额债务，需要曾某某支付孩子的抚养费，故诉至法院。

原告观点

原告无抚养能力，被告作为两孩子的生母有抚养义务。

被告观点

离婚协议中明确约定女方不需要支付抚养费，孩子的抚养费由原告一人承担。

争议焦点

如何处理法定义务与约定义务的关系。

裁判结果

被告曾某某应从2021年11月起每月给付黄某乙、黄某丙抚养费各700元，共计1400元，直至黄某乙、黄某丙年满18周岁为止。

法律依据及解析

《民法典》

第一千零八十五条　离婚后，子女由一方直接抚养的，另一方应当负担部分或者全部抚养费。负担费用的多少和期限的长短，由双方协议；协议不成的，由人民法院判决。

前款规定的协议或者判决，不妨碍子女在必要时向父母任何一方提出超过协议或者判决原定数额的合理要求。

按照法定义务高于约定义务的原则，离婚协议中关于抚养费的约定，并不影响子女要求支付超出离婚协议的抚养费的主张。本案中，虽然夫妻双方在离婚协议中约定“女方不需要支付抚养费”，但该约定系父母双方自愿达成的对离婚相关事项的约定，约定不能损害、限制或剥夺子女的合法权益。因此，该约定不能免除女方为未成年子女支付抚养费的法定义务。

七十四、夫妻争吵闹分居　离婚补偿可酌定

关键词：劳动补偿权、家庭主妇、无工作收入

案情简介

梁某某、李某某于2017年通过相亲认识，经自由恋爱后于同年11月登记结婚，并于2018年10月生育女儿小欣。双方婚后因生活琐事经常发生矛盾，李某某于2021年4月带女儿回到母亲家中居住，双方开始分居。梁某某认为夫妻双方感情已经破裂，诉至法院，请求判决双方离婚，女儿归梁某某抚养。在审理过程中，李某某表示同意离婚，请求法院判决女儿由其抚养，并提出因怀孕和照顾年幼的孩子，其婚后一直没有工作，要求梁某某向其支付家务补偿款2万元。

原告观点

原告为照顾家庭而未参加工作，被告理应给予原告补偿。

被告观点

婚姻存续期间原告的开销都来自被告，被告不应支付补偿金。

争议焦点

为家庭付出较多的一方离婚时是否享有家务劳动补偿权。

裁判结果

（1）准予双方离婚；（2）女儿由李某某直接抚养，梁某某每月支付抚养费1000元，享有探视权；（3）梁某某一次性支付给李某某家务补偿款1万元。

法律依据及解析

《民法典》

第一千零八十八条　夫妻一方因抚育子女、照料老年人、协助另一方工作等负担较多义务的，离婚时有权向另一方请求补偿，另一方应当给予补偿。具体办法由双方协议；协议不成的，由人民法院判决。

梁某某和李某某经自愿登记结婚并生育女儿，有一定的夫妻感情，但在婚姻关系存续期间，未能相互包容、缺乏理性沟通，导致夫妻感情逐渐变淡。特别是发生争吵后，双方不能正确处理夫妻矛盾，导致分居，双方均同意离婚。经法院调解，双方感情确已破裂，没有和好的可能。依照《民法典》第1088条关于家务劳动补偿制度的规定，李某某在结婚前与母亲一起经营餐饮店，婚后因怀孕和抚育子女负担较多家庭义务未再继续工作而无经济收入，梁某某应当给予适当补偿。结合双方婚姻关系存续的时间、已分居的时间及梁某某的收入情况等因素，酌定经济补偿金额。

七十五、婚内出轨受伤害　离婚可赔精神费

关键词:婚内出轨、精神抚慰金

案情简介

王某某(女)与韦某于2004年6月登记结婚,婚后生育了两个儿子。婚姻初期,夫妻二人关系尚好,但随着婚姻生活琐事增多,生活压力倍增,感情开始出现裂痕。2019年2月,王某某发现丈夫韦某与其他女子有不正当关系,韦某也承认了自己婚内出轨的事实,王某某精神备受打击和煎熬,双方矛盾彻底爆发。2020年王某某以夫妻感情彻底破裂为由将韦某诉至法院,但因考虑到两个孩子年幼,王某某愿意给予双方缓和一段时间,遂撤回起诉。但撤诉之后,双方一直分开居住,夫妻关系始终得不到缓和,深思熟虑后,2021年王某某便再次将韦某起诉至法院,在请求解除婚姻关系的同时要求赔偿精神损害抚慰金10万元。

原告观点

被告婚内出轨,对原告精神造成极大损害,并导致双方无法共同生活而离婚,被告应向原告支付精神损害抚慰金。

被告观点

出轨并不是导致双方离婚的理由,双方的感情早已出现裂痕,不可将错误全部归结于被告。

争议焦点

丈夫婚内出轨,妻子诉请精神损害抚慰金是否获支持。

裁判结果

判决韦某赔偿王某某精神损害抚慰金 15000 元。

法律依据及解析

《民法典》

第一千零九十一条　有下列情形之一，导致离婚的，无过错方有权请求损害赔偿：

（一）重婚；

（二）与他人同居；

（三）实施家庭暴力；

（四）虐待、遗弃家庭成员；

（五）有其他重大过错。

《民法典》第 1091 条是关于离婚损害赔偿的规定，在《婚姻法》第 46 条基础上增加一项即有其他重大过错也可作为离婚损害赔偿的理由，扩大了适用范围。夫妻之间应当相互关爱、相互忠诚，平等、公平的享有权利，履行义务。任何一方违反规定的义务，就是另一方权利的侵害，使对方蒙受精神、物质上的损害。过错方应当受到必要的惩罚，无过错方应得到应有的补偿。无过错方另行提出离婚损害赔偿的期限为 1 年。

韦某在与王某某婚姻关系存续期间与他人有不正当男女关系的行为，严重违背了夫妻间的忠诚义务，摧毁了夫妻间的信任，深深伤害了王某某的感情，导致双方离婚。韦某婚内出轨行为，已然对王某某精神上造成严重的伤害，符合《民法典》第 1091 条中有关“其他重大过错”情形规定，韦某作为过错方，应当承担相应的赔偿责任。故在判决双方离婚的同时，结合韦某的过错程度、经济状况和当地的经济生活水平等因素，本案可以酌定韦某赔偿王某某精神损害抚慰金 15000 元。

第六编
继　　承

七十六、打印遗嘱未见证　形式不符无效力

关键词：遗嘱效力、居住权

案情简介

被继承人赵某某于1959年9月6日出生，于2020年8月13日死亡。原告赵某系赵某某与原告的母亲陈某某的婚生子，赵某某于2004年与陈某某离婚后，赵某某与被告杜某在安阳市文峰区民政局登记结婚，2016年4月26日二人在安阳市文峰区民政局办理离婚登记，2019年4月17日二人复婚，办理结婚登记。被告韩某系赵某某的母亲。赵某、杜某、韩某均系赵某某的第一顺序继承人。原被告提供赵某某于2020年7月9日、2020年7月19日、2020年8月5日立的三份遗嘱。2020年7月9日和2020年7月19日所立的遗嘱中明确案涉房屋归赵某所有，2020年8月5日所立的遗嘱明确杜某享有终身居住权。

原告观点

案涉房屋属于其父母共同所有，其父亲无权给他人设立居住权。

被告观点

最终一份遗嘱否认之前设立的遗嘱，房屋归被告所有。

争议焦点

后设立的遗嘱能否否定先设立的遗嘱。

裁判结果

被继承人赵某某名下坐落在安阳市文峰区房产归原告赵某所有，被告

杜某应在判决生效之日起 10 日内将上述房产的产权证书交付原告赵某，被告杜某、韩某应在判决生效后 10 日内配合赵某办理上述房产的产权变更登记手续。

法律依据及解析

《民法典》

第二百三十条 因继承取得物权的，自继承开始时发生效力。

第三百七十一条 以遗嘱方式设立居住权的，参照适用本章的有关规定。

第一千一百三十六条 打印遗嘱应当有两个以上见证人在场见证。遗嘱人和见证人应当在遗嘱每一页签名，注明年、月、日。

本案中，第一份遗嘱系打印遗嘱，不符合遗嘱设立标准，应认定为无效。第二、三份遗嘱系被继承人自书遗嘱，无冲突之处，均为有效遗嘱。第三份遗嘱设立的居住权并不能否定第二份遗嘱的所有权，该房屋归原告所有，但被告享有居住权。

七十七、分配协议已签订　不可任性乱撤销

关键词：撤销权、遗赠

案情简介

严某乙与严某甲系严某丙（于2018年10月2日死亡）、徐某（于2019年4月27日死亡）夫妇生育的子女，严某系严某乙之子。某某静安区某房屋（以下简称系争房屋）原为严某丙、徐某夫妻共同财产，严某丙生前曾立书面遗嘱，言明将系争房屋遗赠给严某。2018年5月26日，徐某亦立下书面遗嘱，言明将其名下系争房屋遗赠给严某。2018年12月13日，某某静安区某某法院（2018）沪0106民初51078号民事调解书确认，系争房屋由严某、徐某按份共有，各占1/2产权份额。2019年1月11日，系争房屋产权登记为严某、徐某各占1/2的按份共有。

2019年6月2日，严某（甲方）、严某乙（乙方）、严某甲（丙方）签订继承协议，内容为："被继承人：徐某……被继承人员于2018年5月订立遗嘱一份，确认在其死亡之后，房屋产权归严某所有。经甲、乙、丙各方协商，订立如下协议。（1）位于某某静安区某房屋（产权严某和徐某各占一半），其中徐某名下的50%由甲、乙、丙各方共同继承，甲方严某继承被继承人名下份额的40%，乙方严某乙继承被继承人名下份额的30%，丙方严某甲继承被继承人名下份额的30%。（2）分配金额及方式：分配金额以房屋拆迁中徐某取得的补偿金额为准，甲、乙、丙各方根据各自继承份额取得，分配方式以货币形式分配……"

后严某诉至法院要求行使任意撤销权，撤销继承协议。

原告观点

继承协议属于赠与合同性质，故在标的物交付之前，可以行使赠与合同中的任意撤销权，撤销对严某甲、严某乙的赠与。

被告观点

本案所涉系争房屋纠纷应适用继承的相关规定，而非赠与。继承协议是严某以书面形式作出放弃部分遗产继承的意思表示，合法有效。

争议焦点

继承协议中原告作出的约定是否属于赠与。

裁判结果

驳回原告诉讼请求。

法律依据及解析

《民法典》

第一千一百二十四条 继承开始后，继承人放弃继承的，应当在遗产处理前，以书面形式作出放弃继承的表示；没有表示的，视为接受继承。

受遗赠人应当在知道受遗赠后六十日内，作出接受或者放弃受遗赠的表示；到期没有表示的，视为放弃受遗赠。

公民可以立遗嘱将个人财产赠给国家、集体或者法定继承人以外的人。受遗赠人应当在知道受遗赠后 60 日内作出接受或者放弃受遗赠的表示。根据法院生效法律文书，系争房屋由严某甲、徐某按份共有，各占 1/2 产权份额。徐某生前立有遗嘱，明确将系争房屋遗赠给严某个人，徐某死亡后，受遗赠人严某与徐某的法定继承人严某甲、严某乙签订继承协议，约定徐某在系争房屋中的产权份额由三人共同继承，严某继承 40%，严某甲、严某乙各继承 30%，应认为系严某放弃了部分受遗赠财产，且继承协议中还约定了系争房屋相关动迁利益的分割，继承协议系家庭成员对于财产的处分，不属于赠与。严某要求行使任意撤销权，撤销继承协议，缺乏依据，法院应不予支持。

七十八、代位继承有依据　照料抚养也可分

关键词：代位继承

案情简介

崔某系被继承人崔某某的堂侄。常某的母亲与被继承人崔某某系亲姐弟关系，常某系被继承人崔某某的外甥。崔某某死亡时无第一顺序、第二顺序继承人，崔某某的姐姐即常某的母亲在崔某某之前去世。崔某作为崔某某的堂侄，在崔某某生前对其生活进行了较多照料。崔某某未留任何遗嘱，崔某某死亡后崔某及常某就崔某某的房产签订书面协议，约定崔某就诉争房产享有45%的份额，常某就诉争房产享有55%的份额。因崔某、常某就诉争房产的继承问题产生争议，崔某诉至法院，请求判决诉争房产由崔某接受遗赠所有。

原告观点

被继承人生前由原告对其照顾较多，被告并未对其赡养，应当由原告继承其财产。

被告观点

被告是合法代位继承人，有权继承被继承人财产。

争议焦点

双方是否有继承权，双方签订的分配协议是否有效。

裁判结果

由常某继承诉争房产55%的份额，由崔某取得诉争房产45%的份额。

法律依据及解析

《民法典》

第一千一百三十一条 对继承人以外的依靠被继承人扶养的人，或者继承人以外的对被继承人扶养较多的人，可以分给适当的遗产。

崔某某并未就其遗产设立遗嘱，崔某主张遗赠并不成立，对崔某某的遗产应按法定继承进行处理。《民法典》第1128条第2款规定，被继承人的兄弟姐妹先于被继承人死亡的，由被继承人的兄弟姐妹的子女代位继承。《最高人民法院关于适用〈中华人民共和国民法典〉时间效力的若干规定》第3条规定，《民法典》施行前的法律事实引起的民事纠纷案件，当时的法律、司法解释没有规定而《民法典》有规定的，可以适用《民法典》的规定。本案中，常某的母亲与被继承人崔某某系姐弟关系，常某母亲先于崔某某死亡，故常某作为崔某某的外甥，有权根据《民法典》第1128条的规定对崔某某的遗产进行代位继承。崔某作为崔某某的堂侄，并非崔某某的法定继承人，但其在崔某某生前对其尽到了较多照料和扶养义务，依照《民法典》第1131条的规定也可以分得适当遗产。崔某、常某曾就诉争房产的分配签订过书面协议，该协议属于双方针对崔某某遗产的协商处理意见。故法院应当依照该协议约定，判决由常某继承诉争房产55%的份额，由崔某取得诉争房产45%的份额。

七十九、订立遗嘱须合法　否则无效争议多

关键词：胎儿份额、人工授精、继承权

案情简介

2014年3月3日，原告李某与郭某甲登记结婚。2016年，郭某甲以自己的名义购买了涉案建筑面积为45.08平方米的306室房屋，并办理了房屋产权登记。2020年1月30日，李某和郭某甲共同与南京军区南京总医院生殖遗传中心签订了人工授精协议书，对李某实施了人工授精，后李某怀孕。2020年4月，郭某甲因病住院，其在得知自己患了癌症后，向李某表示不要这个孩子，但李某不同意，坚持要生下孩子。5月20日，郭某甲在医院立下自书遗嘱，在遗嘱中声明他不要这个孩子，并将306室房屋赠与其父母郭某丙、童某某。郭某甲于5月23日病故。李某于当年10月22日产下一子，取名郭某乙。原告李某无业，每月领取最低生活保障金，另有不固定的打工收入。被告郭某丙、童某某系郭某甲的父母，居住在同一个住宅小区的305室，均有退休工资。原告诉至法院。

原告观点

郭某乙是在李某和郭某甲婚姻存续期间协商生育的，属于婚生子，其有继承权。

被告观点

郭某甲的遗嘱合法有效，应按遗嘱继承。

争议焦点

（1）郭某乙是否为郭某甲和李某的婚生子女；（2）在郭某甲留有遗嘱的

情况下，对 306 室房屋应如何析产继承。

裁判结果

（1）涉案的 306 室房屋归原告李某所有；（2）李某于判决生效之日起 30 日内，给付原告郭某乙，被告郭某、童某某相应继承份额的房屋价款。

法律依据及解析

《民法典》

第一千一百四十一条 遗嘱应当为缺乏劳动能力又没有生活来源的继承人保留必要的遗产份额。

只要在夫妻关系存续期间，夫妻双方同意通过 × × × 生育子女，所生子女均应视为夫妻双方的婚生子女。因此，郭某甲在遗嘱中否认其与李某所怀胎儿的亲子关系，是无效民事行为，应当认定郭某乙是郭某甲和李某的婚生子女。

登记在被继承人郭某甲名下的 306 室房屋，已查明是郭某甲与原告李某夫妻关系存续期间取得的夫妻共同财产。郭某甲死亡后，该房屋的一半应归李某所有，另一半才能作为郭某甲的遗产。根据《民法典》第 1141 条的规定，"遗嘱应当为缺乏劳动能力又没有生活来源的继承人保留必要的遗产份额"。郭某甲在遗嘱中，将 306 室全部房产处分归其父母，侵害了李某的房产权，遗嘱的这部分应属无效。

八十、共同生活又赡养　继承份额不能少

关键词：法定继承、侄甥代位继承、扶养义务

案情简介

被继承人苏某丙于2018年3月死亡，其父母和妻子均先于其死亡，生前未生育和收养子女。苏某丙的姐姐苏某乙先于苏某丙死亡，苏某丙无其他兄弟姐妹。苏某甲系苏某乙的养女。李某甲是苏某丙堂姐的儿子，李某乙是李某甲的儿子。苏某丙生前未立遗嘱，也未立遗赠扶养协议。某某徐汇区华泾路×弄×号×室房屋的登记权利人为苏某丙、李某乙，二人共同共有。苏某丙的梅花牌手表1块及钻戒1枚由李某甲保管中。苏某甲起诉请求，依法继承系争房屋中属于被继承人苏某丙的产权份额，及梅花牌手表1块和钻戒1枚。

原告观点

原告是唯一法定继承人，被继承人的财产皆应由其继承。

被告观点

被告曾过继给被继承人，被继承人对被告视如己出，二者长期共同居住，被继承人去世前的十六多年里，其日常生活照料、晚年住院期间的看望照顾、去世后的丧葬事宜均由被告负责并处理，其遗产理应由被告继承。原告从未尽过赡养义务，应当少分或不分。

争议焦点

法定继承人和尽到抚养义务的非法定继承人间的分配比例。

裁判结果

对于苏某丙名下系争房屋的产权份额和梅花牌手表1块及钻戒1枚，法院考虑到有利于生产生活、便于执行的原则，判归李某甲所有并由李某甲向苏某甲给付房屋折价款60万元。

法律依据及解析

《民法典》

第一千一百二十八条　被继承人的子女先于被继承人死亡的，由被继承人的子女的直系晚辈血亲代位继承。

被继承人的兄弟姐妹先于被继承人死亡的，由被继承人的兄弟姐妹的子女代位继承。

代位继承人一般只能继承被代位继承人有权继承的遗产份额。

当事人一致确认苏某丙生前未立遗嘱，也未立遗赠扶养协议，故苏某丙的遗产应由其继承人按照法定继承办理。苏某甲系苏某丙姐姐苏某乙的养子女，在苏某乙先于苏某丙死亡且苏某丙的遗产无人继承又无人受遗赠的情况下，根据《最高人民法院关于适用〈中华人民共和国民法典〉时间效力的若干规定》第14条的规定，适用《民法典》第1128条第2款和第3款的规定，苏某甲有权作为苏某丙的法定继承人继承苏某丙的遗产。另外，李某甲与苏某丙长期共同居住，苏某丙生病在护理院期间的事宜由李某甲负责处理，费用由李某甲代为支付，苏某丙的丧葬事宜也由李某甲操办，相较苏某甲，李某甲对苏某丙尽了更多的扶养义务，故李某甲作为继承人以外对被继承人扶养较多的人，可以分得适当遗产且可多于苏某甲。

八十一、未写遗嘱引争议　多尽义务可多分

关键词：继子继承权、抚养义务

案情简介

被继承人梁某某于 1951 年 9 月 11 日出生，2021 年 2 月 24 日因突发脑淤血经抢救无效死亡，生前未立遗嘱。其法定继承人包括配偶李某、继子孟某（两上诉人）和婚生子梁某、母亲陈某（两被上诉人）。梁某某于 1991 年与前妻协议离婚，同年，李某携子孟某与梁某某再婚。梁某系被继承人梁某某与前妻之子，于 1984 年 8 月 5 日出生。自再婚后，梁某某生前一直与李某、孟某共同生活。经济来源稳定，生活自理。梁某某遗产范围为：梁某某和李某共同共有的房屋一套；梁某某购买的汽车一辆，现有价值为 7 万元；定期存款共计 1406000 元。对于遗产管理情况，各方当事人未协商过遗产管理人，遗产均由李某、孟某实际管理。2019 年 7 月 17 日、18 日，孟某将坐落于稠城下车门自有房地产征收款 100 万元，分两次各 50 万元汇入梁某某的银行账户。梁某某于同年 7 月 18 日将该 100 万元款项转入定期存款账户理财。2021 年 2 月 25 日，孟某将梁某某定期存款共计 1406000 元转出存入自有账户。对于遗产债务及费用负担，丧葬事宜由孟某承办。二审中，双方当事人均同意丧葬费用在遗产中扣除。

上诉人观点

100 万元系孟某交由父母保管的，应当认定为孟某所有；孟某与被继承人共同居住，并且积极操办丧事，尽了主要抚养义务，两上诉人依法可以多分遗产。梁某未尽赡养义务，理应不分或少分。

被上诉人观点

孟某取得的140万元应当认定为遗产,梁某为被继承人的亲生儿子,孟某为继子,故孟某不应当多分。

争议焦点

孟某转入被继承人银行账户中的100万元是否认定为遗产。

裁判结果

一审判决四继承人均等继承财产;二审确定孟某在分配遗产时可适当多分,多分金额酌定为遗产总额的15%。

法律依据及解析

《民法典》

第一千一百三十条 同一顺序继承人继承遗产的份额,一般应当均等。

对生活有特殊困难又缺乏劳动能力的继承人,分配遗产时,应当予以照顾。

对被继承人尽了主要扶养义务或者与被继承人共同生活的继承人,分配遗产时,可以多分。

有扶养能力和有扶养条件的继承人,不尽扶养义务的,分配遗产时,应当不分或者少分。

继承人协商同意的,也可以不均等。

本案中,孟某将自有房地产征收款100万元汇入梁某某银行账户的行为不能认定为设立保管合同关系,但该款一半可视为对梁某某的扶养行为;结合孟某承办丧葬的事实,应认定孟某对被继承人梁某某尽了主要扶养义务。继子女与婚生子女享有同等的继承权利,被上诉人主张孟某为继子,不应当多分,理由不成立。同时考虑到孟某与梁某某共同生活的情况,确定孟某在分配遗产时可适当多分,多分金额酌定为遗产总额的15%。

第七编
侵权责任

八十二、网络猥亵亦违法　公益诉讼护权益

关键词:未成年人隐私、公益诉讼、网络猥亵

案情简介

某 App 是北京某公司开发运营的一款知名短视频应用类软件。该 App 在未以显著、清晰的方式告知并征得儿童监护人明示同意的情况下,允许儿童注册账号,并收集、存储儿童网络账户、位置、联系方式,以及儿童面部识别特征、声音识别特征等个人敏感信息。在未再次征得儿童监护人明示同意的情况下,运用后台算法,向具有浏览儿童内容视频喜好的用户直接推送含有儿童个人信息的短视频。该 App 未对儿童账号采取区分管理措施,默认用户点击“关注”后即可与儿童账号私信联系,并能获取其地理位置、面部特征等个人信息。2018 年 1 月至 2019 年 5 月,徐某某收到该 App 后台推送的含有儿童个人信息的短视频,通过其私信功能联系多名儿童,并对其中 3 名儿童实施猥亵犯罪。2020 年 12 月 2 日,余杭区人民检察院向杭州互联网法院提起民事公益诉讼。

原告观点

北京某公司运营的短视频 App 在收集、存储、使用儿童个人信息过程中,未遵循正当必要、知情同意、目的明确、安全保障、依法利用原则,其行为违反了《民法总则》《未成年人保护法》《网络安全法》关于未成年人无民事行为能力、个人信息保护、对未成年人给予特殊优先保护、网络经营者应当依法收集使用个人信息等相关规定,违反了国家互联网信息办公室《儿童个人信息网络保护规定》中“网络运营者收集、使用、转移、披露儿童个人信

息的，应当以显著、清晰的方式告知儿童监护人，并应当征得儿童监护人的同意”“网络运营者因业务需要，确需超出约定的目的、范围使用儿童个人信息的，应当再次征得儿童监护人的同意”等相关规定，属于违法违规收集、使用儿童个人信息、侵犯儿童个人信息的行为。

被告观点

同意原告观点。

争议焦点

被告收集个人信息是否违反法律规定。

裁判结果

达成调解协议：一是被告停止对儿童个人信息权益的侵权行为，对涉案App按照双方确认的整改方案、时间推进表执行整改；二是被告完成整改后，对整改情况及效果进行评估，并向公益诉讼起诉人、法院出具报告书；三是被告将整改方案及整改完成情况报送网信部门，接受审查；四是被告在《法治日报》及涉案 App 首页公开赔礼道歉。

法律依据及解析

《民法典》

第一千一百六十七条 侵权行为危及他人人身、财产安全的，被侵权人有权请求侵权人承担停止侵害、排除妨碍、消除危险等侵权责任。

《民法典》第 1167 条是关于预防型民事责任承担方式的规定。停止侵害，是指行为人的违法行为仍在进行中，应当立即停止侵害；排除妨碍，是指行为人实施的行为使他人无法或者不能正常行使人身权利或财产权利，权利人有权要求排除妨碍；消除危险，是指行为人的行为或者其管理下物体对他人构成人身及财产危险或有产生危险的可能，而应当立即采取有效措施，消除危险因素的责任方式。

妨害预防请求权无须侵权人的过错证明，只需证明有现实侵害或现实危险即可。因此，本案原告诉请符合法律规定。

八十三、医院诊疗有过错　相应损失应赔偿

关键词：医疗事故、损害责任、调解协议

案情简介

原告胡某某因车祸致手部受伤于 2019 年 4 月 2 日入住被告云阳县某医院住院治疗。胡某某住院期间，云阳县某医院对胡某某进行了左第 2、3、4、5 指挫裂伤伤口探查、清创缝合术、左第 2、3 指伸肌腱断裂肌腱吻合术、石膏托固定术。胡某某住院治疗 28 天，于 2019 年 4 月 30 日出院。

2021 年 2 月 1 日，胡某某因左手掌疼痛伴渗液前往云阳县某骨科医院就诊，云阳县某骨科医院诊断发现可扪及内组织内有异物，随后以“左手掌骨髓炎”收入住院治疗。当日，云阳某骨科医院遂对胡某某行清创探查和异物取出术。手术记录记载：“……沿手背第 3、4 掌骨间纵行做一小切口约 3cm，切开皮肤，皮下组织，扪及异物方向，逐层切开，见异物为一约 1.5 × 0.8cm 透明胶质碎片，将其取出……”胡某某于 2021 年 2 月 7 日出院，共计住院 6 天，胡某某在云阳某骨科医院住院期间产生医疗费为 4844.37 元。后胡某某诉至法院，要求被告赔偿医药费、抚养费等各项费用共 81904.64 元。

原告观点

重庆市云阳县某医院对胡某某的诊疗行为存在过错，与胡某某在云阳县某骨科医院行二次手术之间存在因果关系，应当承担赔偿责任。

被告观点

案涉所谓的异物没有找到，鉴定结论不客观，纯属主观推断，毫无根据，

且原告主张的费用过高。

争议焦点

被告对于胡某某的诊疗行为是否存在过错。

裁判结果

一审判决云阳县某医院赔偿胡某某各项损失 27636.01 元;二审调解结案。

法律依据及解析

《民法典》

第一千一百六十五条第一款 行为人因过错侵害他人民事权益造成损害的,应当承担侵权责任。

第一千二百一十八条 患者在诊疗活动中受到损害,医疗机构或者其医务人员有过错的,由医疗机构承担赔偿责任。

第一千二百二十一条 医务人员在诊疗活动中未尽到与当时的医疗水平相应的诊疗义务,造成患者损害的,医疗机构应当承担赔偿责任。

过错责任原则可以很好地平衡受害患者和医疗机构之间的利益关系,医疗机构只对过错医疗行为给患者造成损失的承担赔偿责任。本案中,胡某某因交通事故受伤后入云阳县某医院处治疗,因云阳县某医院的过错导致异物存留胡某某手掌内,致使胡某某再次手术,对于给胡某某造成的损失,云阳县某医院应当赔偿。云阳县某医院的诊疗行为虽有过错,但并未导致胡某某伤残,故胡某某要求云阳县某医院赔偿被扶养人生活费的主张与客观事实不符,无法律依据。

八十四、个人信息要保密　不可泄露任意查

关键词：个人信息、查阅权、复制权

案情简介

原告周某的母亲接到某某会的电话，并透露出周某的购物信息。周某由此推测某某会拥有超出自己在平台登记的信息，通过打电话发送邮件的方式要求某某会对自己的个人信息进行披露，但某某会称其所知晓的全部信息用户均能通过平台审阅。

原告观点

某某会有超出用户提供的信息范围，并且拒不披露，其行为侵害了原告的权利，原告有权要求其披露信息并删除超出原告提供部分的信息。

被告观点

某某会已经充分保障和满足了周某的个人信息查阅权，向周某提供了便捷的个人信息查阅途径。并且某某会没有侵害周某的个人信息权。

争议焦点

（1）周某要求查阅、复制的信息是否属于个人信息；（2）某某会是否侵害了周某的查阅权和复制权，如侵权成立，某某会应以何种方式保障周某的查阅权、复制权的行使；（3）周某要求某某会删除相关非必要个人信息的诉请能否得到支持。

裁判结果

（1）某某会于该判决发生法律效力之日起 10 日内提供自周某注册某

某会 App 之日起至该判决发生法律效力之日止的已收集到的个人信息以及个人信息处理的相关情况供周某查阅、复制;(2)驳回周某的其他诉讼请求。

法律依据及解析

《民法典》

第一千零三十四条 自然人的个人信息受法律保护。

个人信息是以电子或者其他方式记录的能够单独或者与其他信息结合识别特定自然人的各种信息,包括自然人的姓名、出生日期、身份证件号码、生物识别信息、住址、电话号码、电子邮箱、健康信息、行踪信息等。

个人信息中的私密信息,适用有关隐私权的规定;没有规定的,适用有关个人信息保护的规定。

第一千零三十七条 自然人可以依法向信息处理者查阅或者复制其个人信息;发现信息有错误的,有权提出异议并请求及时采取更正等必要措施。

自然人发现信息处理者违反法律、行政法规的规定或者双方的约定处理其个人信息的,有权请求信息处理者及时删除。

随着大数据信息化时代来临,信息资源成为重要的生产要素,因此个人信息泄露问题日趋严重,个人信息安全保护全社会高度关注。

个人信息认定的关键因素是“识别”,只有可以直接或间接识别特定自然人的信息才是个人信息。本案中,周某要求某某会披露的信息,其中个人资料中的姓名、电话号码、订单信息一般情况可以直接识别到特定自然人的身份和财产状况;其他如设备信息、位置信息、浏览记录等信息,虽然仅凭借该信息无法识别出特定的自然人,但与其他信息进行结合就可以识别出特定的自然人。因此,周某诉请某某会披露的以上信息属于个人信息的范围。

考量周某个人信息查阅权、复制权是否被侵害,应当从以下两个维度进行:(1)周某是否已行使查阅复制请求权;(2)某某会是否存在无正当理由拒绝的行为。结合本案,一审法院具体分析如下:根据某某会隐私政策的约定,用户在无法通过个人账户访问其个人信息或是使用产品过程中产生的其他个人信息时,可以通过拨打客服电话或者向某某会隐私专职保护部门发送邮件的方式要求访问。周某根据隐私政策的规定,先后通过致电客服和发送邮件的方式提出了查阅复制其个人信息的请求,可认定其已向某某会行使了查阅复制请求权。某某会在接到周某请求时的首要工作是验证其个人信息主体身份,然后在合理的期间作出答复,但某某会在收到周某发送的邮件后,并未作出任何处理,实质上是拒绝了周某的申请。且在周某对某某会提起诉讼后,某某会已经核实了周某的个人信息主体身份,仍拒绝披露周某在 App 个人资料页面无法查看的信息。综上,应认定某某会存在无正当理由拒绝周某行使查阅、复制权的行为。

周某要求某某会删除相关"非必要个人信息"的诉请能否得到支持?关于周某删除权的诉请,法院认为,首先应探究某某会收集的相关个人信息是否取得了周某的同意;其次应分析某某会是否存在主动删除周某相关个人信息的情形。周某未提交证据证明某某会存在应当主动删除其个人信息的情形,某某会根据周某的授权同意收集了相关个人信息,周某现要求某某会予以删除,无事实和法律依据,法院对此应不予支持。

八十五、虚假抵押避债务　既领刑罚又赔款

关键词：虚假抵押、民刑并罚

案情简介

2015年2月，为转移甲公司财产逃避债务，该公司实际控制人傅某与同学邵某共谋，虚构该公司向邵某借款200万元的事实并伪造了相应的银行转账凭证，又将公司机器设备等主要资产虚假抵押给邵某。法院在对该公司强制执行后，傅某以邵某对公司机器设备享有抵押权为由，以邵某名义提出执行异议，企图阻却强制执行。其间，傅某还操作该公司将部分抵押物低价转让。2018年10月，傅某、邵某因犯虚假诉讼罪被追究刑事责任。同年12月，该公司被宣告破产。2019年7月，公司债权人毛某代表全体债权人向某某法院提起诉讼，要求判令邵某在造成公司流失的价值370万余元抵押物范围内对公司所有破产债权未受偿部分承担赔偿责任。

原告观点

邵某协助傅某伪造银行流水、签订虚假合同、提起虚假诉讼、委托傅某处置财产、提起执行异议等一系列行为的根本目的和客观后果均是对抗甲公司债权人实现债权、阻挠对甲公司财产的执行。邵某对其协助傅某实施上述行为的目的和法律后果均应当具有明确的预见，仍对傅某予以协助和配合，唯有二人采取共同的行动才足以导致本案损害结果的最终发生，二人构成共同侵权，邵某应当对损害结果承担连带赔偿责任。

被告观点

不构成侵权。

争议焦点

虚假诉讼行为人被判处刑罚是否免除其民事责任。

裁判结果

邵某因与傅某构成共同侵权,应承担连带赔偿责任,判决邵某向甲公司债权人赔偿 222 万余元,赔偿款项归入甲公司财产。

法律依据及解析

《民法典》

第一千一百六十八条　二人以上共同实施侵权行为,造成他人损害的,应当承担连带责任。

虚假诉讼致人损害符合侵权行为一般特征和构成要件,属于侵权行为,故行为人因虚假诉讼致人损害的,受害人有权依据《民法典》侵权责任编的相关规定要求虚假诉讼行为人承担侵权责任。

八十六、高空抛物多危险　赔偿责任少不了

关键词：高空抛物、赔偿责任

案情简介

2019 年 5 月 26 日，庚某某在位于广州杨箕的自家小区花园散步，经过黄某某楼下时，黄某某家小孩在房屋阳台从 35 楼抛下一瓶矿泉水，水瓶掉落到庚某某身旁，导致其惊吓、摔倒，随后被送往医院救治。次日，庚某某亲属与黄某某一起查看监控，确认了上述事实后，双方签订确认书，确认矿泉水瓶系黄某某家小孩从阳台扔下，同时黄某某向庚某某支付 1 万元赔偿。庚某某住院治疗 22 天才出院，其后又因此事反复入院治疗，累计超过 60 天，且被鉴定为十级伤残。由于黄某某拒绝支付剩余治疗费，庚某某遂向法院提起诉讼。

原告观点

因被告家小孩的行为导致原告受伤，其全部花费应当由被告承担。

被告观点

双方先前对于赔偿已经达成一致，原告后续的治疗费与被告无关。

争议焦点

双方对于侵权赔偿金额达成一致后，再次产生的治疗费用由谁承担。

裁判结果

黄某某向庚某某赔偿医疗费、护理费、交通费、住院伙食补助费、残疾赔偿金、鉴定费合计 8.3 万元；精神损害抚慰金 1 万元。

法律依据及解析

《民法典》

第一千二百五十四条　禁止从建筑物中抛掷物品。从建筑物中抛掷物品或者从建筑物上坠落的物品造成他人损害的，由侵权人依法承担侵权责任；经调查难以确定具体侵权人的，除能够证明自己不是侵权人的外，由可能加害的建筑物使用人给予补偿。可能加害的建筑物使用人补偿后，有权向侵权人追偿。

物业服务企业等建筑物管理人应当采取必要的安全保障措施防止前款规定情形的发生；未采取必要的安全保障措施的，应当依法承担未履行安全保障义务的侵权责任。

发生本条第一款规定的情形的，公安等机关应当依法及时调查，查清责任人。

《民法典》第1254条既利于保障“人们头顶上的安全”，又利于惩戒人们随意乱丢东西的恶习，具有现实重要意义。

本案中，庾某某散步时被从高空抛下的水瓶惊吓摔倒受伤，经监控录像显示水瓶由黄某某租住房屋阳台抛下，有视频及庾某某、黄某某签订的确认书证明。双方确认抛物者为无民事行为能力人，黄某某是其监护人，黄某某应当承担全部赔偿责任。

八十七、高铁霸座很任性　媒体曝光真应该

关键词：高铁霸座、名誉权、新闻报道

案情简介

2018年12月8日，罗某乘坐列车到站后未下车，列车乘务员要求罗某补票，罗某一度拒绝补票配合调查，并与乘务员发生争执，扰乱列车秩序。列车在黄石站停靠期间，黄石站派出所将罗某查获，并给予罗某行政拘留5日的处罚，将罗某送至黄石市拘留所执行。

2018年12月11日，央视栏目分别以《男子嚣张“霸铺”拒补票扰乱秩序被行拘》《“霸座”“霸铺”再现两人均被拘》为题报道了该事件；同日，某某网转发了中国新闻网以《列车“霸铺叔”扰乱秩序被武汉铁路警方行政拘留》为题的报道，并附有列车现场截图，对拒补票乘客面部进行马赛克处理。

罗某认为央视侵犯其名誉权，向法院提起诉讼主张赔偿。

原告观点

央视将原告的照片公之于众侵害了原告的人格尊严，其报道行为造成原告社会评价度降低，理应认定央视构成侵权，并承担相应的侵权责任。

被告观点

央视作为我国重要的新闻舆论机构，对涉案事件进行报道，是在履行国家赋予的言论监督权。央视对于罗某的报道没有删减事实，没有添加其他事实或者侮辱、诽谤性的文字，报道内容客观准确，没有侵犯罗某的名誉权。

争议焦点

央视的报道和评论是否侵犯了罗某的名誉。

裁判结果

驳回原告诉讼请求。

法律依据及解析

《民法典》

第一千零二十五条　行为人为公共利益实施新闻报道、舆论监督等行为,影响他人名誉的,不承担民事责任,但是有下列情形之一的除外:

(一)捏造、歪曲事实;

(二)对他人提供的严重失实内容未尽到合理核实义务;

(三)使用侮辱性言辞等贬损他人名誉。

央视在报道、评论本案事件时,对事件的报道真实,对事件的评论客观,符合国家法律、法规及相关政策的规定,符合社会主流价值观,尊重了社会公共秩序和善良风俗。法院认为,央视报道、评论行为并不构成对罗某名誉权的侵犯。因此,该案的诉争行为未满足侵权构成要件。更何况,央视在报道过程中,并未直接称呼罗某的名字,在播放视频时也对罗某的面部进行了马赛克处理,已经充分尊重了罗某的隐私,并最大限度地维护了罗某的合法权益,故央视的宣传报道行为不存在过错,亦不存在任何针对罗某本人的侮辱、诽谤性言辞。罗某并非具有较高知名度的公众人物,对于不熟悉罗某的广大观众来说,人们记住的仅仅是“霸铺”这个行为,并不会就此得出是罗某“霸铺”的结论,社会公众亦无法从报道中识别、分析出事件的主角具体是谁,因而无从谈及罗某社会评价的降低。即便是极少数人能通过该报道判断出事件的主角是罗某,并给罗某的个人社会评价造成一定程度的影响,但罗某社会评价降低的根源系因其自身不当言行所致,与央视的报道行为之间不具有因果关系,其以此为由主张央视的报道侵权,无法律依据。公民在公共场所实施不当言行,理应预判到其言行会受到媒体的报道评述以及广而告之后所造成的社会影响,并理应接受社会公众的批评、评价,这是法治中国的必然要求,也是社会公众普遍可以接受的价值观念。

八十八、参加活动应了解　自甘风险别赖人

关键词：自甘风险、损害自担、文体活动

案情简介

原告杨某、被告隆某系赛卡联盟超级联赛赛车手，赛前双方均签署承诺书，在比赛过程中受到财产、身体损害均由本人承担。另外，赛事组委会要求每位选手都购买了比赛保险和练习保险。杨某与隆某在卡丁车赛场热身练习时发生碰撞，导致杨某受伤。赛事仲裁委员会作出取消隆某当周参赛资格的决定。原告花费住院费33598.2元，车辆维修费12093元。

原告观点

卡丁车赛组委会对事故进行了现场勘验认定，卡丁车赛组委会认为该次事故的发生完全是被告隆某的不当危险驾驶造成的，被告隆某应对事故负全部责任。

被告观点

根据“自甘风险”原则，原告自愿参加该活动，应自担相应风险，且被告在比赛过程中并未存在故意或重大过失，被告无须对原告的损害承担赔偿责任。本案也不能适用公平原则要求被告承担赔偿责任。公平责任并不具有普遍适用性，其范围应受到严格限制，本案已适用“自甘风险”原则，就不具有适用公平原则责任的条件。

争议焦点

被告对原告损害的发生是否存在故意或重大过失行为。

裁判结果

驳回原告诉讼请求。

法律依据及解析

《民法典》

第一千一百七十六条　自愿参加具有一定风险的文体活动，因其他参加者的行为受到损害的，受害人不得请求其他参加者承担侵权责任；但是，其他参加者对损害的发生有故意或者重大过失的除外。

活动组织者的责任适用本法第一千一百九十八条至第一千二百零一条的规定。

被告在主观上仅有一般过失而无故意或者重大过失，原告隆某在比赛中受伤属于自甘风险行为，应由其自行承担损失。同时，为防范风险的发生，赛事组委会要求每位选手都购买了比赛保险和练习保险，原告在发生事故后，应及时报保险，以弥补其损失。

八十九、安全保障未到位　免责条款不免责

关键词：老年人、监管责任、免责条款

案情简介

原告张某与被告颐和公寓签订《养老服务合同》，约定张某每月向颐和公寓支付服务费，颐和公寓为张某的父亲提供养老服务。后附专项免责条款写明："因入住老人年事已高、体弱多病……将存在的潜在以下风险向您作如下告知：老人都存在不同程度的骨质疏松，因此在寄养过程中，老人可能因行走不稳而跌倒或因在座椅、坐便和活动时用力不均等原因，导致老人出现软组织损伤、骨折（伤残）、死亡等意外……本院工作人员已将上述入住老人潜在意外风险明确告知入住老人的家属，此意外情况出现，我养老机构不承担赔偿责任。"后张某父亲在护工陪同就医时摔倒，造成损害。原告诉至法院主张赔偿。

原告观点

免责条款是格式条款，不发生效力，被告应当承担赔偿责任。

被告观点

原告父亲摔倒是其自身原因导致，并非被告过错，且有合同免责条款的约定，被告不承担赔偿责任。

争议焦点

免责条款是否有效，被告对原告父亲损害是否存在过错。

裁判结果

支持原告诉讼请求。

法律依据及解析

《民法典》

第一千一百六十五条　行为人因过错侵害他人民事权益造成损害的，应当承担侵权责任。

依照法律规定推定行为人有过错，其不能证明自己没有过错的，应当承担侵权责任。

免责条款虽约定了因老人自身原因如不慎摔倒导致骨折、因低蛋白血症或患有免疫功能方面的疾病导致压疮，但并不能因此排除颐和养老公寓依合同应尽的主要责任即护理义务，颐和养老公寓应提供相应的证据证实其尽到了相应的护理义务；颐和养老公寓未能对导致张某父亲骨折的原因作出合理的说明，亦未提供证据证明压疮系张某父亲患有低蛋白血症或免疫功能方面的疾病所致，因此法院认定颐和养老公寓未能尽到合同约定的护理服务，构成违约，其应承担违约责任。

九十、工作时间受伤害　虽无合同也可赔

关键词：鉴定、雇佣关系、过错

案情简介

2019年4月30日，陕西瑞龙建筑工程有限公司（甲方）与米脂县吉瑞建筑工程有限公司（乙方）签订了劳务分包合同，艾某某为乙方法定代表人。该合同中工程名称为"米脂县翔凤景苑小区工程2某商业、3某住宅楼（N2）"。2020年8月1日，朱某某经人介绍到该工地从事清理室内建筑垃圾工作，并且口头约定每天工资200元。2020年8月29日，朱某某在从该工地一层电梯洞口掉入电梯基坑受伤。事故发生后，朱某某被送往米脂县医院抢救治疗186天，支出医疗费87443.69元，外用支具费1680元，其间，在空军军医大学第一附属医院检查支出923.04元。经朱某某及米脂县吉瑞建筑工程有限公司共同申请，某某市中级人民法院对外委托陕西榆林科正司法鉴定中心于2021年7月28日作出"榆科司鉴（2021）临鉴字第255号"司法鉴定意见书，鉴定意见为："根据《人体损伤致残程度分级》评定标准，被鉴定人朱某某右尺神经损伤遗留相应肌群4级的伤残程度属十级；右桡骨远端骨折术后致其右腕关节功能障碍的伤残程度属十级；根据《职工工伤与职业病致残等级（GB/T 16180－2014）》评定标准，被鉴定人朱某某的伤残程度属八级；后续治疗费用约25000元；误工期为300天、护理期为150天、营养期为90天。"同时，支出体检检查费949元，鉴定费2280元。以上朱某某共计支出医疗费89315.73元。经朱某某申请，2020年12月28日，米脂县劳动人事争议仲裁委员会作出"米劳人仲案字（2020）第24号"裁决书，裁决内容为："申请人与被申请人陕西瑞龙建筑工程有限公司、米

脂县吉瑞建筑工程有限公司之间不存在事实劳动关系。”事发后,艾某某向朱某某垫付了102000元。

另查明,2020年8月27日,米脂县吉瑞建筑工程有限公司向平安养老保险股份有限公司陕西分公司连续投保了4份团体人身保险,该4份团体保单号码分别为“GP17×××696349”“GP17×××696355”“GP17×××696357”“GP17×××696358”。本次事故发生在保险期间内。

原告观点

原告在为被告提供劳务期间受损害,应由被告承担赔偿责任。

被告观点

原被告之间不存在劳动关系,原告损害应由其自行承担。

争议焦点

过错责任如何分配。

裁判结果

原告承担10%,被告承担90%。

法律依据及解析

《民法典》

第一千一百六十五条　行为人因过错侵害他人民事权益造成损害的,应当承担侵权责任。

依照法律规定推定行为人有过错,其不能证明自己没有过错的,应当承担侵权责任。

朱某某作为清理建筑垃圾的工作人员,对自己的工作环境并不陌生,同时自身也未完全尽到安全注意义务,因此对其造成的各项损失也应自行承担10%的责任,米脂县吉瑞建筑工程有限公司作为雇主未能尽到安全提示及未提供安全的工作环境,作为受害人的雇主,应承担90%的责任。米脂县吉瑞建筑工程有限公司在平安养老保险股份有限公司陕西分公司处购买了4份团体人身保险,且该4份保单号码也不相同,亦属4份保险合同,故朱某某的各项损失首先应由平安养老保险股份有限公司陕西分公司在该 4 份团体人身保险建工意外医疗费用赔偿限额和意外伤残赔偿限额范围内赔偿，剩余损失由米脂县吉瑞建筑工程有限公司赔偿，艾某某、陕西瑞龙建筑工程有限公司承担连带责任。

九十一、引诱洗稿不诚信　不当竞争是侵权

关键词：不正当竞争、引诱洗稿

案情简介

被告某某A公司于2019年6月7日开始经营有专自媒体助手网站，用户使用该软件能够将网络内容创作平台上的高点击量和热点文章进行聚合、搬运、智能重写、原创度检测和向自媒体平台上传。用户使用该软件并没有创作出新作品，其创作的内容在本质上是对原作品的抄袭。2020年4月13日，原告通过公证取证证明，被告的网站向用户宣传、推广其有专自媒体助手软件服务，并向用户进行使用说明、指导。原告认为被告的行为构成不正当竞争，诉至法院。

原告观点

被告洗稿的行为，妨碍、破坏、干扰了内容创作平台的正常经营活动和经营秩序，使其服务质量降低、用户体验下降，违背诚信原则和公认的商业道德，该行为构成不正当竞争。

被告观点

根据技术中立原则，其提供的仅是一种软件技术服务，该软件不具有洗稿的功能，其行为不构成不正当竞争。

争议焦点

被告向用户提供有专自媒体助手软件的行为是否构成不正当竞争？如被告的行为构成侵权，应如何承担民事责任？

裁判结果

(1)被告某某 A 公司立即停止有专自媒体助手软件中对二原告账号等产品实施不正当竞争的行为;(2)被告某某 A 公司于判决生效之日起 10 日内赔偿原告某某系统公司、某某科技公司经济损失及合理开支 20 万元;(3)驳回原告某某 B 系统公司、某某科技公司的其他诉讼请求。

法律依据及解析

《民法典》

第一千一百六十九条 教唆、帮助他人实施侵权行为的,应当与行为人承担连带责任。

教唆、帮助无民事行为能力人、限制民事行为能力人实施侵权行为的,应当承担侵权责任;该无民事行为能力人、限制民事行为能力人的监护人未尽到监护职责的,应当承担相应的责任。

在市场经营活动中,为规范自媒体领域的竞争行为和维护竞争秩序,结合其行业特点和竞争需求,各自媒体平台均保护原创和高质量内容、鼓励原创内容输出、抵制抄袭。该案被告有专自媒体助手为其唯一软件产品,该软件有八大特色功能,其核心功能是围绕将 30 + 自媒体平台的高点击量和阅读量的作品,通过导入编辑将浏览到的作品复制、粘贴到有专自媒体助手软件,通过智能重写功能实现文章近义词和同义词替换,通过一键发布功能将文章发布至用户想发布的系统平台。这种移花接木式的创作仍是抄袭。二原告作为账号的经营者,经过长期投入大量的资金、技术、服务等经营成本,为自身建立了一定的市场竞争优势并获得一定的商业利益,原创和高质量内容必然带来关注度的提升,优质信息内容会带来更高的关注度,最终转换成商业利益。如果在账号平台,通过洗稿的方式批量产生大量伪原创,必然破坏账号平台生态系统良好的有序发展,降低该平台的流量和用户访问量,并给二原告的商誉带来负面影响。被告通过诱导宣传的方式,涉案软件为其唯一经营软件,该软件的核心功能也均围绕洗稿功能,被告的行为非单纯提供软件技术支持,而是违反自媒体行业公认的商业道德和行为标准,不利于网络环境的健康发展,构成不正当竞争,应承担赔偿等相应法律责任。

九十二、未尽安全保障责　事故损失应赔偿

关键词：自甘风险、责任分配、过错比例

案情简介

2020年5月11日，民生公司（甲方）与克顿公司（乙方）签订一份《培训服务合同》，约定甲方委托乙方组织甲方员工到德化县云龙谷基地开展户外拓展活动。当月13日，黄某某和民生公司其他员工在克顿公司的组织下到德化县国宝云龙谷景区开展户外拓展活动。黄某某和另一名乘客两人一艇进行漂流，在距终点约200米一石头坝处时，因坝口中间出口处与下游之间水位存在一定落差，皮划艇在下漂时与下游水面产生触碰（并未翻艇或其他物体碰撞），黄某某当场感觉身体不适，发现后黄某某立即被送往国宝乡卫生院进行紧急救治，后转入德化县医院住院治疗。因治疗需要，黄某某又先后转到福建医科大学附属第二医院和泉州中医院住院治疗。2021年3月8日，福建安泰司法鉴定所鉴定意见为：黄某某伤残程度为八级伤残，护理期限为120天，鉴定费为1800元。诉讼中，福建君驰司法鉴定所出具鉴定意见书，鉴定结论为：黄某某脊髓损伤构成七级残疾，伤残等级与本次事故存在关联性。2021年7月23日，福建君驰司法鉴定所对黄某某因本次事故所导致损伤与其原来疾病、特殊体质对损害后果所起作用的参与度进行鉴定，出具鉴定意见书，鉴定结论为：黄某某损害后果为本次事故完全作用所致，参与度数值范围为96%～100%。

另外，2021年11月11日，经现场核实，事故发生地水坝口附近没有设置安全警示标志。

原告观点

原告在民生公司委托克顿公司组织的团建活动中受伤，受伤地点在云龙谷景区，三者应当承担赔偿责任。

被告观点

云龙谷基地辩称：答辩人合法经营云龙谷景区旅游项目，景区制定“云龙谷景区突发事件应急预案”“漂流应急预案”等各种安全防范制度和方案，在漂流前滚动播放漂流安全须知视频供游客学习、在漂流河道中设置各种安全警示标志，在河道中安排定点和移动的护漂员，已尽到安全保障义务。

克顿公司辩称：答辩人具备丰富的安全保障经验，合同中已尽到充分注意提醒义务，在活动前三天给客户发送一份《致学员一封信》里面再次完整交代安全注意事项。黄某某在公司活动前询问时对健康要求时均表示无异议，等于默认自己的健康状况是符合活动要求的；黄某某提供的病历证实其犯有先天性颈椎畸形，其故意隐瞒自身疾病造成此次受伤事件，应自行承担责任。

民生公司辩称：(1)黄某某系答辩人的保险业务代理人，非答辩人员工，双方法律关系为代理关系，答辩人并不是法律上规定的负有安全保障义务的主体，对黄某某不负有安全保险义务；(2)案涉活动虽是答辩人发起的，但答辩人已将活动由克顿公司承办，并将活动地点选在合法的云龙谷景区，答辩人已尽审慎和合理注意义务，并无存在任何过错；(3)案涉漂流拓展活动系有一定风险的文体活动，黄某某作为有完全民事行为能力人，自愿参加活动，根据《民法典》“自甘风险”规则，应自行承担损害后果。答辩人已尽到合理审慎义务，不应承担包括补充责任在内的任何赔偿责任。

争议焦点

原告伤情是自身疾病造成的还是被告方违反安全保障义务造成的。

裁判结果

德化某某发展有限公司应于判决生效之日起 10 日内赔偿给黄某某医

疗费、护理费等各项损失计 62320.20 元。由中华联合财产保险股份有限公司泉州中心支公司直接支付给黄某某(已垫付的医疗费用 50300 元应在本判项中予以抵扣)。

厦门克顿企业管理顾问有限公司应于判决生效之日起 10 日内赔偿给黄某某医疗费、护理费等各项损失计 62320.20 元(已垫付的救护车费用、医疗费用计 20000 元应在本判项中予以抵扣)。

驳回黄某某的其他诉讼请求。

法律依据及解析

《民法典》

第一千一百七十二条 二人以上分别实施侵权行为造成同一损害,能够确定责任大小的,各自承担相应的责任;难以确定责任大小的,平均承担责任。

本案中,从黄某某的病情实际和原因分析,再结合当事人在事故中的作用和过错程度考虑,黄某某对事故造成的损失负有主要责任,应承担 80% 的责任;克顿公司和云龙谷基地未能尽到充分的安全保障义务,对事故发生和损失的造成存在一定的过失,应承担相应的责任,各自承担 10% 的赔偿责任较为符合客观事实和合理,即各自为(615869.68 元 + 已扣减的德化县医院医疗费用 7332.14 元) × 10% = 62320.2 元。云龙谷基地已垫付医疗费用 50300 元(包括联保泉州支公司垫付医疗费用 20000 元),克顿公司(包括公司教练)垫付救护车费用和医疗费用计 20000 元,应予以扣除。另外,云龙谷基地与联保泉州支公司就景区游客构成合法有效的保险合同关系,根据约定,云龙谷基地应承担的 62320.2 元赔偿责任,并未超出双方保险合同约定的责任限额,联保泉州支公司应予以理赔支付。因此,黄某某的请求,法院应予以部分支持。

九十三、顾客患病意外故　超市尽责免赔偿

关键词：劝阻行为、安全保障义务

案情简介

2020 年 6 月 13 日下午，谷某（原告谷某某父亲）进入被告某某超市后挑选鸡蛋放入购物袋，并将个别鸡蛋放入自己裤子口袋中，该行为被被告员工罗某某注意到。谷某在收银台结账完毕离开被告处时，罗某某和谷某进行了对话，谷某返回超市内，多名被告员工和谷某交谈对话，其间罗某某拉扯了下谷某的衣服袖子并放开，被告员工周某某拉扯着谷某的衣服袖子并跟随谷某行走，在走至冰柜旁时，谷某突然倒地。被告员工周某某拨打了 110、120 电话。其间，有两名路过的顾客对谷某进行胸外按压。之后，120 工作人员到达现场对谷某进行急救并将谷某送至南通市中医院急诊科进行抢救，未能抢救成功，居民死亡医学证明（推断）书记载谷某死亡原因为心肌梗死。

原告观点

被告拉扯行为造成原告父亲心肌梗死，被告应当承担赔偿责任。

被告观点

原告父亲有高血压等基础病史，其倒地原因主要在于自身身体状况，且其倒地后被告及时拨打 120，尽到安全保障义务，被告不承担赔偿责任。

争议焦点

（1）某某超市是否应对谷某因争执倒地承担侵权责任；（2）某某超市在谷某倒地后是否尽到安全保障义务。

裁判结果

驳回原告诉讼请求。

法律依据及解析

《民法典》

第一千一百七十七条 合法权益受到侵害,情况紧迫且不能及时获得国家机关保护,不立即采取措施将使其合法权益受到难以弥补的损害的,受害人可以在保护自己合法权益的必要范围内采取扣留侵权人的财物等合理措施;但是,应当立即请求有关国家机关处理。

受害人采取的措施不当造成他人损害的,应当承担侵权责任。

关于争议焦点(1):本案系因受害人藏匿两只鸡蛋未结账引发的纠纷。判断某某超市是否应当承担侵权责任可从行为人的过错、行为的违法性、行为与损害后果之间的因果关系等角度展开分析。

关于某某超市是否存在过错的问题,本案中,某某超市监控视频显示,某某超市员工在发现谷某的不当行为后,主要通过拉住衣袖、语言交流的方式与其交涉。双方之间并无大幅度、过激的动作,谷某在双方交涉时仍可前后走动。某某超市与谷某交涉的目的是维护超市正常经营秩序,制止不当行为,对谷某倒地死亡不存在过错。

关于某某超市的劝阻行为是否违法的问题,本案中,某某超市作为谷某不当行为的直接利益相关方,其员工拉扯谷某衣袖,继续与谷某交谈,制止不当行为的举措更具有正当性,更应受到法律的保护。从监控视频也可以看出双方没有发生肢体冲突,某某超市员工的劝阻方式和内容均在合理限度之内。因此,该劝阻行为是正当的,不具有违法性,应认定为合法的自助行为。

关于劝阻行为与损害后果是否存在因果关系的问题,本案中,从某某超市员工与谷某交涉到谷某倒地,前后不到 3 分钟。某某超市员工的劝阻方式、内容和时长均在合理限度内。故从社会一般观念来看,该行为通常并不会造成谷某突发疾病倒地。谷某有高血压等基础病史,其倒地原因主要在于自身身体状况。综上,某某超市员工的劝阻行为与谷某倒地之间不具有相当性,不能认定存在法律上的因果关系。

关于争议焦点(2):尽管某某超市对谷某的倒地不具有过错,但作为经营者对经营管理场所的消费者仍应尽到安全保障义务。安全保障义务是指经营者对消费者的人身和财产安全的必要注意和照顾义务,包括事故发生后的救助义务。本案中,在谷某倒地后,某某超市员工第一时间拨打了 110 报警求助。从 110 接处警记录的内容可知,某某超市员工报警求助时不仅客观描述了纠纷的原因和过程,还如实陈述了谷某晕倒的事实。在接处警民警提示下,某某超市员工又迅速拨打 120 抢救。因此,从本案的发生原因和发展过程来看,虽然某某超市拨打 120 系在谷某倒地后近 19 分钟,但鉴于谷某倒地前双方发生纠纷,谷某倒地又具有突发性,某某超市员工难以对谷某身体状况进行判断的情况下,通过拨打 110 处理纠纷,符合一般公众的社会认知,具有合理性,应认定为某某超市尽到了安全保障义务。

综上,谷某突发疾病去世,深感惋惜。但是,当前社会风险和损害无处不在,侵权责任法不能给所有的损害提供救济。侵权责任法须权衡和协调两种基本价值:保护合法权益和维护行为自由。相对于特定的受害人而言,行为自由关乎每个人的利益。只有法律保护每个人不被任意地要求承担责任时,才能避免动辄得咎,民事主体的行为自由才能得到充分保护,民事主体的人格才能全面发展。当损害发生后,如果不具有法律规定的理由,受害人不能随意要求他人承担责任,不能将自身应承担的风险转嫁他人承担。某某超市对谷某因争执倒地不构成侵权,在谷某倒地后也尽到了安全保障义务,某某超市不应承担赔偿责任。

九十四、交通事故致流产　精神损失可赔偿

关键词: 孕妇、精神损害、侵权

案情简介

2021年1月18日,吴某驾车与王某(孕妇)、田某所驾驶车辆发生三车相撞,造成王某受伤及车辆损坏的交通事故。公安交管部门出具事故认定书认定,吴某负事故全部责任,王某、田某无责任。事故发生后,王某被送至医院就医,并进行了人流手术。后王某将吴某、田某及二人车辆投保的保险公司诉至天津市红桥区人民法院,要求赔偿其因交通事故产生的各项损失,其中包括精神损害抚慰金5万元。

原告观点

原告因被告导致流产,造成严重精神损害,原告有权请求精神损害赔偿。

被告观点

原告要求没有事实及法律依据。

争议焦点

原告请求的精神损害抚慰金能否得到支持。

裁判结果

支持原告诉讼请求。

法律依据及解析

《民法典》

第一千一百八十三条　侵害自然人人身权益造成严重精神损害的,被

侵权人有权请求精神损害赔偿。

因故意或者重大过失侵害自然人具有人身意义的特定物造成严重精神损害的,被侵权人有权请求精神损害赔偿。

公民合法的民事权益应受法律保护。王某因交通事故导致流产,不仅遭受了身体上的损害,而且承受了精神上的痛苦,故对其主张的精神损害抚慰金应予适当支持。在判决支持王某其他各项合理损失的基础上,法院结合王某孕期、各方责任等因素,判决支持其精神损害抚慰金 1 万元,并由为吴某和田某车辆承保的两保险公司分别在交强险责任限额和交强险无责赔偿限额内予以赔偿。

九十五、正当经营受保护　违法侵权应停止

关键词：合法经营权

案情简介

经营者冯某某于2018年注册成立利辛某美容美发工作室，于2019年5月开张，其经营范围为理发及美容服务、日用化妆品零售。冯某某（乙方）在经营期间，于2019年5月18日与杨某某（甲方）签订《租赁合同》，租期共3年，租金每年100000元。合同签订后，冯某某分3笔支付杨某某2020年度租赁费合计100000元整。因肖某与冯某某之间存在经济纠纷，其于2020年12月15日下午，强行将案涉店铺内电脑主机搬走，经利辛县公安局民警调解，肖某送回电脑主机；2020年12月18日，案外人张某将案涉店铺锁门，冯某某于2020年12月21日自行开门；2021年1月11日，肖某将案涉店面锁门，并于2021年1月23日开门。冯某诉至法院。

原告观点

被告擅自将其店铺锁门，造成原告损失，被告行为侵害了冯某某的合法经营权，应当承担赔偿责任。

被告观点

原告对其存在欠款，其通过该方式维护自己的合法权益，不构成侵权。

争议焦点

关于原、被告间的经济纠纷，被告能否通过侵害原告的合法经营权来解决。

裁判结果

肖某于判决生效之日起 5 日内赔偿冯某某美容美发工作室损失 3611.11 元。

法律依据及解析

《民法典》

第一千一百六十五条第一款 行为人因过错侵害他人民事权益造成损害的，应当承担侵权责任。

第一千一百六十七条 侵权行为危及他人人身、财产安全的，被侵权人有权请求侵权人承担停止侵害、排除妨碍、消除危险等侵权责任。

第一千一百八十四条 侵害他人财产的，财产损失按照损失发生时的市场价格或者其他合理方式计算。

个体工商户的正当经营活动受法律保护。冯某某作为某美容美发工作室的经营者，其拥有该工作室的合法经营权。本案中，肖某与冯某某之间存在经济纠纷，理应通过法律途径解决，而非擅自将案涉店铺锁门，其行为侵害了冯某某的合法经营权，主观上具有过错，应当对其侵权行为给冯某某造成的损失承担赔偿责任。肖某于 2021 年 1 月 11 日将案涉店铺锁门，后于 2021 年 1 月 23 日打开。肖某锁门的行为虽然已经不存在，但给冯某某经营造成了损失，肖某应当承担赔偿责任，法院酌定按照冯某某提供的租赁合同和租金支付银行转账记录，核定肖某实际锁门 13 天，肖某支付冯某某租金损失 3611.11 元，对于 2020 年 12 月 18 日至 2020 年 12 月 20 日锁门所造成的经济损失，因本次锁门的行为人并不是肖某，冯某某可另行主张。

九十六、网络不是法外地　盗版侵权应追责

关键词：著作权

案情简介

马某甲、马某乙作为《哈利·波特与被诅咒的孩子》《哈利·波特与魔法石》《哈利·波特与密室》《哈利·波特与阿兹卡班的囚徒》《哈利·波特与火焰杯》《哈利·波特与凤凰社》《哈利·波特与死亡圣器》《哈利·波特与"混血王子"》（以下统称《哈利·波特》系列）中文版的著作权人，分别于2016年10月19日、2017年6月6日与某某文学出版社有限公司（以下简称某某文学公司）签订图书出版合同，将上述图书在我国以图书形式出版该作品中文本的专有出版权授予某某文学公司，有效期为10年。后某某文学公司以"某专营店"在某平台销售《哈利·波特》系列盗版图书，侵害其作品复制权为由，提起诉讼，请求"某专营店"的经营者滨州某传播公司与该平台的运营商上海某技术公司承担侵权责任。2021年3月17日，上海某技术公司已删除、断开被控侵权商品的相关链接。

原告观点

滨州某传播公司销售侵犯其著作权的商品，上海某技术公司对该行为知情，双方都应当承担赔偿责任。

被告观点

滨州某传播公司承认侵权。

上海某技术公司认为其在收到某某文学公司的诉状后，即断开链接、删除涉嫌侵权的作品，履行了收到通知后及时采取必要措施的义务，不承担赔

偿责任。

争议焦点

滨州某传播公司是否侵权,上海某技术公司是否尽到采取必要措施的义务。

裁判结果

(1)滨州某传播公司于判决生效之日起立即停止销售并销毁侵犯某某文学公司《哈利·波特》系列图书著作权的商品;(2)滨州某传播公司于判决生效之日起10日内赔偿某某文学公司经济损失及维权合理费用30000元;(3)驳回某某文学公司的其他诉讼请求。

法律依据及解析

《民法典》

第一千一百九十四条　网络用户、网络服务提供者利用网络侵害他人民事权益的,应当承担侵权责任。法律另有规定的,依照其规定。

滨州某传播公司销售的被控侵权图书系盗版图书,侵害了某某文学公司对涉案图书的发行权。上海某技术公司作为平台运营维护商,及时核实了涉案商品信息,并删除、屏蔽了被诉侵权商品的相关链接,采取了必要措施,并未实施侵权行为,不应承担赔偿责任。

九十七、娱乐场所藏风险　安全措施不忽视

关键词：娱乐场所、侵权纠纷、安全保障义务

案情简介

2021年1月31日，李某某(13岁)随同胞姐姐李某(23岁)到某娱乐有限公司开设的溜冰场溜冰。该溜冰场未配备头盔、护膝、护肘、手套等防具，仅在墙上贴有溜冰规则：“1. 初学者应在冰场边缘扶安全扶手进行滑行……7. 未成年人入场溜冰，须在家长监护下滑行……”李某某系第一次溜冰，与姐姐分开溜冰后，溜到转角处时，双手脱离安全扶手后失去平衡，向后跌倒摔伤。约4分钟后，溜冰场工作人员到达现场询问情况，并协助送李某某到医院救治，产生医药费25495.19元。后经司法鉴定，李某某的伤残等级为十级，后续治疗费用约需11000元。李某某的父母遂向法院提起诉讼，要求该娱乐公司赔偿医药费、残疾赔偿金、后续治疗费等各项损失87651.5元。

原告观点

溜冰场光线昏暗，未向未成年人提供护具，事发后未积极进行救助，未尽到安全保障义务。

被告观点

被告在墙上贴有溜冰规则，且在李某某受伤后及时询问情况并协助送往医院救治，尽到安全保障义务。

争议焦点

娱乐场所经营者是否尽到了安全保障义务。

裁判结果

某娱乐公司赔偿李某某各项损失合计 24500 元。

法律依据及解析

《民法典》

第一千一百九十八条 宾馆、商场、银行、车站、机场、体育场馆、娱乐场所等经营场所、公共场所的经营者、管理者或者群众性活动的组织者，未尽到安全保障义务，造成他人损害的，应当承担侵权责任。

因第三人的行为造成他人损害的，由第三人承担侵权责任；经营者、管理者或者组织者未尽到安全保障义务的，承担相应的补充责任。经营者、管理者或者组织者承担补充责任后，可以向第三人追偿。

某娱乐公司作为溜冰场经营者，相比一般人具有更强的风险意识，应当对娱乐活动适用人群、危险性等注意事项进行风险提示和说明；应配备专业人员加强安全指导，提供头盔、护膝、护肘、手套等安全防护装备，对可能发生的危险做好防范工作，但其未配备相关的人员和设备，存在过错，应当对受害人的损害承担责任。

九十八、学生安全责任大　出了事故无小事

关键词：学生集体活动、安全保障义务

案情简介

高某某(10周岁)和赵某某(12周岁)时系某小学学生。2019年3月，某小学组织学生开展读书活动，但未指派教职工对活动现场进行管理和秩序维护。活动期间，赵某某帮助同学取书，上到书柜高处拿书时，书砸到后方站着的高某某的右眼部位。事发后，高某某多次就医治疗。经诊断，事故造成高某某右眼钝挫伤，右眼晶体半脱位，右眼瞳孔散大，双眼视力持续下降。2020年，高某某将赵某某及其父母周某、赵某和某小学诉至法院，请求依法判令4被告赔偿原告医疗费、交通费等各项经济损失。

原告观点

赵某某的行为造成高某某损害，学校未监管到位，二者应当承担赔偿责任。

被告观点

赵某某系限制民事行为能力人，不应承担赔偿责任。

争议焦点

被告某小学是否尽到监管义务，赵某某、高某某是否存在过错。

裁判结果

某小学承担70%的责任，赵某某、高某某各承担15%的责任，按照责任比例，某小学赔偿高某某各项损失21462.3元，周某、赵某赔偿高某某各项

损失 4229.52 元。

法律依据及解析

《民法典》

第一千二百条 限制民事行为能力人在学校或者其他教育机构学习、生活期间受到人身损害，学校或者其他教育机构未尽到教育、管理职责的，应当承担侵权责任。

某小学在组织学生活动期间，疏于管理，未尽到教育、监管职责，应当对高某某受伤的后果承担主要责任；被告赵某某作为限制民事行为能力人，对风险有一定认知能力，其疏忽大意造成高某某眼部受伤，存在一定过错，应当承担相应的责任，因赵某某系限制民事行为能力人，故应由其监护人周某、赵某承担相应的赔偿责任；原告高某某虽为限制民事行为能力人，但对于危险亦应具备一定的认知能力，其自身未尽到安全注意义务，应当自行承担一定责任。

九十九、三无产品引火灾　生产销售均要赔

关键词：三无产品、侵权纠纷、销售者

案情简介

郑某夫妇经营一家五金店。二人于2017年至2018年多次从湖南邵东县某个体工商户吕某处进购12V智能充电器和特大容量电瓶等产品。2018年11月9日，杨某在郑某夫妇经营的五金店购买了一个无品牌名称的充电器和一个电瓶及其他用品。充电器、电瓶均无生产产品合格证标识和生产时间。其后杨某回到了其工作的某音响电器经营部，将其自有的电瓶接在当日购买的充电器上并插到电源上充电。当日下班后该店内无人看守，充电器也未断电。第二天早上7时许，在充电器位置处多次冒出火花，并发生爆炸，引起火灾。经他人电话报警后消防队赶到现场进行处置，对火灾现场进行了勘验，此次火灾造成了该音响电器经营部店内的摄像机、功放机、话筒等音响制品被烧毁，产生直接经济损失77万余元。当地公安消防大队将从现场提取的电瓶和充电器残留物进行鉴定后作出了《火灾事故认定书》，认定起火原因为充电过程中发生故障引起火灾。因此，杨某的音响电器经营部诉至法院，请求判令郑某夫妇及吕某对原告财产损失承担连带赔偿责任。

原告观点

郑某夫妇及吕某销售“三无产品”造成原告损失，应当承担赔偿责任。

被告观点

被告不应赔偿。

争议焦点

销售“三无产品”导致消费者在使用过程中遭受财产损失的，销售者是否承担财产损害的赔偿责任。

裁判结果

被告郑某夫妇赔偿原告损失的70%，原告自行承担损失的30%。

法律依据及解析

《民法典》

第一千二百零三条 因产品存在缺陷造成他人损害的，被侵权人可以向产品的生产者请求赔偿，也可以向产品的销售者请求赔偿。

产品缺陷由生产者造成的，销售者赔偿后，有权向生产者追偿。因销售者的过错使产品存在缺陷的，生产者赔偿后，有权向销售者追偿。

根据消防大队作出的事故认定，起火原因为“充电过程中发生短路引起爆炸导致火灾”。原、被告双方均未举示证据证明短路的原因是音响电器经营部自有的电瓶或是杨某在五金店购买的充电器引发，被告应当对其销售的产品不存在缺陷或者火灾事故与其销售的产品短路之间不存在因果关系负举证责任，在被告不能举证证明的情况下，结合被告郑某夫妇销售的充电器和电瓶既无生产合格证，又无生产时间的事实，可以认定被告销售的充电器存在“危及人身、他人财产安全的不合理的危险”，郑某夫妇作为该产品的销售者应当赔偿原告的财产损失。但吕某并非案涉充电器的生产者，也非直接向杨某出售充电器的销售者，故某音响电器经营部请求吕某对其损失承担赔偿责任的诉讼请求缺乏法律依据。但对于属于生产者或供货者的责任，销售者有权向生产者、供货者追偿。本案中吕某属于产品的供货者，如其涉案产品的责任属于供货者的，郑某夫妇承担责任后可依法追偿，故郑某夫妇作为销售者在对消费者赔偿损失后可另行向吕某主张权利。结合事故当晚某音响电器经营部无人看守，人员离开后充电器也没有断电，因此原告疏于管理，负有管理不善之责。

一〇〇、交通事故致损失　索赔主体要找对

关键词：合同相对性、交通事故、保险合同

案情简介

2019年8月3日，某某公汽公司的公交车（司机为冯某某）发生三车相撞交通事故，公交车乘客胡某某受伤，公交车负事故全部责任。三车均购买了交强险、公交车购买了第三者责任险和道路客运承运人责任险，均由平安财险东莞公司承保。事故发生后，胡某某住院治疗11天，诊断证明：出院后休息14天，加强营养。胡某某诉至法院，要求某某公汽公司、冯某某、平安财险东莞公司支付住院费用、伙食补助费、误工费、营养费等合计8863元。

原告观点

原告乘坐冯某某驾驶的某某公汽公司所有的公交车受伤，二者应承担赔偿责任；另外，某某公汽公司购买了第三者责任险和道路客运承运人责任险，由平安财险东莞公司承保，平安财险东莞公司也应承担赔偿责任。

被告观点

冯某某认为，其系某某公汽公司员工，其不承担赔偿责任。

某某公汽公司认为，其购买了第三者责任险和道路客运承运人责任险，由保险公司承担赔偿责任。

平安财险东莞公司认为，原告不是合同相对方，不能作为诉讼主体。

争议焦点

原告能否直接向平安财险东莞公司索赔。

裁判结果

判决平安财险东莞公司赔付胡某某人身损害赔偿金 5306 元。

法律依据及解析

《民法典》

第一千二百一十三条 机动车发生交通事故造成损害，属于该机动车一方责任的，先由承保机动车强制保险的保险人在强制保险责任限额范围内予以赔偿；不足部分，由承保机动车商业保险的保险人按照保险合同的约定予以赔偿；仍然不足或者没有投保机动车商业保险的，由侵权人赔偿。

胡某某作为公交车的乘客，因车祸受伤，属于道路客运承运人责任险的理赔范围。但胡某某作为遭受损害的第三者，突破合同相对性直接向保险人索赔，需有法律规定或合同约定。《民法典》第 1213 条将第三者直接向保险公司索赔的险种拓宽到了机动车商业保险，其中包括道路客运承运人责任险。本案中，某某公汽公司向胡某某赔偿后，势必会向平安财险东莞公司追偿，鉴于此，在本案中直接判决平安财险东莞公司向胡某某赔偿，更有利于减轻诉累，节约交易成本，也更有利于维护客运合同中受害旅客的合法权益。故根据《最高人民法院关于适用〈中华人民共和国民法典〉时间效力的若干规定》第 2 条的规定，本案应适用《民法典》第 1213 条规定，即胡某某可要求平安财险东莞公司在保险范围内承担赔偿责任。

一〇一、安全统筹协议定　事故发生依法赔

关键词：安全统筹合同、挂靠、追偿权

案情简介

皖牌重型货车为刘某所有，挂靠在宿州运输公司名下。刘某为该车辆在中国平安财产保险股份有限公司某某支公司（以下简称平安财险某某支公司）处投保交强险，保险期限自2020年6月5日零时起至2021年6月4日24时止。另外，刘某与中顺服务公司签订了机动车三者责任安全统筹合同（以下简称机动车安全统筹合同），约定统筹种类为机动车三者责任安全统筹，责任限额为100万元（含不计免赔），统筹期限自2020年6月6日零时起至2021年6月5日24时止。中顺服务公司系在河北省石家庄市市场监督管理局登记设立，注册资本为1.5亿元，其登记的经营范围为汽车装饰、汽车展览展示服务、车辆年检代理服务、交通安全统筹服务等。2021年1月3日1时52分许，刘某驾驶皖牌重型货车在江苏省南京市溧水区毓秀路老收费站路段时，因其车辆上装载的石头掉落至马路上，导致苏牌小型客车碰撞到石头，造成苏牌车辆受损的交通事故。交警部门出具道路交通事故认定书，认定刘某负此次事故全部责任，苏牌客车一方无责任。苏牌车辆在人民财险南京分公司投保了机动车损失险，人民财险南京分公司向苏牌车辆所有权人赔偿了车辆损失4.5万元，并受让向责任方追偿的权利。人民财险南京分公司提起诉讼，请求法院判令刘某、宿州运输公司、中顺服务公司、平安财险某某支公司共同赔偿人民财险南京分公司已支付的赔偿款4.5万元。一审中，平安财险某某支公司在交强险范围内向人民财险南京分公司支付了2000元赔偿款，人民财险南京分公司撤回了对平安财险某某

支公司的起诉。

原告观点

刘某、宿州运输公司、中顺服务公司、平安财险某某支公司应承担赔偿责任。

被告观点

刘某驾驶的皖牌货车在中顺服务公司处投保了机动车三者责任安全统筹,事故发生在统筹期间内,故人民财险南京分公司垫付的赔偿保险金4.3万元应当由中顺服务公司在机动车三者责任安全统筹限额范围内予以赔偿。

争议焦点

案涉机动车安全统筹合同的法律性质、效力应如何认定;人民财险南京分公司应向机动车侵权人还是向中顺服务公司追偿。

裁判结果

刘某给付人民财险南京分公司赔偿款4.3万元,宿州运输公司承担连带赔偿责任;驳回人民财险南京分公司对中顺服务公司的诉讼请求。

法律依据及解析

《民法典》

第一千二百一十三条 机动车发生交通事故造成损害,属于该机动车一方责任的,先由承保机动车强制保险的保险人在强制保险责任限额范围内予以赔偿;不足部分,由承保机动车商业保险的保险人按照保险合同的约定予以赔偿;仍然不足或者没有投保机动车商业保险的,由侵权人赔偿。

中顺服务公司系在市场监管部门注册成立,并没有经过法定的设立保险公司的批准程序,其注册资本未达到保险公司注册资本最低限额2亿元,其登记的经营范围亦不包括保险业务,故中顺服务公司并非依法设立的保险公司,本案侵权机动车和中顺服务公司签订的机动车三者责任安全统筹合同亦不是机动车商业保险。因此,本案不适用《民法典》第1213条关于保险公司先行赔偿、不足部分再由机动车侵权人赔偿的规定，人民财险南京分公司直接向侵权的皖牌货车一方追偿，有事实、法律依据，依法应予支持。刘某和宿州运输公司抗辩称应由中顺服务公司承担赔偿责任，无事实和法律依据，法院不予采信，其可依据和中顺服务公司之间的合同另行向中顺服务公司主张权利。

一〇二、好意同乘是情谊　事故损失减轻赔

关键词:好意同乘、赔偿责任

案情简介

李某甲与吴某某系多年好友,两人均在同一公司上班。李某甲经常搭乘吴某某的二轮摩托车上下班,吴某某未收取李某甲任何费用。2020 年 6 月 2 日,吴某某驾驶摩托车搭载李某甲前往上班的途中,与李某乙驾驶的重型半挂牵引车发生碰撞,造成李某甲、吴某某受伤及两车不同程度受损的道路交通事故。交警部门认定,李某乙负本次事故主要责任,吴某某负本次事故次要责任,李某甲不负本次事故责任。事故发生后,李某甲被送往医院治疗,造成医疗费等各项损失合计 441859.25 元。

原告观点

该交通事故的发生吴某某存在过错,应当承担赔偿责任。

被告观点

吴某某好意搭载原告,不收取任何费用,不应承担赔偿责任。

争议焦点

不以营利为目的,好意施惠的情谊行为致使他人损害,是否需要承担赔偿责任。

裁判结果

吴某某赔付李某甲 68734.7 元。

法律依据及解析

《民法典》

第一千二百一十七条　非营运机动车发生交通事故造成无偿搭乘人损害，属于该机动车一方责任的，应当减轻其赔偿责任，但是机动车使用人有故意或者重大过失的除外。

本案中，李某乙负本次交通事故主要责任，吴某某负次要责任，李某甲不负事故责任。根据事故责任比例酌定李某甲的损失由李某乙承担70%的责任，吴某某承担30%的责任。因吴某某搭载李某甲系“好意同乘”的情谊行为，且吴某某的行为并不构成故意或者重大过失，依据《民法典》第1217条的规定，应当减轻其赔偿责任，故酌定由吴某某在其应当承担的赔偿责任的基础上减轻40%的赔偿责任。李某甲的损失扣除保险公司在交强险限额内承担的60000元后，由吴某某负担68734.7元，余款应由保险公司（商业险）及李某乙负担。

一〇三、外出遛狗应拴绳　安全意识要牢记

关键词：动物侵权、动物管理人、安全管理义务

案情简介

2021年6月中旬的一个晚上，万某牵着宠物狗在马路边人行道步行，一段时间后万某松开了狗绳，宠物狗冲入马路上与正常驾驶普通二轮摩托车行驶的汤某发生碰撞，造成汤某受伤及车辆受损的交通事故。事故发生后，汤某在医院住院6天进行治疗，花费医疗费用1万余元。经鉴定，汤某的误工期评定60天，护理期评定30天，营养期评定30天，产生鉴定费650元。汤某诉至法院。

原告观点

道路交通事故认定书认定万某承担此事故的全部责任，汤某不承担责任。原告由此造成的损失应当由被告全部承担。

被告观点

万某不是宠物狗的所有人，不应承担全部赔偿责任。

争议焦点

宠物致人损害纠纷中管理人的认定。

裁判结果

万某赔偿汤某因本次交通事故造成的损失共计2.2万余元。

法律依据及解析

《民法典》

第一千二百四十六条　违反管理规定,未对动物采取安全措施造成他人损害的,动物饲养人或者管理人应当承担侵权责任;但是,能够证明损害是因被侵权人故意造成的,可以减轻责任。

本案中,万某牵着宠物狗在公共道路上步行,即使其不是案涉宠物狗的所有人,万某牵着宠物狗出门亦是管理人,应预见到在公共道路宠物狗可能导致的安全隐患,故对宠物狗有采取必要的安全约束义务,但万某违反以上规定松开狗绳导致宠物狗与驾驶摩托车的汤某相撞受伤的事故,交警对该事故亦作出交通事故责任认定书认定万某负全部责任。根据《民法典》第1246条的规定,万某对汤某的损害应承担全部赔偿责任。

一〇四、化粪池内人溺亡　疏于管理要担责

关键词：侵权主体认定、过错比例

案情简介

李某、李某乙系李某甲、杨某之子，李某于2018年3月14日死亡。2018年3月20日，石景山公安分局关于李某的死亡调查结论为：2018年3月14日，接报于石景山区苹果园城管队南侧厕所发现李某死亡，系溺亡。北京大学首钢医院居民死亡证明载明：李某于2018年3月14日21时10分溺亡。北京大学首钢医院急诊处方笺载明：临床诊断：溺水；溺亡；混合气体中毒死亡。死者李某之父李某甲，于2020年3月26日死亡。

2018年5月29日，李某甲、杨某因侵权责任纠纷，将北京市海淀区四季青镇合作经济联合社（以下简称四季青联合社）、北京市环山园艺公司（以下简称园艺公司）起诉至北京市海淀区人民法院，后因主体不适撤回起诉。

2018年9月21日，李某甲、杨某将中国铁路北京局集团有限公司（以下简称北京铁路局）起诉至北京市海淀区人民法院，后因主体不适法院驳回起诉。法院经现场勘验确定案涉厕所及化粪池位于均胜公司土地权属界线范围内，李某甲、杨某将均胜公司诉至法院。

原告观点

从当事人出事的地籍档案和海淀区人民法院现场调查情况来看，该化粪池位于被告的土地上。案涉化粪池修建在被告土地上，被告作为建设和管理主体，未尽合理修缮、管理和安全警示义务，对于原告之子遭遇人身损

害，应当承担相应侵权责任。

被告观点

首先，均胜公司不是死亡事故发生地厕所及化粪池的建设者、使用者、所有者，事故厕所及化粪池不是均胜公司的资产，均胜公司不是侵权责任主体，安全保障义务应限于合理限度范围内，与其管理控制能力相适应，均胜公司与原告之间不存在法定或约定的安全保障义务，无须承担安全保障义务。其次，均胜公司未实施侵权行为，对原告之子溺亡后果不存在过错，侵权责任应由实际建设者、使用者承担。综合周边环境可知，事故发生时附近仅有一个厕所，厕所及化粪池仅供其东侧租户使用，其他居民前来使用该厕所是不方便的，故东侧租户对该厕所及化粪池享有占有、使用、受益的同时，即设定了安全管理责任。厕所及化粪池的安全保障、修缮、管理义务则应由旁边建设、使用厕所的租户人群承担。再次，死者本人应为责任主体，就事故发生承担责任。死者作为完全民事行为能力人，是自身安危第一责任人，不能将自己的安危寄托在其他主体无时无刻提醒之下，事故发生之时，天色已晚，厕所附近又无照明，死者应该提升自己安全意识和注意能力，在天色黑暗户外行动时，对站在井盖上的危险性应有辨识力和预见性。死者长时间站立在化粪池井盖上，存在重大疏忽，是导致事故发生的直接原因。最后，本案是侵权责任纠纷，适用过错责任归责原则，原告应就被告违法行为、主观过错、损害后果且违法行为与损害后果之间具有因果关系等侵权责任构成要件承担举证责任。原告未证明涉案化粪池在被告土地范围内，且死者跌落化粪池的原因尚不明确，原告现有证据不能证实被告未尽安全保障义务致其子死亡或者对死者跌落化粪池存在过错。此外，原告主张适用 2019 年赔偿标准没有依据。

争议焦点

一是本案法律适用依据；二是对案涉厕所及化粪池责任主体的认定；三是对化粪池上水泥盖板等构筑物塌陷致人损害责任认定；四是对公共场所管理人安全保障义务的认定；五是对当事人责任比例负担及原告所主张损失的认定。

裁判结果

(1)被告均胜公司于判决生效后7日之内,赔偿原告杨某医疗费、交通费、住宿费、死亡赔偿金(包含被扶养人生活费)、丧葬费、精神损害赔偿金,共计1240241.85元;(2)驳回原告杨某的其他诉讼请求。

法律依据及解析

《民法典》

第一千二百五十二条 建筑物、构筑物或者其他设施倒塌、塌陷造成他人损害的,由建设单位与施工单位承担连带责任,但是建设单位与施工单位能够证明不存在质量缺陷的除外。建设单位、施工单位赔偿后,有其他责任人的,有权向其他责任人追偿。

因所有人、管理人、使用人或者第三人的原因,建筑物、构筑物或者其他设施倒塌、塌陷造成他人损害的,由所有人、管理人、使用人或者第三人承担侵权责任。

行为人因过错侵害他人民事权益造成损害的,应当承担侵权责任。依照法律规定推定行为人有过错,其不能证明自己没有过错的,应当承担侵权责任。被侵权人对同一损害的发生或者扩大有过错的,可以减轻侵权人的责任。

一、关于本案法律适用问题

依据《最高人民法院关于适用〈中华人民共和国民法典〉时间效力的若干规定》第2条、第3条之规定,《民法典》施行前的法律事实引起的民事纠纷案件,当时的法律、司法解释有规定,适用当时的法律、司法解释的规定,但是适用《民法典》的规定更有利于保护民事主体合法权益,更有利于维护社会和经济秩序,更有利于弘扬社会主义核心价值观的除外。《民法典》施行前的法律事实引起的民事纠纷案件,当时的法律、司法解释没有规定而《民法典》有规定的,可以适用《民法典》的规定,但是明显减损当事人合法权益、增加当事人法定义务或者背离当事人合理预期的除外。本案中,根据查明的事实,原告之子系因案涉厕所化粪池上的水泥盖板断裂塌陷跌落化粪池溺亡。溺亡事故发生时,相关法律及司法解释因对公共场所管理人以及建筑物、构筑物塌陷致人损害的侵权赔偿责任归责原则、责任主体等尚未有具体明确的规定。本案中,案涉厕所及化粪池位于石景山和海淀区交界处,有关单位均否认系案涉厕所及化粪池所占用土地的权利主体,案涉厕所及化粪池的建设者、管理者、所有人、使用人等责任主体不明,受害人李某之父李某甲亦已在主张权利过程中死亡。因此,为依法平衡当事人利益关系,更好及时保护民事主体的合法权益,诠释社会规则、规范社会行为,倡导社会主义核心价值观,弘扬社会主义法治精神,本案应适用《民法典》及相关司法解释的有关规定处理。

二、关于案涉厕所及化粪池责任主体的认定问题

根据法律规定,不动产登记包括土地及其附着物。其中地上附着物,是指在土地上建造的一切建筑物、构筑物及地上定着物的总称。集体所有的不动产包括法律规定的属于集体的土地以及集体所有的建筑物、其他不动产等。本案中,被告均胜公司虽否认系案涉厕所及化粪池的建设者、管理人和使用人,但综合(2018)京0108民初29871号、(2018)京0108民初55478号案件查明的事实、在案证据材料,北京铁路局、四季青联合社、园艺公司均已提交的各自用地权属证据,再加之人民法院现场勘验状况及有关部门调查、核实及答复意见,现有证据已形成完整证据链条,足以充分证实案涉厕所及化粪池位于被告土地权属界线范围之内,即案涉厕所及化粪池位于被告享有权属的土地上。被告未能提交足以反驳的证据且能够证实案涉厕所及化粪池存在其他建设者、管理者或明确具体使用者情况下,应予认定被告对其土地上的案涉厕所及化粪池行使所有者或管理者之职责。

三、关于案涉厕所及化粪池致人损害责任认定问题

根据《民法典》第1252条之规定,建筑物、构筑物或者其他设施倒塌、塌陷造成他人损害的,由建设单位与施工单位承担连带责任,但是建设单位与施工单位能够证明不存在质量缺陷的除外。建设单位、施工单位赔偿后,有其他责任人的,有权向其他责任人追偿。因所有人、管理人、使用人或者第三人的原因,建筑物、构筑物或者其他设施倒塌、塌陷造成他人损害的,由

所有人、管理人、使用人或者第三人承担侵权责任。这里的构筑物或者其他设施，一般是指人工建造的、固定在土地上，除建筑物以外的设施，如道路、桥梁、隧道、厕所及化粪池等。建筑物、构筑物等倒塌、塌陷损害责任，是指建筑物、构筑物或其他设施发生倒塌、塌陷，致他人人身、财产遭受损害，建设单位、施工单位及其他责任人所应承担的侵权责任。建设单位、施工单位建设的公共厕所及化粪池上的盖板因存在质量瑕疵等断裂塌陷致人损害的，应推定其存在过错，但能够证明不存在质量缺陷的除外。公共厕所及化粪池的所有人、管理人、使用人因管理、维护缺陷而发生倒塌、塌陷致人损害的，所有人、管理人、使用人应直接承担责任。本案中，根据现场勘查情况，化粪池虽已被填埋，但尚未完全填平，死者李某系站立在化粪池水泥盖板上，因化粪池水泥盖板塌陷跌入化粪池溺亡。被告不能充分证实已尽到对案涉厕所及化粪池修缮、维护等管理义务，故应认定其对李某溺亡存在过错，且该过错与李某死亡之间存在因果关系，应当承担与其过错相应的赔偿责任。

四、对违反公共场地安全保障义务责任认定问题

根据《民法典》第 1198 条第 1 款的规定，宾馆、商场、银行、车站、机场、体育场馆、娱乐场所等经营场所、公共场所的经营者、管理者或者群众性活动的组织者，未尽到安全保障义务，造成他人损害的，应当承担侵权责任。本案中，根据查明的事实，案涉厕所及化粪池位于被告权属土地上，周边租户、居民及过往行人均可使用，具有公共场所性质。事故发生后，被告虽将案涉厕所入口封堵，并将化粪池填埋，以避免类似悲剧事件再次发生，但其在未能证实存在其他责任主体的前提下，应对已经发生的溺亡事故承担侵权赔偿责任。被告对建设在其土地上的公用厕所及化粪池，应负有善良管理人之职责，但其疏于管理和维护是导致化粪池上水泥盖塌陷，李某跌入化粪池溺亡的主要原因，其消极不作为与李某死亡之间存在直接因果关系。在溺亡事故发生时及本案庭审过程中，被告主张不知案涉厕所及化粪池何时、何人所建，亦不认可所占土地权属。由此，可以认定被告对建设在其土地上的构筑物所存在的潜在风险，疏于履行维护和管理职责，违反了确保进

入其土地之上的“公共场所”尽合理限度范围内的使他人免受人身及财产损害的安全保障义务，对此，亦应认定其主观上存在过错。

五、对当事人双方责任负担比例问题

事故发生时，李某作为完全民事行为能力人，亦应当对自身安全尽到审慎的注意义务。据原告所述，李某路经案涉厕所，在女厕所旁边等待其女友使用案涉厕所时，因厕所外化粪池水泥盖板不结实，没有警示标志，李某站在上面不稳，就掉了下去。从事故现场勘验状况及拍摄的照片来看，李某跌落于女厕入口一侧的化粪池内溺亡，该化粪池水泥盖板高于女厕入口处地面，在事发当日晚上，公厕周围没有灯光的情况下，李某对站立在靠近厕所化粪池水泥盖板上等待其女友的危险性，应当有一定的辨识力和预见，但却因自己疏忽导致跌落于化粪池中，自身亦存在一定过错，应对损害后果承担部分责任。结合本案事实、双方的过错程度及原因力的大小等因素，可酌情确定被告均胜公司对原告的损害后果承担60%责任，原告自身承担40%的责任。

六、关于原告所主张各项费用损失的认定

医疗费根据医疗机构出具的医药费、住院费等收款凭证，结合病历和诊断证明等相关证据确定。原告主张医疗费合计1625.77元，有诊疗费发票为据，人民法院予以确认。原告所主张的停放、运送遗体等费用，应属于丧葬费范畴。

原告主张因处理李某死亡而产生合理的交通费和住宿费，结合原告提交的票据、关联性、必要性，本院酌定确定5000元。

根据2004年《最高人民法院关于审理人身损害赔偿案件适用法律若干问题的解释》的规定，死亡赔偿金按照受诉法院所在地上一年度城镇居民人均可支配收入或者农村居民人均纯收入标准，按20年计算。丧葬费按照受诉法院所在地上一年度职工月平均工资标准，以6个月总额计算。被扶养人生活费根据扶养人丧失劳动能力程度，按照受诉法院所在地上一年度城镇居民人均消费性支出和农村居民人均年生活消费支出标准计算。“上一年度”，是指一审法庭辩论终结时的上一统计年度。因此，根据原告提供的证据材料，现其依据 2019 年城镇居民标准主张死亡赔偿金（包括被扶养人生活费）、丧葬费，合计为 1960443.98 元，其计算标准和方式符合法律规定，且有事实依据，人民法院予以确认。被告对原告上述费用计算方式无异议，但认为应当根据 2017 年费用标准计算，其抗辩意见，缺乏法律依据，应不予采纳。原告主张赔偿精神损失 10 万元，符合法律规定，应予以确认。

综上，上述各项费用合计 2067069.75 元，被告均胜公司应当按照 60% 承担赔偿责任，其应赔偿损失共计为 1240241.85 元。

一〇五、墙体脱落砸伤人　物业公司该负责

关键词：侵权纠纷、水泥块脱落

案情简介

2020年3月27日凌晨，顾某所有的宝马530i汽车停放于东城名苑小区7号楼楼下，被从9层楼掉下的石块砸中，致该车顶部塌陷。顾某认为健源公司作为案涉小区开发商，对房屋质量问题引发的损害后果应承担赔偿责任；某某公司作为该小区物业公司，无法证明其无过错，应承担侵权责任，故向法院提起诉讼。审理中，顾某了解到砸中其汽车的石块系904室空调外机安放平台脱落的水泥块，而该房屋所有人为于某、余某，故申请追加于某、余某为共同被告。请求法院依法判令某某公司、健源公司、于某、余某共同赔偿顾某车辆损失5410元，并承担本案诉讼费。

原告观点

原告的车被空调外机平台外沿脱落砸中损害，房地产开发企业、物业公司、所有人应对该损失承担责任。

被告观点

某某公司辩称：(1)案涉小区7号楼904室空调外机安放平台是于某、余某的专有部分，其对该部分没有管理义务，对该平台水泥块脱落造成的侵权结果不应承担赔偿责任；(2)根据《侵权责任法》第85条的规定，某某公司既非案涉建筑物的所有人、管理人，也非使用人，故某某公司并非本案适格被告，顾某的诉讼请求无事实和法律依据，应予以驳回；(3)案发当日狂风大作，导致水泥块脱落砸到顾某的车辆，本案的发生是不可预见的意外。

某某公司根本无法在案发前发现该安全隐患，也无法避免损害后果的发生，某某公司不应承担赔偿责任，请求法院依法驳回顾某对某某公司的诉讼请求。

健源公司辩称，根据相关规定，健源公司对案涉小区的质保期限已届满，相关物业管理已经移交给物业公司，现在案涉小区应当由物业公司进行管理，健源公司不应当承担责任。

于某、余某辩称：(1)本案系侵权纠纷，根据《侵权责任法》的相关规定，于某应对水泥块坠落是否存在过错承担举证责任。从现场来看，该水泥块是从空调外机的现浇水泥平台上坠落的，是因健源公司在建造时出现严重的质量问题，于某不应承担责任。(2)于某作为案涉房屋的所有人，从室内任何角度都看不到空调外机平台，其无法察觉平台是否出现松动，同时也无法对平台进行管理，其不存在过错。综上，于某不应承担侵权责任，请求法院驳回顾某对于某的诉讼请求。

争议焦点

房地产开发企业、物业公司、业主是否应对空调外机平台外沿脱落承担责任及责任大小。

裁判结果

(1)某某公司于判决生效之日起 10 日内赔偿顾某车辆损失 5410 元；(2)驳回顾某的其他诉讼请求。

法律依据及解析

《民法典》

第一千二百五十三条 建筑物、构筑物或者其他设施及其搁置物、悬挂物发生脱落、坠落造成他人损害，所有人、管理人或者使用人不能证明自己没有过错的，应当承担侵权责任。所有人、管理人或者使用人赔偿后，有其他责任人的，有权向其他责任人追偿。

本案中，空调外机平台属于业主共有。物业公司作为专业的物业服务管理机构，应对包含空调外机平台在内的共有部分积极履行维护、管理义务，检查并消除隐患。未尽到安全保障义务致人损害的，应承担赔偿责任。业主对空调外机平台的使用系对共有部分的使用，并不能以此推定其承担赔偿责任。健源公司为案涉小区的开发商，顾某主张其开发建设的案涉房屋存在质量问题，但顾某对其上述主张未能提供证据证明，且健源公司交付房屋已7年之久，故对顾某要求健源公司承担赔偿责任的诉讼请求，法院应依法不予支持。

一〇六、公共道路没标志　未设防护更不该

关键词:侵权责任、公共道路

案情简介

2020年7月18日早晨,原告胡某的儿子胡某某驾驶原告所有的大众速腾轿车从内蒙古自治区商都县出发前往内蒙古自治区达茂旗,途经某某土牧尔台镇西南铁路桥下时,由于前天的暴雨导致桥下路段积水较深,车辆被水淹后发动机熄火,抛锚在水中。事发路段没有设置警示标志,未采取防护措施。事故发生后,原告租赁当地挖掘机将被淹车辆拖出积水,又租赁商都县骏捷汽车维修服务有限公司(以下简称骏捷汽修公司)的拖车将受损车辆拖拉至骏捷汽修公司进行修理。原告胡某支付骏捷汽修公司清障救援费600元、车辆修理费18300元,共计18900元。原告将内蒙古自治区某某交通运输局(以下简称交通局)诉至法院。

原告观点

被告作为某某道路交通管理部门,对辖区内道路应当承担管理职责。被告在暴雨导致道路积水无法通行时有义务及时清除积水,保持道路畅通,如未能及时清除,则应当设立明显的警示标志告知行人及车辆禁止通行,以避免造成人身和财产损害。然而,被告怠于履行职责的不作为行为,导致原告车辆受损,应当依法承担赔偿责任。

被告观点

事发路段系城市道路而非公路,被告交通局不是该路段的管理人,该路段的管理人系土牧尔台镇政府;公共道路管理人承担责任的前提是行为人

在公共道路上堆放、倾倒、遗撒妨碍通行的物品，本案不具备这一前提条件。

争议焦点

被告是否尽到清理、防护、警示等义务。

裁判结果

被告交通局赔偿原告胡某车辆损失费 8300 元；驳回原告胡某的其他诉讼请求。

法律依据及解析

《民法典》

第一千二百五十六条　在公共道路上堆放、倾倒、遗撒妨碍通行的物品造成他人损害的，由行为人承担侵权责任。公共道路管理人不能证明已经尽到清理、防护、警示等义务的，应当承担相应的责任。

本案原告车辆受损是由于暴雨致桥下路段积水较深造成的，并非行为人在事发路段设置妨碍通行物所致，故应当由不能证明对桥下路段积水已经尽到清理、防护、警示等义务的公共道路管理人承担相应的责任。原告胡某所有的案涉车辆在本次公共道路妨碍通行事故中的损失额为 18900 元，除去某某保险商都支公司已经赔偿的车辆修理费 10600 元外，被告应当赔偿原告车辆损失费 8300 元。

附录　与《民法典》相关的司法解释

最高人民法院关于适用《中华人民共和国民法典》时间效力的若干规定

1. 2020 年 12 月 14 日最高人民法院审判委员会第 1821 次会议通过
2. 2020 年 12 月 29 日公布
3. 法释〔2020〕15 号
4. 自 2021 年 1 月 1 日起施行

根据《中华人民共和国立法法》《中华人民共和国民法典》等法律规定，就人民法院在审理民事纠纷案件中有关适用民法典时间效力问题作出如下规定。

一、一般规定

第一条　民法典施行后的法律事实引起的民事纠纷案件，适用民法典的规定。

民法典施行前的法律事实引起的民事纠纷案件，适用当时的法律、司法解释的规定，但是法律、司法解释另有规定的除外。

民法典施行前的法律事实持续至民法典施行后，该法律事实引起的民事纠纷案件，适用民法典的规定，但是法律、司法解释另有规定的除外。

第二条　民法典施行前的法律事实引起的民事纠纷案件，当时的法律、司法解释有规定，适用当时的法律、司法解释的规定，但是适用民法典的规定更有利于保护民事主体合法权益，更有利于维护社会和经济秩序，更有利于弘扬社会主义核心价值观的除外。

第三条　民法典施行前的法律事实引起的民事纠纷案件，当时的法律、司法解释没有规定而民法典有规定的，可以适用民法典的规定，但是明显减损当事人合法权益、增加当事人法定义务或者背离当事人合理预期的除外。

第四条　民法典施行前的法律事实引起的民事纠纷案件，当时的法律、司法解释仅有原则性规定而民法典有具体规定的，适用当时的法律、司法解释的规定，但是可以依据民法典具体规定进行裁判说理。

第五条　民法典施行前已经终审的案件，当事人申请再审或者按照审判监督程序决定再审的，不适用民法典的规定。

二、溯及适用的具体规定

第六条　《中华人民共和国民法总则》施行前，侵害英雄烈士等的姓名、肖像、名誉、荣誉，损害社会公共利益引起的民事纠纷案件，适用民法典第一百八十五条的规定。

第七条　民法典施行前，当事人在债务履行期限届满前约定债务人不履行到期债务时抵押财产或者质押财产归债权人所有的，适用民法典第四百零一条和第四百二十八条的规定。

第八条　民法典施行前成立的合同，适用当时的法律、司法解释的规定合同无效而适用民法典的规定合同有效的，适用民法典的相关规定。

第九条　民法典施行前订立的合同，提供格式条款一方未履行提示或者说明义务，涉及格式条款效力认定的，适用民法典第四百九十六条的规定。

第十条　民法典施行前，当事人一方未通知对方而直接以提起诉讼方式依法主张解除合同的，适用民法典第五百六十五条第二款的规定。

第十一条　民法典施行前成立的合同，当事人一方不履行非金钱债务或者履行非金钱债务不符合约定，对方可以请求履行，但是有民法典第五百八十条第一款第一项、第二项、第三项除外情形之一，致使不能实现合同目的，当事人请求终止合同权利义务关系的，适用民法典第五百八十条第二款的规定。

第十二条　民法典施行前订立的保理合同发生争议的，适用民法典第三编第十六章的规定。

第十三条　民法典施行前，继承人有民法典第一千一百二十五条第一款第四项和第五项规定行为之一，对该继承人是否丧失继承权发生争议的，适用民法典第一千一百二十五条第一款和第二款的规定。

民法典施行前，受遗赠人有民法典第一千一百二十五条第一款规定行为之一，对受遗赠人是否丧失受遗赠权发生争议的，适用民法典第一千一百二十五条第一款和第三款的规定。

第十四条 被继承人在民法典施行前死亡，遗产无人继承又无人受遗赠，其兄弟姐妹的子女请求代位继承的，适用民法典第一千一百二十八条第二款和第三款的规定，但是遗产已经在民法典施行前处理完毕的除外。

第十五条 民法典施行前，遗嘱人以打印方式立的遗嘱，当事人对该遗嘱效力发生争议的，适用民法典第一千一百三十六条的规定，但是遗产已经在民法典施行前处理完毕的除外。

第十六条 民法典施行前，受害人自愿参加具有一定风险的文体活动受到损害引起的民事纠纷案件，适用民法典第一千一百七十六条的规定。

第十七条 民法典施行前，受害人为保护自己合法权益采取扣留侵权人的财物等措施引起的民事纠纷案件，适用民法典第一千一百七十七条的规定。

第十八条 民法典施行前，因非营运机动车发生交通事故造成无偿搭乘人损害引起的民事纠纷案件，适用民法典第一千二百一十七条的规定。

第十九条 民法典施行前，从建筑物中抛掷物品或者从建筑物上坠落的物品造成他人损害引起的民事纠纷案件，适用民法典第一千二百五十四条的规定。

三、衔接适用的具体规定

第二十条 民法典施行前成立的合同，依照法律规定或者当事人约定该合同的履行持续至民法典施行后，因民法典施行前履行合同发生争议的，适用当时的法律、司法解释的规定；因民法典施行后履行合同发生争议的，适用民法典第三编第四章和第五章的相关规定。

第二十一条 民法典施行前租赁期限届满，当事人主张适用民法典第七百三十四条第二款规定的，人民法院不予支持；租赁期限在民法典施行后届满，当事人主张适用民法典第七百三十四条第二款规定的，人民法院依法予以支持。

第二十二条 民法典施行前，经人民法院判决不准离婚后，双方又分居满一年，一方再次提起离婚诉讼的，适用民法典第一千零七十九条第五款的规定。

第二十三条 被继承人在民法典施行前立有公证遗嘱，民法典施行后又立有新遗嘱，其死亡后，因该数份遗嘱内容相抵触发生争议的，适用民法典第一千一百四十二条第三款的规定。

第二十四条　侵权行为发生在民法典施行前，但是损害后果出现在民法典施行后的民事纠纷案件，适用民法典的规定。

第二十五条　民法典施行前成立的合同，当时的法律、司法解释没有规定且当事人没有约定解除权行使期限，对方当事人也未催告的，解除权人在民法典施行前知道或者应当知道解除事由，自民法典施行之日起一年内不行使的，人民法院应当依法认定该解除权消灭；解除权人在民法典施行后知道或者应当知道解除事由的，适用民法典第五百六十四条第二款关于解除权行使期限的规定。

第二十六条　当事人以民法典施行前受胁迫结婚为由请求人民法院撤销婚姻的，撤销权的行使期限适用民法典第一千零五十二条第二款的规定。

第二十七条　民法典施行前成立的保证合同，当事人对保证期间约定不明确，主债务履行期限届满至民法典施行之日不满二年，当事人主张保证期间为主债务履行期限届满之日起二年的，人民法院依法予以支持；当事人对保证期间没有约定，主债务履行期限届满至民法典施行之日不满六个月，当事人主张保证期间为主债务履行期限届满之日起六个月的，人民法院依法予以支持。

四、附　　则

第二十八条　本规定自2021年1月1日起施行。

本规定施行后，人民法院尚未审结的一审、二审案件适用本规定。

最高人民法院关于在审理经济纠纷案件中涉及经济犯罪嫌疑若干问题的规定

1. 1998年4月9日最高人民法院审判委员会第974次会议通过、1998年4月21日公布、自1998年4月29日起施行（法释〔1998〕7号）
2. 根据2020年12月23日最高人民法院审判委员会第1823次会议通过、2020年12月29日公布、自2021年1月1日起施行的《最高人民法院关于修改〈最高人民法院关于在民事审判工作中适用《中华人民共和国工会法》若干问题的解释〉等二十七件民事类司法解释的决定》修正

根据《中华人民共和国民法典》《中华人民共和国刑法》《中华人民共

和国民事诉讼法》《中华人民共和国刑事诉讼法》等有关规定，对审理经济纠纷案件中涉及经济犯罪嫌疑问题作以下规定：

第一条 同一自然人、法人或非法人组织因不同的法律事实，分别涉及经济纠纷和经济犯罪嫌疑的，经济纠纷案件和经济犯罪嫌疑案件应当分开审理。

第二条 单位直接负责的主管人员和其他直接责任人员，以为单位骗取财物为目的，采取欺骗手段对外签订经济合同，骗取的财物被该单位占有、使用或处分构成犯罪的，除依法追究有关人员的刑事责任，责令该单位返还骗取的财物外，如给被害人造成经济损失的，单位应当承担赔偿责任。

第三条 单位直接负责的主管人员和其他直接责任人员，以该单位的名义对外签订经济合同，将取得的财物部分或全部占为己有构成犯罪的，除依法追究行为人的刑事责任外，该单位对行为人因签订、履行该经济合同造成的后果，依法应当承担民事责任。

第四条 个人借用单位的业务介绍信、合同专用章或者盖有公章的空白合同书，以出借单位名义签订经济合同，骗取财物归个人占有、使用、处分或者进行其他犯罪活动，给对方造成经济损失构成犯罪的，除依法追究借用人的刑事责任外，出借业务介绍信、合同专用章或者盖有公章的空白合同书的单位，依法应当承担赔偿责任。但是，有证据证明被害人明知签订合同对方当事人是借用行为，仍与之签订合同的除外。

第五条 行为人盗窃、盗用单位的公章、业务介绍信、盖有公章的空白合同书，或者私刻单位的公章签订经济合同，骗取财物归个人占有、使用、处分或者进行其他犯罪活动构成犯罪的，单位对行为人该犯罪行为所造成的经济损失不承担民事责任。

行为人私刻单位公章或者擅自使用单位公章、业务介绍信、盖有公章的空白合同书以签订经济合同的方法进行的犯罪行为，单位有明显过错，且该过错行为与被害人的经济损失之间具有因果关系的，单位对该犯罪行为所造成的经济损失，依法应当承担赔偿责任。

第六条 企业承包、租赁经营合同期满后，企业按规定办理了企业法定代表人的变更登记，而企业法人未采取有效措施收回其公章、业务介绍信、盖有公章的空白合同书，或者没有及时采取措施通知相对人，致原企业承包人、租赁人得以用原承包、租赁企业的名义签订经济合同，骗取财物占为己有构成犯罪的，该企业对被害人的经济损失，依法应当承担赔偿责任。但是，原承包人、承租人利用擅自保留的公章、业务介绍信、盖有公章的空白合同书以原承包、租赁企业的名义签订经济合同，骗取财物占为己有构成犯罪的，企业一般不承担民事责任。

单位聘用的人员被解聘后，或者受单位委托保管公章的人员被解除委托后，单位未及时收回其公章，行为人擅自利用保留的原单位公章签订经济合同，骗取财物占为己有构成犯罪，如给被害人造成经济损失的，单位应当承担赔偿责任。

第七条　单位直接负责的主管人员和其他直接责任人员，将单位进行走私或其他犯罪活动所得财物以签订经济合同的方法予以销售，买方明知或者应当知道的，如因此造成经济损失，其损失由买方自负。但是，如果买方不知该经济合同的标的物是犯罪行为所得财物而购买的，卖方对买方所造成的经济损失应当承担民事责任。

第八条　根据《中华人民共和国刑事诉讼法》第一百零一条第一款的规定，被害人或其法定代理人、近亲属对本规定第二条因单位犯罪行为造成经济损失的，对第四条、第五条第一款、第六条应当承担刑事责任的被告人未能返还财物而遭受经济损失提起附带民事诉讼的，受理刑事案件的人民法院应当依法一并审理。被害人或其法定代理人、近亲属因被害人遭受经济损失也有权对单位另行提起民事诉讼。若被害人或其法定代理人、近亲属另行提起民事诉讼的，有管辖权的人民法院应当依法受理。

第九条　被害人请求保护其民事权利的诉讼时效在公安机关、检察机关查处经济犯罪嫌疑期间中断。如果公安机关决定撤销涉嫌经济犯罪案件或者检察机关决定不起诉的，诉讼时效从撤销案件或决定不起诉之次日起重新计算。

第十条　人民法院在审理经济纠纷案件中，发现与本案有牵连，但与本案不是同一法律关系的经济犯罪嫌疑线索、材料，应将犯罪嫌疑线索、材料移送有关公安机关或检察机关查处，经济纠纷案件继续审理。

第十一条　人民法院作为经济纠纷受理的案件，经审理认为不属经济纠纷案件而有经济犯罪嫌疑的，应当裁定驳回起诉，将有关材料移送公安机关或检察机关。

第十二条　人民法院已立案审理的经济纠纷案件，公安机关或检察机关认为有经济犯罪嫌疑,并说明理由附有关材料函告受理该案的人民法院的,有关人民法院应当认真审查。经过审查,认为确有经济犯罪嫌疑的,应当将案件移送公安机关或检察机关,并书面通知当事人,退还案件受理费;如认为确属经济纠纷案件的,应当依法继续审理,并将结果函告有关公安机关或检察机关。

最高人民法院关于审理买卖合同纠纷案件适用法律问题的解释

1. 2012 年 3 月 31 日最高人民法院审判委员会第 1545 次会议通过、2012 年 5 月 10 日公布、自 2012 年 7 月 1 日起施行(法释〔2012〕8 号)
2. 根据 2020 年 12 月 23 日最高人民法院审判委员会第 1823 次会议通过、2020 年 12 月 29 日公布、自 2021 年 1 月 1 日起施行的《最高人民法院关于修改〈最高人民法院关于在民事审判工作中适用《中华人民共和国工会法》若干问题的解释〉等二十七件民事类司法解释的决定》(法释〔2020〕17 号)修正

为正确审理买卖合同纠纷案件,根据《中华人民共和国民法典》《中华人民共和国民事诉讼法》等法律的规定,结合审判实践,制定本解释。

一、买卖合同的成立

第一条 当事人之间没有书面合同,一方以送货单、收货单、结算单、发票等主张存在买卖合同关系的,人民法院应当结合当事人之间的交易方式、交易习惯以及其他相关证据,对买卖合同是否成立作出认定。

对账确认函、债权确认书等函件、凭证没有记载债权人名称,买卖合同当事人一方以此证明存在买卖合同关系的,人民法院应予支持,但有相反证据足以推翻的除外。

二、标的物交付和所有权转移

第二条 标的物为无需以有形载体交付的电子信息产品,当事人对交付方式约定不明确,且依照民法典第五百一十条的规定仍不能确定的,买受人收

到约定的电子信息产品或者权利凭证即为交付。

第三条　根据民法典第六百二十九条的规定，买受人拒绝接收多交部分标的物的，可以代为保管多交部分标的物。买受人主张出卖人负担代为保管期间的合理费用的，人民法院应予支持。

买受人主张出卖人承担代为保管期间非因买受人故意或者重大过失造成的损失的，人民法院应予支持。

第四条　民法典第五百九十九条规定的"提取标的物单证以外的有关单证和资料"，主要应当包括保险单、保修单、普通发票、增值税专用发票、产品合格证、质量保证书、质量鉴定书、品质检验证书、产品进出口检疫书、原产地证明书、使用说明书、装箱单等。

第五条　出卖人仅以增值税专用发票及税款抵扣资料证明其已履行交付标的物义务，买受人不认可的，出卖人应当提供其他证据证明交付标的物的事实。

合同约定或者当事人之间习惯以普通发票作为付款凭证，买受人以普通发票证明已经履行付款义务的，人民法院应予支持，但有相反证据足以推翻的除外。

第六条　出卖人就同一普通动产订立多重买卖合同，在买卖合同均有效的情况下，买受人均要求实际履行合同的，应当按照以下情形分别处理：

（一）先行受领交付的买受人请求确认所有权已经转移的，人民法院应予支持；

（二）均未受领交付，先行支付价款的买受人请求出卖人履行交付标的物等合同义务的，人民法院应予支持；

（三）均未受领交付，也未支付价款，依法成立在先合同的买受人请求出卖人履行交付标的物等合同义务的，人民法院应予支持。

第七条　出卖人就同一船舶、航空器、机动车等特殊动产订立多重买卖合同，在买卖合同均有效的情况下，买受人均要求实际履行合同的，应当按照以下情形分别处理：

（一）先行受领交付的买受人请求出卖人履行办理所有权转移登记手续等合同义务的，人民法院应予支持；

（二）均未受领交付，先行办理所有权转移登记手续的买受人请求出卖人履行交付标的物等合同义务的，人民法院应予支持；

（三）均未受领交付，也未办理所有权转移登记手续，依法成立在先合同的买受人请求出卖人履行交付标的物和办理所有权转移登记手续等合同义务的，人民法院应予支持；

（四）出卖人将标的物交付给买受人之一，又为其他买受人办理所有权转移登记，已受领交付的买受人请求将标的物所有权登记在自己名下的，人民法院应予支持。

三、标的物风险负担

第八条 民法典第六百零三条第二款第一项规定的“标的物需要运输的”，是指标的物由出卖人负责办理托运，承运人系独立于买卖合同当事人之外的运输业者的情形。标的物毁损、灭失的风险负担，按照民法典第六百零七条第二款的规定处理。

第九条 出卖人根据合同约定将标的物运送至买受人指定地点并交付给承运人后，标的物毁损、灭失的风险由买受人负担，但当事人另有约定的除外。

第十条 出卖人出卖交由承运人运输的在途标的物，在合同成立时知道或者应当知道标的物已经毁损、灭失却未告知买受人，买受人主张出卖人负担标的物毁损、灭失的风险的，人民法院应予支持。

第十一条 当事人对风险负担没有约定，标的物为种类物，出卖人未以装运单据、加盖标记、通知买受人等可识别的方式清楚地将标的物特定于买卖合同，买受人主张不负担标的物毁损、灭失的风险的，人民法院应予支持。

四、标的物检验

第十二条 人民法院具体认定民法典第六百二十一条第二款规定的“合理期限”时，应当综合当事人之间的交易性质、交易目的、交易方式、交易习惯、标的物的种类、数量、性质、安装和使用情况、瑕疵的性质、买受人应尽的合理注意义务、检验方法和难易程度、买受人或者检验人所处的具体环境、自身技能以及其他合理因素，依据诚实信用原则进行判断。

民法典第六百二十一条第二款规定的“二年”是最长的合理期限。该期限为不变期间，不适用诉讼时效中止、中断或者延长的规定。

第十三条 买受人在合理期限内提出异议，出卖人以买受人已经支付价款、确认欠款数额、使用标的物等为由，主张买受人放弃异议的，人民法院不予支持，但当事人另有约定的除外。

第十四条　民法典第六百二十一条规定的检验期限、合理期限、二年期限经过后，买受人主张标的物的数量或者质量不符合约定的，人民法院不予支持。

出卖人自愿承担违约责任后，又以上述期限经过为由翻悔的，人民法院不予支持。

五、违约责任

第十五条　买受人依约保留部分价款作为质量保证金，出卖人在质量保证期未及时解决质量问题而影响标的物的价值或者使用效果，出卖人主张支付该部分价款的，人民法院不予支持。

第十六条　买受人在检验期限、质量保证期、合理期限内提出质量异议，出卖人未按要求予以修理或者因情况紧急，买受人自行或者通过第三人修理标的物后，主张出卖人负担因此发生的合理费用的，人民法院应予支持。

第十七条　标的物质量不符合约定，买受人依照民法典第五百八十二条的规定要求减少价款的，人民法院应予支持。当事人主张以符合约定的标的物和实际交付的标的物按交付时的市场价值计算差价的，人民法院应予支持。

价款已经支付，买受人主张返还减价后多出部分价款的，人民法院应予支持。

第十八条　买卖合同对付款期限作出的变更，不影响当事人关于逾期付款违约金的约定，但该违约金的起算点应当随之变更。

买卖合同约定逾期付款违约金，买受人以出卖人接受价款时未主张逾期付款违约金为由拒绝支付该违约金的，人民法院不予支持。

买卖合同约定逾期付款违约金，但对账单、还款协议等未涉及逾期付款责任，出卖人根据对账单、还款协议等主张欠款时请求买受人依约支付逾期付款违约金的，人民法院应予支持，但对账单、还款协议等明确载有本金及逾期付款利息数额或者已经变更买卖合同中关于本金、利息等约定内容的除外。

买卖合同没有约定逾期付款违约金或者该违约金的计算方法，出卖人以买受人违约为由主张赔偿逾期付款损失，违约行为发生在 2019 年 8 月 19 日之前的，人民法院可以中国人民银行同期同类人民币贷款基准利率为基础，参照逾期罚息利率标准计算；违约行为发生在 2019 年 8 月 20 日之后的，人民法院可以违约行为发生时中国人民银行授权全国银行间同业拆借中心公布的一年期贷款市场报价利率（LPR）标准为基础，加计 30—50% 计算逾期付款损失。

第十九条　出卖人没有履行或者不当履行从给付义务，致使买受人不能实现合同目的，买受人主张解除合同的，人民法院应当根据民法典第五百六十三条第一款第四项的规定，予以支持。

第二十条　买卖合同因违约而解除后，守约方主张继续适用违约金条款的，人民法院应予支持；但约定的违约金过分高于造成的损失的，人民法院可以参照民法典第五百八十五条第二款的规定处理。

第二十一条　买卖合同当事人一方以对方违约为由主张支付违约金，对方以合同不成立、合同未生效、合同无效或者不构成违约等为由进行免责抗辩而未主张调整过高的违约金的，人民法院应当就法院若不支持免责抗辩，当事人是否需要主张调整违约金进行释明。

一审法院认为免责抗辩成立且未予释明，二审法院认为应当判决支付违约金的，可以直接释明并改判。

第二十二条　买卖合同当事人一方违约造成对方损失，对方主张赔偿可得利益损失的，人民法院在确定违约责任范围时，应当根据当事人的主张，依据民法典第五百八十四条、第五百九十一条、第五百九十二条、本解释第二十三条等规定进行认定。

第二十三条　买卖合同当事人一方因对方违约而获有利益，违约方主张从损失赔偿额中扣除该部分利益的，人民法院应予支持。

第二十四条　买受人在缔约时知道或者应当知道标的物质量存在瑕疵，主张出卖人承担瑕疵担保责任的，人民法院不予支持，但买受人在缔约时不知道该瑕疵会导致标的物的基本效用显著降低的除外。

六、所有权保留

第二十五条　买卖合同当事人主张民法典第六百四十一条关于标的物所有权保留的规定适用于不动产的，人民法院不予支持。

第二十六条　买受人已经支付标的物总价款的百分之七十五以上，出卖人主张取回标的物的，人民法院不予支持。

在民法典第六百四十二条第一款第三项情形下，第三人依据民法典第三百一十一条的规定已经善意取得标的物所有权或者其他物权，出卖人主张取回标的物的，人民法院不予支持。

七、特 种 买 卖

第二十七条　民法典第六百三十四条第一款规定的“分期付款”，系指买受人将应付的总价款在一定期限内至少分三次向出卖人支付。

分期付款买卖合同的约定违反民法典第六百三十四条第一款的规定，损害买受人利益，买受人主张该约定无效的，人民法院应予支持。

第二十八条　分期付款买卖合同约定出卖人在解除合同时可以扣留已受领价金，出卖人扣留的金额超过标的物使用费以及标的物受损赔偿额，买受人请求返还超过部分的，人民法院应予支持。

当事人对标的物的使用费没有约定的，人民法院可以参照当地同类标的物的租金标准确定。

第二十九条　合同约定的样品质量与文字说明不一致且发生纠纷时当事人不能达成合意，样品封存后外观和内在品质没有发生变化的，人民法院应当以样品为准；外观和内在品质发生变化，或者当事人对是否发生变化有争议而又无法查明的，人民法院应当以文字说明为准。

第三十条　买卖合同存在下列约定内容之一的，不属于试用买卖。买受人主张属于试用买卖的，人民法院不予支持：

（一）约定标的物经过试用或者检验符合一定要求时，买受人应当购买标的物；

（二）约定第三人经试验对标的物认可时，买受人应当购买标的物；

（三）约定买受人在一定期限内可以调换标的物；

（四）约定买受人在一定期限内可以退还标的物。

八、其 他 问 题

第三十一条　出卖人履行交付义务后诉请买受人支付价款，买受人以出卖人违约在先为由提出异议的，人民法院应当按照下列情况分别处理：

（一）买受人拒绝支付违约金、拒绝赔偿损失或者主张出卖人应当采取减少价款等补救措施的，属于提出抗辩；

（二）买受人主张出卖人应支付违约金、赔偿损失或者要求解除合同的，应当提起反诉。

第三十二条 法律或者行政法规对债权转让、股权转让等权利转让合同有规定的，依照其规定；没有规定的，人民法院可以根据民法典第四百六十七条和第六百四十六条的规定，参照适用买卖合同的有关规定。

权利转让或者其他有偿合同参照适用买卖合同的有关规定的，人民法院应当首先引用民法典第六百四十六条的规定，再引用买卖合同的有关规定。

第三十三条 本解释施行前本院发布的有关购销合同、销售合同等有偿转移标的物所有权的合同的规定，与本解释抵触的，自本解释施行之日起不再适用。

本解释施行后尚未终审的买卖合同纠纷案件，适用本解释；本解释施行前已经终审，当事人申请再审或者按照审判监督程序决定再审的，不适用本解释。

最高人民法院关于审理商品房买卖合同纠纷案件适用法律若干问题的解释

1. 2003 年 3 月 24 日最高人民法院审判委员会第 1267 次会议通过、2003 年 4 月 28 日公布、自 2003 年 6 月 1 日起施行（法释〔2003〕7 号）
2. 根据 2020 年 12 月 23 日最高人民法院审判委员会第 1823 次会议通过、2020 年 12 月 29 日公布、自 2021 年 1 月 1 日起施行的《最高人民法院关于修改〈最高人民法院关于在民事审判工作中适用《中华人民共和国工会法》若干问题的解释〉等二十七件民事类司法解释的决定》（法释〔2020〕17 号）修正

为正确、及时审理商品房买卖合同纠纷案件，根据《中华人民共和国民法典》《中华人民共和国城市房地产管理法》等相关法律，结合民事审判实践，制定本解释。

第一条　本解释所称的商品房买卖合同，是指房地产开发企业（以下统称为出卖人）将尚未建成或者已竣工的房屋向社会销售并转移房屋所有权于买受人，买受人支付价款的合同。

第二条　出卖人未取得商品房预售许可证明，与买受人订立的商品房预售合同，应当认定无效，但是在起诉前取得商品房预售许可证明的，可以认定有效。

第三条　商品房的销售广告和宣传资料为要约邀请，但是出卖人就商品房开发规划范围内的房屋及相关设施所作的说明和允诺具体确定，并对商品房买卖合同的订立以及房屋价格的确定有重大影响的，构成要约。该说明和允诺即使未载入商品房买卖合同，亦应当为合同内容，当事人违反的，应当承担违约责任。

第四条　出卖人通过认购、订购、预订等方式向买受人收受定金作为订立商品房买卖合同担保的，如果因当事人一方原因未能订立商品房买卖合同，应当按照法律关于定金的规定处理；因不可归责于当事人双方的事由，导致商品房买卖合同未能订立的，出卖人应当将定金返还买受人。

第五条　商品房的认购、订购、预订等协议具备《商品房销售管理办法》第十六条规定的商品房买卖合同的主要内容，并且出卖人已经按照约定收受购房款的，该协议应当认定为商品房买卖合同。

第六条　当事人以商品房预售合同未按照法律、行政法规规定办理登记备案手续为由，请求确认合同无效的，不予支持。

当事人约定以办理登记备案手续为商品房预售合同生效条件的，从其约定，但当事人一方已经履行主要义务，对方接受的除外。

第七条　买受人以出卖人与第三人恶意串通，另行订立商品房买卖合同并将房屋交付使用，导致其无法取得房屋为由，请求确认出卖人与第三人订立的商品房买卖合同无效的，应予支持。

第八条　对房屋的转移占有，视为房屋的交付使用，但当事人另有约定的除外。

房屋毁损、灭失的风险，在交付使用前由出卖人承担，交付使用后由买受人承担；买受人接到出卖人的书面交房通知，无正当理由拒绝接收的，房屋毁损、灭失的风险自书面交房通知确定的交付使用之日起由买受人承担，但法律另有规定或者当事人另有约定的除外。

第九条 因房屋主体结构质量不合格不能交付使用,或者房屋交付使用后,房屋主体结构质量经核验确属不合格,买受人请求解除合同和赔偿损失的,应予支持。

第十条 因房屋质量问题严重影响正常居住使用,买受人请求解除合同和赔偿损失的,应予支持。

交付使用的房屋存在质量问题,在保修期内,出卖人应当承担修复责任;出卖人拒绝修复或者在合理期限内拖延修复的,买受人可以自行或者委托他人修复。修复费用及修复期间造成的其他损失由出卖人承担。

第十一条 根据民法典第五百六十三条的规定,出卖人迟延交付房屋或者买受人迟延支付购房款,经催告后在三个月的合理期限内仍未履行,解除权人请求解除合同的,应予支持,但当事人另有约定的除外。

法律没有规定或者当事人没有约定,经对方当事人催告后,解除权行使的合理期限为三个月。对方当事人没有催告的,解除权人自知道或者应当知道解除事由之日起一年内行使。逾期不行使的,解除权消灭。

第十二条 当事人以约定的违约金过高为由请求减少的,应当以违约金超过造成的损失30%为标准适当减少;当事人以约定的违约金低于造成的损失为由请求增加的,应当以违约造成的损失确定违约金数额。

第十三条 商品房买卖合同没有约定违约金数额或者损失赔偿额计算方法,违约金数额或者损失赔偿额可以参照以下标准确定:

逾期付款的,按照未付购房款总额,参照中国人民银行规定的金融机构计收逾期贷款利息的标准计算。

逾期交付使用房屋的,按照逾期交付使用房屋期间有关主管部门公布或者有资格的房地产评估机构评定的同地段同类房屋租金标准确定。

第十四条 由于出卖人的原因,买受人在下列期限届满未能取得不动产权属证书的,除当事人有特殊约定外,出卖人应当承担违约责任:

(一)商品房买卖合同约定的办理不动产登记的期限;

(二)商品房买卖合同的标的物为尚未建成房屋的,自房屋交付使用之日起90日;

(三)商品房买卖合同的标的物为已竣工房屋的,自合同订立之日起90日。

合同没有约定违约金或者损失数额难以确定的,可以按照已付购房款总额，参照中国人民银行规定的金融机构计收逾期贷款利息的标准计算。

第十五条　商品房买卖合同约定或者城市房地产开发经营管理条例第三十二条规定的办理不动产登记的期限届满后超过一年，由于出卖人的原因，导致买受人无法办理不动产登记，买受人请求解除合同和赔偿损失的，应予支持。

第十六条　出卖人与包销人订立商品房包销合同，约定出卖人将其开发建设的房屋交由包销人以出卖人的名义销售的，包销期满未销售的房屋，由包销人按照合同约定的包销价格购买，但当事人另有约定的除外。

第十七条　出卖人自行销售已经约定由包销人包销的房屋，包销人请求出卖人赔偿损失的，应予支持，但当事人另有约定的除外。

第十八条　对于买受人因商品房买卖合同与出卖人发生的纠纷，人民法院应当通知包销人参加诉讼；出卖人、包销人和买受人对各自的权利义务有明确约定的，按照约定的内容确定各方的诉讼地位。

第十九条　商品房买卖合同约定，买受人以担保贷款方式付款、因当事人一方原因未能订立商品房担保贷款合同并导致商品房买卖合同不能继续履行的，对方当事人可以请求解除合同和赔偿损失。因不可归责于当事人双方的事由未能订立商品房担保贷款合同并导致商品房买卖合同不能继续履行的，当事人可以请求解除合同，出卖人应当将收受的购房款本金及其利息或者定金返还买受人。

第二十条　因商品房买卖合同被确认无效或者被撤销、解除，致使商品房担保贷款合同的目的无法实现，当事人请求解除商品房担保贷款合同的，应予支持。

第二十一条　以担保贷款为付款方式的商品房买卖合同的当事人一方请求确认商品房买卖合同无效或者撤销、解除合同的，如果担保权人作为有独立请求权第三人提出诉讼请求，应当与商品房担保贷款合同纠纷合并审理；未提出诉讼请求的，仅处理商品房买卖合同纠纷。担保权人就商品房担保贷款合同纠纷另行起诉的，可以与商品房买卖合同纠纷合并审理。

商品房买卖合同被确认无效或者被撤销、解除后，商品房担保贷款合同也被解除的，出卖人应当将收受的购房贷款和购房款的本金及利息分别返还担保权人和买受人。

第二十二条　买受人未按照商品房担保贷款合同的约定偿还贷款，亦未与担保权人办理不动产抵押登记手续，担保权人起诉买受人，请求处分商品房买卖合同项下买受人合同权利的，应当通知出卖人参加诉讼；担保权人同时起诉出卖人时，如果出卖人为商品房担保贷款合同提供保证的，应当列为共同被告。

第二十三条 买受人未按照商品房担保贷款合同的约定偿还贷款，但是已经取得不动产权属证书并与担保权人办理了不动产抵押登记手续，抵押权人请求买受人偿还贷款或者就抵押的房屋优先受偿的，不应当追加出卖人为当事人，但出卖人提供保证的除外。

第二十四条 本解释自2003年6月1日起施行。

城市房地产管理法施行后订立的商品房买卖合同发生的纠纷案件，本解释公布施行后尚在一审、二审阶段的，适用本解释。

城市房地产管理法施行后订立的商品房买卖合同发生的纠纷案件，在本解释公布施行前已经终审，当事人申请再审或者按照审判监督程序决定再审的，不适用本解释。

城市房地产管理法施行前发生的商品房买卖行为，适用当时的法律、法规和《最高人民法院〈关于审理房地产管理法施行前房地产开发经营案件若干问题的解答〉》。

最高人民法院关于适用《中华人民共和国民法典》物权编的解释(一)

1. 2020年12月25日最高人民法院审判委员会第1825次会议通过
2. 2020年12月29日公布
3. 法释〔2020〕24号
4. 自2021年1月1日起施行

为正确审理物权纠纷案件，根据《中华人民共和国民法典》等相关法律规定，结合审判实践，制定本解释。

第一条 因不动产物权的归属，以及作为不动产物权登记基础的买卖、赠与、抵押等产生争议，当事人提起民事诉讼的，应当依法受理。当事人已经在行政诉讼中申请一并解决上述民事争议，且人民法院一并审理的除外。

第二条　当事人有证据证明不动产登记簿的记载与真实权利状态不符、其为该不动产物权的真实权利人，请求确认其享有物权的，应予支持。

第三条　异议登记因民法典第二百二十条第二款规定的事由失效后，当事人提起民事诉讼，请求确认物权归属的，应当依法受理。异议登记失效不影响人民法院对案件的实体审理。

第四条　未经预告登记的权利人同意，转让不动产所有权等物权，或者设立建设用地使用权、居住权、地役权、抵押权等其他物权的，应当依照民法典第二百二十一条第一款的规定，认定其不发生物权效力。

第五条　预告登记的买卖不动产物权的协议被认定无效、被撤销，或者预告登记的权利人放弃债权的，应当认定为民法典第二百二十一条第二款所称的“债权消灭”。

第六条　转让人转让船舶、航空器和机动车等所有权，受让人已经支付合理价款并取得占有，虽未经登记，但转让人的债权人主张其为民法典第二百二十五条所称的“善意第三人”的，不予支持，法律另有规定的除外。

第七条　人民法院、仲裁机构在分割共有不动产或者动产等案件中作出并依法生效的改变原有物权关系的判决书、裁决书、调解书，以及人民法院在执行程序中作出的拍卖成交裁定书、变卖成交裁定书、以物抵债裁定书，应当认定为民法典第二百二十九条所称导致物权设立、变更、转让或者消灭的人民法院、仲裁机构的法律文书。

第八条　依据民法典第二百二十九条至第二百三十一条规定享有物权，但尚未完成动产交付或者不动产登记的权利人，依据民法典第二百三十五条至第二百三十八条的规定，请求保护其物权的，应予支持。

第九条　共有份额的权利主体因继承、遗赠等原因发生变化时，其他按份共有人主张优先购买的，不予支持，但按份共有人之间另有约定的除外。

第十条　民法典第三百零五条所称的“同等条件”，应当综合共有份额的转让价格、价款履行方式及期限等因素确定。

第十一条　优先购买权的行使期间，按份共有人之间有约定的，按照约定处理；没有约定或者约定不明的，按照下列情形确定：

（一）转让人向其他按份共有人发出的包含同等条件内容的通知中载明行使期间的，以该期间为准；

（二）通知中未载明行使期间，或者载明的期间短于通知送达之日起十五日的，为十五日；

（三）转让人未通知的，为其他按份共有人知道或者应当知道最终确定的同等条件之日起十五日；

（四）转让人未通知，且无法确定其他按份共有人知道或者应当知道最终确定的同等条件的，为共有份额权属转移之日起六个月。

第十二条 按份共有人向共有人之外的人转让其份额，其他按份共有人根据法律、司法解释规定，请求按照同等条件优先购买该共有份额的，应予支持。其他按份共有人的请求具有下列情形之一的，不予支持：

（一）未在本解释第十一条规定的期间内主张优先购买，或者虽主张优先购买，但提出减少转让价款、增加转让人负担等实质性变更要求；

（二）以其优先购买权受到侵害为由，仅请求撤销共有份额转让合同或者认定该合同无效。

第十三条 按份共有人之间转让共有份额，其他按份共有人主张依据民法典第三百零五条规定优先购买的，不予支持，但按份共有人之间另有约定的除外。

第十四条 受让人受让不动产或者动产时，不知道转让人无处分权，且无重大过失的，应当认定受让人为善意。

真实权利人主张受让人不构成善意的，应当承担举证证明责任。

第十五条 具有下列情形之一的，应当认定不动产受让人知道转让人无处分权：

（一）登记簿上存在有效的异议登记；

（二）预告登记有效期内，未经预告登记的权利人同意；

（三）登记簿上已经记载司法机关或者行政机关依法裁定、决定查封或者以其他形式限制不动产权利的有关事项；

（四）受让人知道登记簿上记载的权利主体错误；

（五）受让人知道他人已经依法享有不动产物权。

真实权利人有证据证明不动产受让人应当知道转让人无处分权的，应当认定受让人具有重大过失。

第十六条 受让人受让动产时，交易的对象、场所或者时机等不符合交易习惯的，应当认定受让人具有重大过失。

第十七条　民法典第三百一十一条第一款第一项所称的“受让人受让该不动产或者动产时”，是指依法完成不动产物权转移登记或者动产交付之时。

当事人以民法典第二百二十六条规定的方式交付动产的，转让动产民事法律行为生效时为动产交付之时；当事人以民法典第二百二十七条规定的方式交付动产的，转让人与受让人之间有关转让返还原物请求权的协议生效时为动产交付之时。

法律对不动产、动产物权的设立另有规定的，应当按照法律规定的时间认定权利人是否为善意。

第十八条　民法典第三百一十一条第一款第二项所称“合理的价格”，应当根据转让标的物的性质、数量以及付款方式等具体情况，参考转让时交易地市场价格以及交易习惯等因素综合认定。

第十九条　转让人将民法典第二百二十五条规定的船舶、航空器和机动车等交付给受让人的，应当认定符合民法典第三百一十一条第一款第三项规定的善意取得的条件。

第二十条　具有下列情形之一，受让人主张依据民法典第三百一十一条规定取得所有权的，不予支持：

（一）转让合同被认定无效；

（二）转让合同被撤销。

第二十一条　本解释自2021年1月1日起施行。

最高人民法院关于审理建设工程施工合同纠纷案件适用法律问题的解释（一）

1. 2020年12月25日最高人民法院审判委员会第1825次会议通过

2. 2020年12月29日公布

3. 法释〔2020〕25号

4. 自2021年1月1日起施行

为正确审理建设工程施工合同纠纷案件，依法保护当事人合法权益，维护建筑市场秩序，促进建筑市场健康发展，根据《中华人民共和国民法典》《中华人民共和国建筑法》《中华人民共和国招标投标法》《中华人民共和国民事诉讼法》等相关法律规定，结合审判实践，制定本解释。

第一条 建设工程施工合同具有下列情形之一的，应当依据民法典第一百五十三条第一款的规定，认定无效：

（一）承包人未取得建筑业企业资质或者超越资质等级的；

（二）没有资质的实际施工人借用有资质的建筑施工企业名义的；

（三）建设工程必须进行招标而未招标或者中标无效的。

承包人因转包、违法分包建设工程与他人签订的建设工程施工合同，应当依据民法典第一百五十三条第一款及第七百九十一条第二款、第三款的规定，认定无效。

第二条 招标人和中标人另行签订的建设工程施工合同约定的工程范围、建设工期、工程质量、工程价款等实质性内容，与中标合同不一致，一方当事人请求按照中标合同确定权利义务的，人民法院应予支持。

招标人和中标人在中标合同之外就明显高于市场价格购买承建房产、无偿建设住房配套设施、让利、向建设单位捐赠财物等另行签订合同，变相降低工程价款，一方当事人以该合同背离中标合同实质性内容为由请求确认无效的，人民法院应予支持。

第三条 当事人以发包人未取得建设工程规划许可证等规划审批手续为由，请求确认建设工程施工合同无效的，人民法院应予支持，但发包人在起诉前取得建设工程规划许可证等规划审批手续的除外。

发包人能够办理审批手续而未办理，并以未办理审批手续为由请求确认建设工程施工合同无效的，人民法院不予支持。

第四条 承包人超越资质等级许可的业务范围签订建设工程施工合同，在建设工程竣工前取得相应资质等级，当事人请求按照无效合同处理的，人民法院不予支持。

第五条 具有劳务作业法定资质的承包人与总承包人、分包人签订的劳务分包合同，当事人请求确认无效的，人民法院依法不予支持。

第六条 建设工程施工合同无效，一方当事人请求对方赔偿损失的，应当就对方过错、损失大小、过错与损失之间的因果关系承担举证责任。

损失大小无法确定，一方当事人请求参照合同约定的质量标准、建设工期、工程价款支付时间等内容确定损失大小的，人民法院可以结合双方过错程度、过错与损失之间的因果关系等因素作出裁判。

第七条　缺乏资质的单位或者个人借用有资质的建筑施工企业名义签订建设工程施工合同，发包人请求出借方与借用方对建设工程质量不合格等因出借资质造成的损失承担连带赔偿责任的，人民法院应予支持。

第八条　当事人对建设工程开工日期有争议的，人民法院应当分别按照以下情形予以认定：

（一）开工日期为发包人或者监理人发出的开工通知载明的开工日期；开工通知发出后，尚不具备开工条件的，以开工条件具备的时间为开工日期；因承包人原因导致开工时间推迟的，以开工通知载明的时间为开工日期。

（二）承包人经发包人同意已经实际进场施工的，以实际进场施工时间为开工日期。

（三）发包人或者监理人未发出开工通知，亦无相关证据证明实际开工日期的，应当综合考虑开工报告、合同、施工许可证、竣工验收报告或者竣工验收备案表等载明的时间，并结合是否具备开工条件的事实，认定开工日期。

第九条　当事人对建设工程实际竣工日期有争议的，人民法院应当分别按照以下情形予以认定：

（一）建设工程经竣工验收合格的，以竣工验收合格之日为竣工日期；

（二）承包人已经提交竣工验收报告，发包人拖延验收的，以承包人提交验收报告之日为竣工日期；

（三）建设工程未经竣工验收，发包人擅自使用的，以转移占有建设工程之日为竣工日期。

第十条　当事人约定顺延工期应当经发包人或者监理人签证等方式确认，承包人虽未取得工期顺延的确认，但能够证明在合同约定的期限内向发包人或者监理人申请过工期顺延且顺延事由符合合同约定，承包人以此为由主张工期顺延的，人民法院应予支持。

当事人约定承包人未在约定期限内提出工期顺延申请视为工期不顺延的，按照约定处理，但发包人在约定期限后同意工期顺延或者承包人提出合理抗辩的除外。

第十一条　建设工程竣工前，当事人对工程质量发生争议，工程质量经鉴定合格的，鉴定期间为顺延工期期间。

第十二条 因承包人的原因造成建设工程质量不符合约定，承包人拒绝修理、返工或者改建，发包人请求减少支付工程价款的，人民法院应予支持。

第十三条 发包人具有下列情形之一，造成建设工程质量缺陷，应当承担过错责任：

（一）提供的设计有缺陷；

（二）提供或者指定购买的建筑材料、建筑构配件、设备不符合强制性标准；

（三）直接指定分包人分包专业工程。

承包人有过错的，也应当承担相应的过错责任。

第十四条 建设工程未经竣工验收，发包人擅自使用后，又以使用部分质量不符合约定为由主张权利的，人民法院不予支持；但是承包人应当在建设工程的合理使用寿命内对地基基础工程和主体结构质量承担民事责任。

第十五条 因建设工程质量发生争议的，发包人可以以总承包人、分包人和实际施工人为共同被告提起诉讼。

第十六条 发包人在承包人提起的建设工程施工合同纠纷案件中，以建设工程质量不符合合同约定或者法律规定为由，就承包人支付违约金或者赔偿修理、返工、改建的合理费用等损失提出反诉的，人民法院可以合并审理。

第十七条 有下列情形之一，承包人请求发包人返还工程质量保证金的，人民法院应予支持：

（一）当事人约定的工程质量保证金返还期限届满；

（二）当事人未约定工程质量保证金返还期限的，自建设工程通过竣工验收之日起满二年；

（三）因发包人原因建设工程未按约定期限进行竣工验收的，自承包人提交工程竣工验收报告九十日后当事人约定的工程质量保证金返还期限届满；当事人未约定工程质量保证金返还期限的，自承包人提交工程竣工验收报告九十日后起满二年。

发包人返还工程质量保证金后，不影响承包人根据合同约定或者法律规定履行工程保修义务。

第十八条 因保修人未及时履行保修义务，导致建筑物毁损或者造成人身损害、财产损失的，保修人应当承担赔偿责任。

保修人与建筑物所有人或者发包人对建筑物毁损均有过错的，各自承担相应的责任。

第十九条　当事人对建设工程的计价标准或者计价方法有约定的，按照约定结算工程价款。

因设计变更导致建设工程的工程量或者质量标准发生变化，当事人对该部分工程价款不能协商一致的，可以参照签订建设工程施工合同时当地建设行政主管部门发布的计价方法或者计价标准结算工程价款。

建设工程施工合同有效，但建设工程经竣工验收不合格的，依照民法典第五百七十七条规定处理。

第二十条　当事人对工程量有争议的，按照施工过程中形成的签证等书面文件确认。承包人能够证明发包人同意其施工，但未能提供签证文件证明工程量发生的，可以按照当事人提供的其他证据确认实际发生的工程量。

第二十一条　当事人约定，发包人收到竣工结算文件后，在约定期限内不予答复，视为认可竣工结算文件的，按照约定处理。承包人请求按照竣工结算文件结算工程价款的，人民法院应予支持。

第二十二条　当事人签订的建设工程施工合同与招标文件、投标文件、中标通知书载明的工程范围、建设工期、工程质量、工程价款不一致，一方当事人请求将招标文件、投标文件、中标通知书作为结算工程价款的依据的，人民法院应予支持。

第二十三条　发包人将依法不属于必须招标的建设工程进行招标后，与承包人另行订立的建设工程施工合同背离中标合同的实质性内容，当事人请求以中标合同作为结算建设工程价款依据的，人民法院应予支持，但发包人与承包人因客观情况发生了在招标投标时难以预见的变化而另行订立建设工程施工合同的除外。

第二十四条　当事人就同一建设工程订立的数份建设工程施工合同均无效，但建设工程质量合格，一方当事人请求参照实际履行的合同关于工程价款的约定折价补偿承包人的，人民法院应予支持。

实际履行的合同难以确定，当事人请求参照最后签订的合同关于工程价款的约定折价补偿承包人的，人民法院应予支持。

第二十五条　当事人对垫资和垫资利息有约定，承包人请求按照约定返还垫资及其利息的，人民法院应予支持，但是约定的利息计算标准高于垫资时的同类贷款利率或者同期贷款市场报价利率的部分除外。

当事人对垫资没有约定的，按照工程欠款处理。

当事人对垫资利息没有约定，承包人请求支付利息的，人民法院不予支持。

第二十六条 当事人对欠付工程价款利息计付标准有约定的，按照约定处理。没有约定的，按照同期同类贷款利率或者同期贷款市场报价利率计息。

第二十七条 利息从应付工程价款之日开始计付。当事人对付款时间没有约定或者约定不明的，下列时间视为应付款时间：

（一）建设工程已实际交付的，为交付之日；

（二）建设工程没有交付的，为提交竣工结算文件之日；

（三）建设工程未交付，工程价款也未结算的，为当事人起诉之日。

第二十八条 当事人约定按照固定价结算工程价款，一方当事人请求对建设工程造价进行鉴定的，人民法院不予支持。

第二十九条 当事人在诉讼前已经对建设工程价款结算达成协议，诉讼中一方当事人申请对工程造价进行鉴定的，人民法院不予准许。

第三十条 当事人在诉讼前共同委托有关机构、人员对建设工程造价出具咨询意见，诉讼中一方当事人不认可该咨询意见申请鉴定的，人民法院应予准许，但双方当事人明确表示受该咨询意见约束的除外。

第三十一条 当事人对部分案件事实有争议的，仅对有争议的事实进行鉴定，但争议事实范围不能确定，或者双方当事人请求对全部事实鉴定的除外。

第三十二条 当事人对工程造价、质量、修复费用等专门性问题有争议，人民法院认为需要鉴定的，应当向负有举证责任的当事人释明。当事人经释明未申请鉴定，虽申请鉴定但未支付鉴定费用或者拒不提供相关材料的，应当承担举证不能的法律后果。

一审诉讼中负有举证责任的当事人未申请鉴定，虽申请鉴定但未支付鉴定费用或者拒不提供相关材料，二审诉讼中申请鉴定，人民法院认为确有必要的，应当依照民事诉讼法第一百七十条第一款第三项的规定处理。

第三十三条 人民法院准许当事人的鉴定申请后，应当根据当事人申请及查明案件事实的需要，确定委托鉴定的事项、范围、鉴定期限等，并组织当事人对争议的鉴定材料进行质证。

第三十四条　人民法院应当组织当事人对鉴定意见进行质证。鉴定人将当事人有争议且未经质证的材料作为鉴定依据的，人民法院应当组织当事人就该部分材料进行质证。经质证认为不能作为鉴定依据的，根据该材料作出的鉴定意见不得作为认定案件事实的依据。

第三十五条　与发包人订立建设工程施工合同的承包人，依据民法典第八百零七条的规定请求其承建工程的价款就工程折价或者拍卖的价款优先受偿的，人民法院应予支持。

第三十六条　承包人根据民法典第八百零七条规定享有的建设工程价款优先受偿权优于抵押权和其他债权。

第三十七条　装饰装修工程具备折价或者拍卖条件，装饰装修工程的承包人请求工程价款就该装饰装修工程折价或者拍卖的价款优先受偿的，人民法院应予支持。

第三十八条　建设工程质量合格，承包人请求其承建工程的价款就工程折价或者拍卖的价款优先受偿的，人民法院应予支持。

第三十九条　未竣工的建设工程质量合格，承包人请求其承建工程的价款就其承建工程部分折价或者拍卖的价款优先受偿的，人民法院应予支持。

第四十条　承包人建设工程价款优先受偿的范围依照国务院有关行政主管部门关于建设工程价款范围的规定确定。

承包人就逾期支付建设工程价款的利息、违约金、损害赔偿金等主张优先受偿的，人民法院不予支持。

第四十一条　承包人应当在合理期限内行使建设工程价款优先受偿权，但最长不得超过十八个月，自发包人应当给付建设工程价款之日起算。

第四十二条　发包人与承包人约定放弃或者限制建设工程价款优先受偿权，损害建筑工人利益，发包人根据该约定主张承包人不享有建设工程价款优先受偿权的，人民法院不予支持。

第四十三条　实际施工人以转包人、违法分包人为被告起诉的，人民法院应当依法受理。

实际施工人以发包人为被告主张权利的，人民法院应当追加转包人或者违法分包人为本案第三人，在查明发包人欠付转包人或者违法分包人建设工程价款的数额后，判决发包人在欠付建设工程价款范围内对实际施工人承担责任。

第四十四条 实际施工人依据民法典第五百三十五条规定，以转包人或者违法分包人怠于向发包人行使到期债权或者与该债权有关的从权利，影响其到期债权实现，提起代位权诉讼的，人民法院应予支持。

第四十五条 本解释自 2021 年 1 月 1 日起施行。

最高人民法院关于审理物业服务纠纷案件适用法律若干问题的解释

1. 2009 年 4 月 20 日最高人民法院审判委员会第 1466 次会议通过、2009 年 5 月 15 日公布、自 2009 年 10 月 1 日起施行（法释〔2009〕8 号）
2. 根据 2020 年 12 月 23 日最高人民法院审判委员会第 1823 次会议通过、2020 年 12 月 29 日公布、自 2021 年 1 月 1 日起施行的《最高人民法院关于修改〈最高人民法院关于在民事审判工作中适用《中华人民共和国工会法》若干问题的解释〉等二十七件民事类司法解释的决定》（法释〔2020〕17 号）修正

为正确审理物业服务纠纷案件，依法保护当事人的合法权益，根据《中华人民共和国民法典》等法律规定，结合民事审判实践，制定本解释。

第一条 业主违反物业服务合同或者法律、法规、管理规约，实施妨碍物业服务与管理的行为，物业服务人请求业主承担停止侵害、排除妨碍、恢复原状等相应民事责任的，人民法院应予支持。

第二条 物业服务人违反物业服务合同约定或者法律、法规、部门规章规定，擅自扩大收费范围、提高收费标准或者重复收费，业主以违规收费为由提出抗辩的，人民法院应予支持。

业主请求物业服务人退还其已经收取的违规费用的，人民法院应予支持。

第三条 物业服务合同的权利义务终止后，业主请求物业服务人退还已经预收，但尚未提供物业服务期间的物业费的，人民法院应予支持。

第四条 因物业的承租人、借用人或者其他物业使用人实施违反物业服务合同，以及法律、法规或者管理规约的行为引起的物业服务纠纷，人民法院可

以参照关于业主的规定处理。

第五条　本解释自2009年10月1日起施行。

本解释施行前已经终审，本解释施行后当事人申请再审或者按照审判监督程序决定再审的案件，不适用本解释。

最高人民法院关于审理建筑物区分所有权纠纷案件适用法律若干问题的解释

1.2009年3月23日最高人民法院审判委员会第1464次会议通过、2009年5月14日公布、自2009年10月1日起施行（法释〔2009〕7号）

2.根据2020年12月23日最高人民法院审判委员会第1823次会议通过、2020年12月29日公布、自2021年1月1日起施行的《最高人民法院关于修改〈最高人民法院关于在民事审判工作中适用《中华人民共和国工会法》若干问题的解释〉等二十七件民事类司法解释的决定》（法释〔2020〕17号）修正

为正确审理建筑物区分所有权纠纷案件，依法保护当事人的合法权益，根据《中华人民共和国民法典》等法律的规定，结合民事审判实践，制定本解释。

第一条　依法登记取得或者依据民法典第二百二十九条至第二百三十一条规定取得建筑物专有部分所有权的人，应当认定为民法典第二编第六章所称的业主。

基于与建设单位之间的商品房买卖民事法律行为，已经合法占有建筑物专有部分，但尚未依法办理所有权登记的人，可以认定为民法典第二编第六章所称的业主。

第二条　建筑区划内符合下列条件的房屋，以及车位、摊位等特定空间，应当认定为民法典第二编第六章所称的专有部分：

（一）具有构造上的独立性，能够明确区分；

（二）具有利用上的独立性，可以排他使用；

（三）能够登记成为特定业主所有权的客体。

规划上专属于特定房屋，且建设单位销售时已经根据规划列入该特定

房屋买卖合同中的露台等,应当认定为前款所称的专有部分的组成部分。

本条第一款所称房屋,包括整栋建筑物。

第三条 除法律、行政法规规定的共有部分外,建筑区划内的以下部分,也应当认定为民法典第二编第六章所称的共有部分:

(一)建筑物的基础、承重结构、外墙、屋顶等基本结构部分,通道、楼梯、大堂等公共通行部分,消防、公共照明等附属设施、设备,避难层、设备层或者设备间等结构部分;

(二)其他不属于业主专有部分,也不属于市政公用部分或者其他权利人所有的场所及设施等。

建筑区划内的土地,依法由业主共同享有建设用地使用权,但属于业主专有的整栋建筑物的规划占地或者城镇公共道路、绿地占地除外。

第四条 业主基于对住宅、经营性用房等专有部分特定使用功能的合理需要,无偿利用屋顶以及与其专有部分相对应的外墙面等共有部分的,不应认定为侵权。但违反法律、法规、管理规约,损害他人合法权益的除外。

第五条 建设单位按照配置比例将车位、车库,以出售、附赠或者出租等方式处分给业主的,应当认定其行为符合民法典第二百七十六条有关"应当首先满足业主的需要"的规定。

前款所称配置比例是指规划确定的建筑区划内规划用于停放汽车的车位、车库与房屋套数的比例。

第六条 建筑区划内在规划用于停放汽车的车位之外,占用业主共有道路或者其他场地增设的车位,应当认定为民法典第二百七十五条第二款所称的车位。

第七条 处分共有部分,以及业主大会依法决定或者管理规约依法确定应由业主共同决定的事项,应当认定为民法典第二百七十八条第一款第(九)项规定的有关共有和共同管理权利的"其他重大事项"。

第八条 民法典第二百七十八条第二款和第二百八十三条规定的专有部分面积可以按照不动产登记簿记载的面积计算;尚未进行物权登记的,暂按测绘机构的实测面积计算;尚未进行实测的,暂按房屋买卖合同记载的面积计算。

第九条 民法典第二百七十八条第二款规定的业主人数可以按照专有部分的数量计算,一个专有部分按一人计算。但建设单位尚未出售和虽已出售但尚未交付的部分，以及同一买受人拥有一个以上专有部分的，按一人计算。

第十条　业主将住宅改变为经营性用房，未依据民法典第二百七十九条的规定经有利害关系的业主一致同意，有利害关系的业主请求排除妨害、消除危险、恢复原状或者赔偿损失的，人民法院应予支持。

将住宅改变为经营性用房的业主以多数有利害关系的业主同意其行为进行抗辩的，人民法院不予支持。

第十一条　业主将住宅改变为经营性用房，本栋建筑物内的其他业主，应当认定为民法典第二百七十九条所称“有利害关系的业主”。建筑区划内，本栋建筑物之外的业主，主张与自己有利害关系的，应证明其房屋价值、生活质量受到或者可能受到不利影响。

第十二条　业主以业主大会或者业主委员会作出的决定侵害其合法权益或者违反了法律规定的程序为由，依据民法典第二百八十条第二款的规定请求人民法院撤销该决定的，应当在知道或者应当知道业主大会或者业主委员会作出决定之日起一年内行使。

第十三条　业主请求公布、查阅下列应当向业主公开的情况和资料的，人民法院应予支持：

（一）建筑物及其附属设施的维修资金的筹集、使用情况；

（二）管理规约、业主大会议事规则，以及业主大会或者业主委员会的决定及会议记录；

（三）物业服务合同、共有部分的使用和收益情况；

（四）建筑区划内规划用于停放汽车的车位、车库的处分情况；

（五）其他应当向业主公开的情况和资料。

第十四条　建设单位、物业服务企业或者其他管理人等擅自占用、处分业主共有部分、改变其使用功能或者进行经营性活动，权利人请求排除妨害、恢复原状、确认处分行为无效或者赔偿损失的，人民法院应予支持。

属于前款所称擅自进行经营性活动的情形，权利人请求建设单位、物业服务企业或者其他管理人等将扣除合理成本之后的收益用于补充专项维修资金或者业主共同决定的其他用途的，人民法院应予支持。行为人对成本的支出及其合理性承担举证责任。

第十五条　业主或者其他行为人违反法律、法规、国家相关强制性标准、管理规约,或者违反业主大会、业主委员会依法作出的决定,实施下列行为的,可以认定为民法典第二百八十六条第二款所称的其他"损害他人合法权益的行为":

(一)损害房屋承重结构,损害或者违章使用电力、燃气、消防设施,在建筑物内放置危险、放射性物品等危及建筑物安全或者妨碍建筑物正常使用;

(二)违反规定破坏、改变建筑物外墙面的形状、颜色等损害建筑物外观;

(三)违反规定进行房屋装饰装修;

(四)违章加建、改建,侵占、挖掘公共通道、道路、场地或者其他共有部分。

第十六条　建筑物区分所有权纠纷涉及专有部分的承租人、借用人等物业使用人的,参照本解释处理。

专有部分的承租人、借用人等物业使用人,根据法律、法规、管理规约、业主大会或者业主委员会依法作出的决定,以及其与业主的约定,享有相应权利,承担相应义务。

第十七条　本解释所称建设单位,包括包销期满,按照包销合同约定的包销价格购买尚未销售的物业后,以自己名义对外销售的包销人。

第十八条　人民法院审理建筑物区分所有权案件中,涉及有关物权归属争议的,应当以法律、行政法规为依据。

第十九条　本解释自 2009 年 10 月 1 日起施行。

因物权法施行后实施的行为引起的建筑物区分所有权纠纷案件,适用本解释。

本解释施行前已经终审,本解释施行后当事人申请再审或者按照审判监督程序决定再审的案件,不适用本解释。

最高人民法院关于审理涉及农村土地承包纠纷案件适用法律问题的解释

1. 2005年3月29日最高人民法院审判委员会第1346次会议通过、2005年7月29日公布、自2005年9月1日起施行(法释〔2005〕6号)
2. 根据2020年12月23日最高人民法院审判委员会第1823次会议通过、2020年12月29日公布、自2021年1月1日起施行的《最高人民法院关于修改〈最高人民法院关于在民事审判工作中适用《中华人民共和国工会法》若干问题的解释〉等二十七件民事类司法解释的决定》(法释〔2020〕17号)修正

为正确审理农村土地承包纠纷案件,依法保护当事人的合法权益,根据《中华人民共和国民法典》《中华人民共和国农村土地承包法》《中华人民共和国土地管理法》《中华人民共和国民事诉讼法》等法律的规定,结合民事审判实践,制定本解释。

一、受理与诉讼主体

第一条　下列涉及农村土地承包民事纠纷,人民法院应当依法受理:

(一)承包合同纠纷;

(二)承包经营权侵权纠纷;

(三)土地经营权侵权纠纷;

(四)承包经营权互换、转让纠纷;

(五)土地经营权流转纠纷;

(六)承包地征收补偿费用分配纠纷;

(七)承包经营权继承纠纷;

(八)土地经营权继承纠纷。

农村集体经济组织成员因未实际取得土地承包经营权提起民事诉讼的,人民法院应当告知其向有关行政主管部门申请解决。

农村集体经济组织成员就用于分配的土地补偿费数额提起民事诉讼的,人民法院不予受理。

第二条 当事人自愿达成书面仲裁协议的，受诉人民法院应当参照《最高人民法院关于适用〈中华人民共和国民事诉讼法〉的解释》第二百一十五条、第二百一十六条的规定处理。

当事人未达成书面仲裁协议，一方当事人向农村土地承包仲裁机构申请仲裁，另一方当事人提起诉讼的，人民法院应予受理，并书面通知仲裁机构。但另一方当事人接受仲裁管辖后又起诉的，人民法院不予受理。

当事人对仲裁裁决不服并在收到裁决书之日起三十日内提起诉讼的，人民法院应予受理。

第三条 承包合同纠纷，以发包方和承包方为当事人。

前款所称承包方是指以家庭承包方式承包本集体经济组织农村土地的农户，以及以其他方式承包农村土地的组织或者个人。

第四条 农户成员为多人的，由其代表人进行诉讼。

农户代表人按照下列情形确定：

（一）土地承包经营权证等证书上记载的人；

（二）未依法登记取得土地承包经营权证等证书的，为在承包合同上签名的人；

（三）前两项规定的人死亡、丧失民事行为能力或者因其他原因无法进行诉讼的，为农户成员推选的人。

二、家庭承包纠纷案件的处理

第五条 承包合同中有关收回、调整承包地的约定违反农村土地承包法第二十七条、第二十八条、第三十一条规定的，应当认定该约定无效。

第六条 因发包方违法收回、调整承包地，或者因发包方收回承包方弃耕、撂荒的承包地产生的纠纷，按照下列情形，分别处理：

（一）发包方未将承包地另行发包，承包方请求返还承包地的，应予支持；

（二）发包方已将承包地另行发包给第三人，承包方以发包方和第三人为共同被告，请求确认其所签订的承包合同无效、返还承包地并赔偿损失的，应予支持。但属于承包方弃耕、撂荒情形的，对其赔偿损失的诉讼请求，不予支持。

前款第（二）项所称的第三人，请求受益方补偿其在承包地上的合理投入的，应予支持。

第七条　承包合同约定或者土地承包经营权证等证书记载的承包期限短于农村土地承包法规定的期限，承包方请求延长的，应予支持。

第八条　承包方违反农村土地承包法第十八条规定，未经依法批准将承包地用于非农建设或者对承包地造成永久性损害，发包方请求承包方停止侵害、恢复原状或者赔偿损失的，应予支持。

第九条　发包方根据农村土地承包法第二十七条规定收回承包地前，承包方已经以出租、入股或者其他形式将其土地经营权流转给第三人，且流转期限尚未届满，因流转价款收取产生的纠纷，按照下列情形，分别处理：

（一）承包方已经一次性收取了流转价款，发包方请求承包方返还剩余流转期限的流转价款的，应予支持；

（二）流转价款为分期支付，发包方请求第三人按照流转合同的约定支付流转价款的，应予支持。

第十条　承包方交回承包地不符合农村土地承包法第三十条规定程序的，不得认定其为自愿交回。

第十一条　土地经营权流转中，本集体经济组织成员在流转价款、流转期限等主要内容相同的条件下主张优先权的，应予支持。但下列情形除外：

（一）在书面公示的合理期限内未提出优先权主张的；

（二）未经书面公示，在本集体经济组织以外的人开始使用承包地两个月内未提出优先权主张的。

第十二条　发包方胁迫承包方将土地经营权流转给第三人，承包方请求撤销其与第三人签订的流转合同的，应予支持。

发包方阻碍承包方依法流转土地经营权，承包方请求排除妨碍、赔偿损失的，应予支持。

第十三条　承包方未经发包方同意，转让其土地承包经营权的，转让合同无效。但发包方无法定理由不同意或者拖延表态的除外。

第十四条　承包方依法采取出租、入股或者其他方式流转土地经营权，发包方仅以该土地经营权流转合同未报其备案为由，请求确认合同无效的，不予支持。

第十五条　因承包方不收取流转价款或者向对方支付费用的约定产生纠纷，当事人协商变更无法达成一致，且继续履行又显失公平的，人民法院可以根据发生变更的客观情况，按照公平原则处理。

第十六条 当事人对出租地流转期限没有约定或者约定不明的,参照民法典第七百三十条规定处理。除当事人另有约定或者属于林地承包经营外,承包地交回的时间应当在农作物收获期结束后或者下一耕种期开始前。

对提高土地生产能力的投入,对方当事人请求承包方给予相应补偿的,应予支持。

第十七条 发包方或者其他组织、个人擅自截留、扣缴承包收益或者土地经营权流转收益,承包方请求返还的,应予支持。

发包方或者其他组织、个人主张抵销的,不予支持。

三、其他方式承包纠纷的处理

第十八条 本集体经济组织成员在承包费、承包期限等主要内容相同的条件下主张优先承包的,应予支持。但在发包方将农村土地发包给本集体经济组织以外的组织或者个人,已经法律规定的民主议定程序通过,并由乡(镇)人民政府批准后主张优先承包的,不予支持。

第十九条 发包方就同一土地签订两个以上承包合同,承包方均主张取得土地经营权的,按照下列情形,分别处理:

(一)已经依法登记的承包方,取得土地经营权;

(二)均未依法登记的,生效在先合同的承包方取得土地经营权;

(三)依前两项规定无法确定的,已经根据承包合同合法占有使用承包地的人取得土地经营权,但争议发生后一方强行先占承包地的行为和事实,不得作为确定土地经营权的依据。

四、土地征收补偿费用分配及土地承包经营权继承纠纷的处理

第二十条 承包地被依法征收,承包方请求发包方给付已经收到的地上附着物和青苗的补偿费的,应予支持。

承包方已将土地经营权以出租、入股或者其他方式流转给第三人的,除当事人另有约定外,青苗补偿费归实际投入人所有,地上附着物补偿费归附着物所有人所有。

第二十一条 承包地被依法征收,放弃统一安置的家庭承包方,请求发包方给付已经收到的安置补助费的,应予支持。

第二十二条　农村集体经济组织或者村民委员会、村民小组，可以依照法律规定的民主议定程序，决定在本集体经济组织内部分配已经收到的土地补偿费。征地补偿安置方案确定时已经具有本集体经济组织成员资格的人，请求支付相应份额的，应予支持。但已报全国人大常委会、国务院备案的地方性法规、自治条例和单行条例、地方政府规章对土地补偿费在农村集体经济组织内部的分配办法另有规定的除外。

第二十三条　林地家庭承包中，承包方的继承人请求在承包期内继续承包的，应予支持。

其他方式承包中，承包方的继承人或者权利义务承受者请求在承包期内继续承包的，应予支持。

五、其他规定

第二十四条　人民法院在审理涉及本解释第五条、第六条第一款第（二）项及第二款、第十五条的纠纷案件时，应当着重进行调解。必要时可以委托人民调解组织进行调解。

第二十五条　本解释自2005年9月1日起施行。施行后受理的第一审案件，适用本解释的规定。

施行前已经生效的司法解释与本解释不一致的，以本解释为准。

最高人民法院关于审理涉及农村土地承包经营纠纷调解仲裁案件适用法律若干问题的解释

1. 2013年12月27日最高人民法院审判委员会第1601次会议通过、2014年1月9日公布、自2014年1月24日起施行（法释〔2014〕1号）
2. 根据2020年12月23日最高人民法院审判委员会第1823次会议通过、2020年12月29日公布、自2021年1月1日起施行的《最高人民法院关于修改〈最高人民法院关于在民事审判工作中适用《中华人民共和国工会法》若干问题的解释〉等二十七件民事类司法解释的决定》（法释〔2020〕17号）修正

为正确审理涉及农村土地承包经营纠纷调解仲裁案件，根据《中华人

民共和国农村土地承包法》《中华人民共和国农村土地承包经营纠纷调解仲裁法》《中华人民共和国民事诉讼法》等法律的规定,结合民事审判实践,就审理涉及农村土地承包经营纠纷调解仲裁案件适用法律的若干问题,制定本解释。

第一条 农村土地承包仲裁委员会根据农村土地承包经营纠纷调解仲裁法第十八条规定,以超过申请仲裁的时效期间为由驳回申请后,当事人就同一纠纷提起诉讼的,人民法院应予受理。

第二条 当事人在收到农村土地承包仲裁委员会作出的裁决书之日起三十日后或者签收农村土地承包仲裁委员会作出的调解书后,就同一纠纷向人民法院提起诉讼的,裁定不予受理;已经受理的,裁定驳回起诉。

第三条 当事人在收到农村土地承包仲裁委员会作出的裁决书之日起三十日内,向人民法院提起诉讼,请求撤销仲裁裁决的,人民法院应当告知当事人就原纠纷提起诉讼。

第四条 农村土地承包仲裁委员会依法向人民法院提交当事人财产保全申请的,申请财产保全的当事人为申请人。

农村土地承包仲裁委员会应当提交下列材料:

(一)财产保全申请书;

(二)农村土地承包仲裁委员会发出的受理案件通知书;

(三)申请人的身份证明;

(四)申请保全财产的具体情况。

人民法院采取保全措施,可以责令申请人提供担保,申请人不提供担保的,裁定驳回申请。

第五条 人民法院对农村土地承包仲裁委员会提交的财产保全申请材料,应当进行审查。符合前条规定的,应予受理;申请材料不齐全或不符合规定的,人民法院应当告知农村土地承包仲裁委员会需要补齐的内容。

人民法院决定受理的,应当于三日内向当事人送达受理通知书并告知农村土地承包仲裁委员会。

第六条 人民法院受理财产保全申请后,应当在十日内作出裁定。因特殊情况需要延长的,经本院院长批准,可以延长五日。

人民法院接受申请后,对情况紧急的,必须在四十八小时内作出裁定;裁定采取保全措施的,应当立即开始执行。

第七条　农村土地承包经营纠纷仲裁中采取的财产保全措施，在申请保全的当事人依法提起诉讼后，自动转为诉讼中的财产保全措施，并适用《最高人民法院关于适用〈中华人民共和国民事诉讼法〉的解释》第四百八十七条关于查封、扣押、冻结期限的规定。

第八条　农村土地承包仲裁委员会依法向人民法院提交当事人证据保全申请的，应当提供下列材料：

（一）证据保全申请书；

（二）农村土地承包仲裁委员会发出的受理案件通知书；

（三）申请人的身份证明；

（四）申请保全证据的具体情况。

对证据保全的具体程序事项，适用本解释第五、六、七条关于财产保全的规定。

第九条　农村土地承包仲裁委员会作出先行裁定后，一方当事人依法向被执行人住所地或者被执行的财产所在地基层人民法院申请执行的，人民法院应予受理和执行。

申请执行先行裁定的，应当提供以下材料：

（一）申请执行书；

（二）农村土地承包仲裁委员会作出的先行裁定书；

（三）申请执行人的身份证明；

（四）申请执行人提供的担保情况；

（五）其他应当提交的文件或证件。

第十条　当事人根据农村土地承包经营纠纷调解仲裁法第四十九条规定，向人民法院申请执行调解书、裁决书，符合《最高人民法院关于人民法院执行工作若干问题的规定（试行）》第十六条规定条件的，人民法院应予受理和执行。

第十一条　当事人因不服农村土地承包仲裁委员会作出的仲裁裁决向人民法院提起诉讼的，起诉期从其收到裁决书的次日起计算。

第十二条　本解释施行后，人民法院尚未审结的一审、二审案件适用本解释规定。本解释施行前已经作出生效裁判的案件，本解释施行后依法再审的，不适用本解释规定。

最高人民法院关于适用《中华人民共和国民法典》婚姻家庭编的解释(一)

1.2020年12月25日最高人民法院审判委员会第1825次会议通过

2.2020年12月29日公布

3.法释〔2020〕22号

4.自2021年1月1日起施行

为正确审理婚姻家庭纠纷案件,根据《中华人民共和国民法典》《中华人民共和国民事诉讼法》等相关法律规定,结合审判实践,制定本解释。

一、一般规定

第一条 持续性、经常性的家庭暴力,可以认定为民法典第一千零四十二条、第一千零七十九条、第一千零九十一条所称的“虐待”。

第二条 民法典第一千零四十二条、第一千零七十九条、第一千零九十一条规定的“与他人同居”的情形,是指有配偶者与婚外异性,不以夫妻名义,持续、稳定地共同居住。

第三条 当事人提起诉讼仅请求解除同居关系的,人民法院不予受理;已经受理的,裁定驳回起诉。

当事人因同居期间财产分割或者子女抚养纠纷提起诉讼的,人民法院应当受理。

第四条 当事人仅以民法典第一千零四十三条为依据提起诉讼的,人民法院不予受理;已经受理的,裁定驳回起诉。

第五条 当事人请求返还按照习俗给付的彩礼的,如果查明属于以下情形,人民法院应当予以支持:

(一)双方未办理结婚登记手续;

(二)双方办理结婚登记手续但确未共同生活;

(三)婚前给付并导致给付人生活困难。

适用前款第二项、第三项的规定,应当以双方离婚为条件。

二、结　　婚

第六条　男女双方依据民法典第一千零四十九条规定补办结婚登记的，婚姻关系的效力从双方均符合民法典所规定的结婚的实质要件时起算。

第七条　未依据民法典第一千零四十九条规定办理结婚登记而以夫妻名义共同生活的男女，提起诉讼要求离婚的，应当区别对待：

（一）1994 年 2 月 1 日民政部《婚姻登记管理条例》公布实施以前，男女双方已经符合结婚实质要件的，按事实婚姻处理。

（二）1994 年 2 月 1 日民政部《婚姻登记管理条例》公布实施以后，男女双方符合结婚实质要件的，人民法院应当告知其补办结婚登记。未补办结婚登记的，依据本解释第三条规定处理。

第八条　未依据民法典第一千零四十九条规定办理结婚登记而以夫妻名义共同生活的男女，一方死亡，另一方以配偶身份主张享有继承权的，依据本解释第七条的原则处理。

第九条　有权依据民法典第一千零五十一条规定向人民法院就已办理结婚登记的婚姻请求确认婚姻无效的主体，包括婚姻当事人及利害关系人。其中，利害关系人包括：

（一）以重婚为由的，为当事人的近亲属及基层组织；

（二）以未到法定婚龄为由的，为未到法定婚龄者的近亲属；

（三）以有禁止结婚的亲属关系为由的，为当事人的近亲属。

第十条　当事人依据民法典第一千零五十一条规定向人民法院请求确认婚姻无效，法定的无效婚姻情形在提起诉讼时已经消失的，人民法院不予支持。

第十一条　人民法院受理请求确认婚姻无效案件后，原告申请撤诉的，不予准许。

对婚姻效力的审理不适用调解，应当依法作出判决。

涉及财产分割和子女抚养的，可以调解。调解达成协议的，另行制作调解书；未达成调解协议的，应当一并作出判决。

第十二条　人民法院受理离婚案件后，经审理确属无效婚姻的，应当将婚姻无效的情形告知当事人，并依法作出确认婚姻无效的判决。

第十三条　人民法院就同一婚姻关系分别受理了离婚和请求确认婚姻无效

案件的，对于离婚案件的审理，应当待请求确认婚姻无效案件作出判决后进行。

第十四条 夫妻一方或者双方死亡后，生存一方或者利害关系人依据民法典第一千零五十一条的规定请求确认婚姻无效的，人民法院应当受理。

第十五条 利害关系人依据民法典第一千零五十一条的规定，请求人民法院确认婚姻无效的，利害关系人为原告，婚姻关系当事人双方为被告。

夫妻一方死亡的，生存一方为被告。

第十六条 人民法院审理重婚导致的无效婚姻案件时，涉及财产处理的，应当准许合法婚姻当事人作为有独立请求权的第三人参加诉讼。

第十七条 当事人以民法典第一千零五十一条规定的三种无效婚姻以外的情形请求确认婚姻无效的，人民法院应当判决驳回当事人的诉讼请求。

当事人以结婚登记程序存在瑕疵为由提起民事诉讼，主张撤销结婚登记的，告知其可以依法申请行政复议或者提起行政诉讼。

第十八条 行为人以给另一方当事人或者其近亲属的生命、身体、健康、名誉、财产等方面造成损害为要挟，迫使另一方当事人违背真实意愿结婚的，可以认定为民法典第一千零五十二条所称的“胁迫”。

因受胁迫而请求撤销婚姻的，只能是受胁迫一方的婚姻关系当事人本人。

第十九条 民法典第一千零五十二条规定的“一年”，不适用诉讼时效中止、中断或者延长的规定。

受胁迫或者被非法限制人身自由的当事人请求撤销婚姻的，不适用民法典第一百五十二条第二款的规定。

第二十条 民法典第一千零五十四条所规定的“自始没有法律约束力”，是指无效婚姻或者可撤销婚姻在依法被确认无效或者被撤销时，才确定该婚姻自始不受法律保护。

第二十一条 人民法院根据当事人的请求，依法确认婚姻无效或者撤销婚姻的，应当收缴双方的结婚证书并将生效的判决书寄送当地婚姻登记管理机关。

第二十二条 被确认无效或者被撤销的婚姻，当事人同居期间所得的财产，除有证据证明为当事人一方所有的以外，按共同共有处理。

三、夫妻关系

第二十三条　夫以妻擅自中止妊娠侵犯其生育权为由请求损害赔偿的，人民法院不予支持；夫妻双方因是否生育发生纠纷，致使感情确已破裂，一方请求离婚的，人民法院经调解无效，应依照民法典第一千零七十九条第三款第五项的规定处理。

第二十四条　民法典第一千零六十二条第一款第三项规定的"知识产权的收益"，是指婚姻关系存续期间，实际取得或者已经明确可以取得的财产性收益。

第二十五条　婚姻关系存续期间，下列财产属于民法典第一千零六十二条规定的"其他应当归共同所有的财产"：

（一）一方以个人财产投资取得的收益；

（二）男女双方实际取得或者应当取得的住房补贴、住房公积金；

（三）男女双方实际取得或者应当取得的基本养老金、破产安置补偿费。

第二十六条　夫妻一方个人财产在婚后产生的收益，除孳息和自然增值外，应认定为夫妻共同财产。

第二十七条　由一方婚前承租、婚后用共同财产购买的房屋，登记在一方名下的，应当认定为夫妻共同财产。

第二十八条　一方未经另一方同意出售夫妻共同所有的房屋，第三人善意购买、支付合理对价并已办理不动产登记，另一方主张追回该房屋的，人民法院不予支持。

夫妻一方擅自处分共同所有的房屋造成另一方损失，离婚时另一方请求赔偿损失的，人民法院应予支持。

第二十九条　当事人结婚前，父母为双方购置房屋出资的，该出资应当认定为对自己子女个人的赠与，但父母明确表示赠与双方的除外。

当事人结婚后，父母为双方购置房屋出资的，依照约定处理；没有约定或者约定不明确的，按照民法典第一千零六十二条第一款第四项规定的原则处理。

第三十条　军人的伤亡保险金、伤残补助金、医药生活补助费属于个人财产。

第三十一条　民法典第一千零六十三条规定为夫妻一方的个人财产，不因婚姻关系的延续而转化为夫妻共同财产。但当事人另有约定的除外。

第三十二条 婚前或者婚姻关系存续期间，当事人约定将一方所有的房产赠与另一方或者共有，赠与方在赠与房产变更登记之前撤销赠与，另一方请求判令继续履行的，人民法院可以按照民法典第六百五十八条的规定处理。

第三十三条 债权人就一方婚前所负个人债务向债务人的配偶主张权利的，人民法院不予支持。但债权人能够证明所负债务用于婚后家庭共同生活的除外。

第三十四条 夫妻一方与第三人串通，虚构债务，第三人主张该债务为夫妻共同债务的，人民法院不予支持。

夫妻一方在从事赌博、吸毒等违法犯罪活动中所负债务，第三人主张该债务为夫妻共同债务的，人民法院不予支持。

第三十五条 当事人的离婚协议或者人民法院生效判决、裁定、调解书已经对夫妻财产分割问题作出处理的，债权人仍有权就夫妻共同债务向男女双方主张权利。

一方就夫妻共同债务承担清偿责任后，主张由另一方按照离婚协议或者人民法院的法律文书承担相应债务的，人民法院应予支持。

第三十六条 夫或者妻一方死亡的，生存一方应当对婚姻关系存续期间的夫妻共同债务承担清偿责任。

第三十七条 民法典第一千零六十五条第三款所称"相对人知道该约定的"，夫妻一方对此负有举证责任。

第三十八条 婚姻关系存续期间，除民法典第一千零六十六条规定情形以外，夫妻一方请求分割共同财产的，人民法院不予支持。

四、父母子女关系

第三十九条 父或者母向人民法院起诉请求否认亲子关系，并已提供必要证据予以证明，另一方没有相反证据又拒绝做亲子鉴定的，人民法院可以认定否认亲子关系一方的主张成立。

父或者母以及成年子女起诉请求确认亲子关系，并提供必要证据予以证明，另一方没有相反证据又拒绝做亲子鉴定的，人民法院可以认定确认亲子关系一方的主张成立。

第四十条 婚姻关系存续期间,夫妻双方一致同意进行人工授精,所生子女应视为婚生子女,父母子女间的权利义务关系适用民法典的有关规定。

第四十一条 尚在校接受高中及其以下学历教育,或者丧失、部分丧失劳动能力等非因主观原因而无法维持正常生活的成年子女,可以认定为民法典第一千零六十七条规定的"不能独立生活的成年子女"。

第四十二条 民法典第一千零六十七条所称"抚养费",包括子女生活费、教育费、医疗费等费用。

第四十三条 婚姻关系存续期间,父母双方或者一方拒不履行抚养子女义务,未成年子女或者不能独立生活的成年子女请求支付抚养费的,人民法院应予支持。

第四十四条 离婚案件涉及未成年子女抚养的,对不满两周岁的子女,按照民法典第一千零八十四条第三款规定的原则处理。母亲有下列情形之一,父亲请求直接抚养的,人民法院应予支持:

(一)患有久治不愈的传染性疾病或者其他严重疾病,子女不宜与其共同生活;

(二)有抚养条件不尽抚养义务,而父亲要求子女随其生活;

(三)因其他原因,子女确不宜随母亲生活。

第四十五条 父母双方协议不满两周岁子女由父亲直接抚养,并对子女健康成长无不利影响的,人民法院应予支持。

第四十六条 对已满两周岁的未成年子女,父母均要求直接抚养,一方有下列情形之一的,可予优先考虑:

(一)已做绝育手术或者因其他原因丧失生育能力;

(二)子女随其生活时间较长,改变生活环境对子女健康成长明显不利;

(三)无其他子女,而另一方有其他子女;

(四)子女随其生活,对子女成长有利,而另一方患有久治不愈的传染性疾病或者其他严重疾病,或者有其他不利于子女身心健康的情形,不宜与子女共同生活。

第四十七条 父母抚养子女的条件基本相同,双方均要求直接抚养子女,但子女单独随祖父母或者外祖父母共同生活多年,且祖父母或者外祖父母要求并且有能力帮助子女照顾孙子女或者外孙子女的,可以作为父或者母直接抚养子女的优先条件予以考虑。

第四十八条 在有利于保护子女利益的前提下,父母双方协议轮流直接抚养子女的,人民法院应予支持。

第四十九条 抚养费的数额,可以根据子女的实际需要、父母双方的负担能力和当地的实际生活水平确定。

有固定收入的,抚养费一般可以按其月总收入的百分之二十至三十的比例给付。负担两个以上子女抚养费的,比例可以适当提高,但一般不得超过月总收入的百分之五十。

无固定收入的,抚养费的数额可以依据当年总收入或者同行业平均收入,参照上述比例确定。

有特殊情况的,可以适当提高或者降低上述比例。

第五十条 抚养费应当定期给付,有条件的可以一次性给付。

第五十一条 父母一方无经济收入或者下落不明的,可以用其财物折抵抚养费。

第五十二条 父母双方可以协议由一方直接抚养子女并由直接抚养方负担子女全部抚养费。但是,直接抚养方的抚养能力明显不能保障子女所需费用,影响子女健康成长的,人民法院不予支持。

第五十三条 抚养费的给付期限,一般至子女十八周岁为止。

十六周岁以上不满十八周岁,以其劳动收入为主要生活来源,并能维持当地一般生活水平的,父母可以停止给付抚养费。

第五十四条 生父与继母离婚或者生母与继父离婚时,对曾受其抚养教育的继子女,继父或者继母不同意继续抚养的,仍应由生父或者生母抚养。

第五十五条 离婚后,父母一方要求变更子女抚养关系的,或者子女要求增加抚养费的,应当另行提起诉讼。

第五十六条 具有下列情形之一,父母一方要求变更子女抚养关系的,人民法院应予支持:

(一)与子女共同生活的一方因患严重疾病或者因伤残无力继续抚养子女;

(二)与子女共同生活的一方不尽抚养义务或有虐待子女行为,或者其与子女共同生活对子女身心健康确有不利影响;

(三)已满八周岁的子女,愿随另一方生活,该方又有抚养能力;

（四）有其他正当理由需要变更。

第五十七条 父母双方协议变更子女抚养关系的，人民法院应予支持。

第五十八条 具有下列情形之一，子女要求有负担能力的父或者母增加抚养费的，人民法院应予支持：

（一）原定抚养费数额不足以维持当地实际生活水平；

（二）因子女患病、上学，实际需要已超过原定数额；

（三）有其他正当理由应当增加。

第五十九条 父母不得因子女变更姓氏而拒付子女抚养费。父或者母擅自将子女姓氏改为继母或继父姓氏而引起纠纷的，应当责令恢复原姓氏。

第六十条 在离婚诉讼期间，双方均拒绝抚养子女的，可以先行裁定暂由一方抚养。

第六十一条 对拒不履行或者妨害他人履行生效判决、裁定、调解书中有关子女抚养义务的当事人或者其他人，人民法院可依照民事诉讼法第一百一十一条的规定采取强制措施。

五、离　　婚

第六十二条 无民事行为能力人的配偶有民法典第三十六条第一款规定行为，其他有监护资格的人可以要求撤销其监护资格，并依法指定新的监护人；变更后的监护人代理无民事行为能力一方提起离婚诉讼的，人民法院应予受理。

第六十三条 人民法院审理离婚案件，符合民法典第一千零七十九条第三款规定“应当准予离婚”情形的，不应当因当事人有过错而判决不准离婚。

第六十四条 民法典第一千零八十一条所称的“军人一方有重大过错”，可以依据民法典第一千零七十九条第三款前三项规定及军人有其他重大过错导致夫妻感情破裂的情形予以判断。

第六十五条 人民法院作出的生效的离婚判决中未涉及探望权，当事人就探望权问题单独提起诉讼的，人民法院应予受理。

第六十六条 当事人在履行生效判决、裁定或者调解书的过程中，一方请求中止探望的，人民法院在征询双方当事人意见后，认为需要中止探望的，依法作出裁定；中止探望的情形消失后，人民法院应当根据当事人的请求书面通知其恢复探望。

第六十七条 未成年子女、直接抚养子女的父或者母以及其他对未成年子女负担抚养、教育、保护义务的法定监护人，有权向人民法院提出中止探望的请求。

第六十八条 对于拒不协助另一方行使探望权的有关个人或者组织，可以由人民法院依法采取拘留、罚款等强制措施，但是不能对子女的人身、探望行为进行强制执行。

第六十九条 当事人达成的以协议离婚或者到人民法院调解离婚为条件的财产以及债务处理协议，如果双方离婚未成，一方在离婚诉讼中反悔的，人民法院应当认定该财产以及债务处理协议没有生效，并根据实际情况依照民法典第一千零八十七条和第一千零八十九条的规定判决。

当事人依照民法典第一千零七十六条签订的离婚协议中关于财产以及债务处理的条款，对男女双方具有法律约束力。登记离婚后当事人因履行上述协议发生纠纷提起诉讼的，人民法院应当受理。

第七十条 夫妻双方协议离婚后就财产分割问题反悔，请求撤销财产分割协议的，人民法院应当受理。

人民法院审理后，未发现订立财产分割协议时存在欺诈、胁迫等情形的，应当依法驳回当事人的诉讼请求。

第七十一条 人民法院审理离婚案件，涉及分割发放到军人名下的复员费、自主择业费等一次性费用的，以夫妻婚姻关系存续年限乘以年平均值，所得数额为夫妻共同财产。

前款所称年平均值，是指将发放到军人名下的上述费用总额按具体年限均分得出的数额。其具体年限为人均寿命七十岁与军人入伍时实际年龄的差额。

第七十二条 夫妻双方分割共同财产中的股票、债券、投资基金份额等有价证券以及未上市股份有限公司股份时，协商不成或者按市价分配有困难的，人民法院可以根据数量按比例分配。

第七十三条 人民法院审理离婚案件，涉及分割夫妻共同财产中以一方名义在有限责任公司的出资额，另一方不是该公司股东的，按以下情形分别处理：

（一）夫妻双方协商一致将出资额部分或者全部转让给该股东的配偶，其他股东过半数同意，并且其他股东均明确表示放弃优先购买权的，该股东的配偶可以成为该公司股东；

（二）夫妻双方就出资额转让份额和转让价格等事项协商一致后，其他股东半数以上不同意转让，但愿意以同等条件购买该出资额的，人民法院可以对转让出资所得财产进行分割。其他股东半数以上不同意转让，也不愿意以同等条件购买该出资额的，视为其同意转让，该股东的配偶可以成为该公司股东。

用于证明前款规定的股东同意的证据，可以是股东会议材料，也可以是当事人通过其他合法途径取得的股东的书面声明材料。

第七十四条　人民法院审理离婚案件，涉及分割夫妻共同财产中以一方名义在合伙企业中的出资，另一方不是该企业合伙人的，当夫妻双方协商一致，将其合伙企业中的财产份额全部或者部分转让给对方时，按以下情形分别处理：

（一）其他合伙人一致同意的，该配偶依法取得合伙人地位；

（二）其他合伙人不同意转让，在同等条件下行使优先购买权的，可以对转让所得的财产进行分割；

（三）其他合伙人不同意转让，也不行使优先购买权，但同意该合伙人退伙或者削减部分财产份额的，可以对结算后的财产进行分割；

（四）其他合伙人既不同意转让，也不行使优先购买权，又不同意该合伙人退伙或者削减部分财产份额的，视为全体合伙人同意转让，该配偶依法取得合伙人地位。

第七十五条　夫妻以一方名义投资设立个人独资企业的，人民法院分割夫妻在该个人独资企业中的共同财产时，应当按照以下情形分别处理：

（一）一方主张经营该企业的，对企业资产进行评估后，由取得企业资产所有权一方给予另一方相应的补偿；

（二）双方均主张经营该企业的，在双方竞价基础上，由取得企业资产所有权的一方给予另一方相应的补偿；

（三）双方均不愿意经营该企业的，按照《中华人民共和国个人独资企业法》等有关规定办理。

第七十六条　双方对夫妻共同财产中的房屋价值及归属无法达成协议时，人民法院按以下情形分别处理：

（一）双方均主张房屋所有权并且同意竞价取得的，应当准许；

（二）一方主张房屋所有权的，由评估机构按市场价格对房屋作出评估，取得房屋所有权的一方应当给予另一方相应的补偿；

（三）双方均不主张房屋所有权的，根据当事人的申请拍卖、变卖房屋，就所得价款进行分割。

第七十七条 离婚时双方对尚未取得所有权或者尚未取得完全所有权的房屋有争议且协商不成的，人民法院不宜判决房屋所有权的归属，应当根据实际情况判决由当事人使用。

当事人就前款规定的房屋取得完全所有权后，有争议的，可以另行向人民法院提起诉讼。

第七十八条 夫妻一方婚前签订不动产买卖合同，以个人财产支付首付款并在银行贷款，婚后用夫妻共同财产还贷，不动产登记于首付款支付方名下的，离婚时该不动产由双方协议处理。

依前款规定不能达成协议的，人民法院可以判决该不动产归登记一方，尚未归还的贷款为不动产登记一方的个人债务。双方婚后共同还贷支付的款项及其相对应财产增值部分，离婚时应根据民法典第一千零八十七条第一款规定的原则，由不动产登记一方对另一方进行补偿。

第七十九条 婚姻关系存续期间，双方用夫妻共同财产出资购买以一方父母名义参加房改的房屋，登记在一方父母名下，离婚时另一方主张按照夫妻共同财产对该房屋进行分割的，人民法院不予支持。购买该房屋时的出资，可以作为债权处理。

第八十条 离婚时夫妻一方尚未退休、不符合领取基本养老金条件，另一方请求按照夫妻共同财产分割基本养老金的，人民法院不予支持；婚后以夫妻共同财产缴纳基本养老保险费，离婚时一方主张将养老金账户中婚姻关系存续期间个人实际缴纳部分及利息作为夫妻共同财产分割的，人民法院应予支持。

第八十一条 婚姻关系存续期间，夫妻一方作为继承人依法可以继承的遗产，在继承人之间尚未实际分割，起诉离婚时另一方请求分割的，人民法院应当告知当事人在继承人之间实际分割遗产后另行起诉。

第八十二条 夫妻之间订立借款协议，以夫妻共同财产出借给一方从事个人经营活动或者用于其他个人事务的，应视为双方约定处分夫妻共同财产的行为，离婚时可以按照借款协议的约定处理。

第八十三条　离婚后，一方以尚有夫妻共同财产未处理为由向人民法院起诉请求分割的，经审查该财产确属离婚时未涉及的夫妻共同财产，人民法院应当依法予以分割。

第八十四条　当事人依据民法典第一千零九十二条的规定向人民法院提起诉讼，请求再次分割夫妻共同财产的诉讼时效期间为三年，从当事人发现之日起计算。

第八十五条　夫妻一方申请对配偶的个人财产或者夫妻共同财产采取保全措施的，人民法院可以在采取保全措施可能造成损失的范围内，根据实际情况，确定合理的财产担保数额。

第八十六条　民法典第一千零九十一条规定的"损害赔偿"，包括物质损害赔偿和精神损害赔偿。涉及精神损害赔偿的，适用《最高人民法院关于确定民事侵权精神损害赔偿责任若干问题的解释》的有关规定。

第八十七条　承担民法典第一千零九十一条规定的损害赔偿责任的主体，为离婚诉讼当事人中无过错方的配偶。

人民法院判决不准离婚的案件，对于当事人基于民法典第一千零九十一条提出的损害赔偿请求，不予支持。

在婚姻关系存续期间，当事人不起诉离婚而单独依据民法典第一千零九十一条提起损害赔偿请求的，人民法院不予受理。

第八十八条　人民法院受理离婚案件时，应当将民法典第一千零九十一条等规定中当事人的有关权利义务，书面告知当事人。在适用民法典第一千零九十一条时，应当区分以下不同情况：

（一）符合民法典第一千零九十一条规定的无过错方作为原告基于该条规定向人民法院提起损害赔偿请求的，必须在离婚诉讼的同时提出。

（二）符合民法典第一千零九十一条规定的无过错方作为被告的离婚诉讼案件，如果被告不同意离婚也不基于该条规定提起损害赔偿请求的，可以就此单独提起诉讼。

（三）无过错方作为被告的离婚诉讼案件，一审时被告未基于民法典第一千零九十一条规定提出损害赔偿请求，二审期间提出的，人民法院应当进行调解；调解不成的，告知当事人另行起诉。双方当事人同意由第二审人民法院一并审理的，第二审人民法院可以一并裁判。

第八十九条　当事人在婚姻登记机关办理离婚登记手续后，以民法典第一千零九十一条规定为由向人民法院提出损害赔偿请求的，人民法院应当受理。但当事人在协议离婚时已经明确表示放弃该项请求的，人民法院不予支持。

第九十条 夫妻双方均有民法典第一千零九十一条规定的过错情形，一方或者双方向对方提出离婚损害赔偿请求的，人民法院不予支持。

六、附　　则

第九十一条 本解释自 2021 年 1 月 1 日起施行。

最高人民法院关于适用《中华人民共和国民法典》继承编的解释（一）

1. 2020 年 12 月 25 日最高人民法院审判委员会第 1825 次会议通过
2. 2020 年 12 月 29 日公布
3. 法释〔2020〕23 号
4. 自 2021 年 1 月 1 日起施行

为正确审理继承纠纷案件，根据《中华人民共和国民法典》等相关法律规定，结合审判实践，制定本解释。

一、一 般 规 定

第一条 继承从被继承人生理死亡或者被宣告死亡时开始。

宣告死亡的，根据民法典第四十八条规定确定的死亡日期，为继承开始的时间。

第二条 承包人死亡时尚未取得承包收益的，可以将死者生前对承包所投入的资金和所付出的劳动及其增值和孳息，由发包单位或者接续承包合同的人合理折价、补偿。其价额作为遗产。

第三条 被继承人生前与他人订有遗赠扶养协议，同时又立有遗嘱的，继承开始后，如果遗赠扶养协议与遗嘱没有抵触，遗产分别按协议和遗嘱处理；如果有抵触，按协议处理，与协议抵触的遗嘱全部或者部分无效。

第四条　遗嘱继承人依遗嘱取得遗产后,仍有权依照民法典第一千一百三十条的规定取得遗嘱未处分的遗产。

第五条　在遗产继承中,继承人之间因是否丧失继承权发生纠纷,向人民法院提起诉讼的,由人民法院依据民法典第一千一百二十五条的规定,判决确认其是否丧失继承权。

第六条　继承人是否符合民法典第一千一百二十五条第一款第三项规定的"虐待被继承人情节严重",可以从实施虐待行为的时间、手段、后果和社会影响等方面认定。

虐待被继承人情节严重的,不论是否追究刑事责任,均可确认其丧失继承权。

第七条　继承人故意杀害被继承人的,不论是既遂还是未遂,均应当确认其丧失继承权。

第八条　继承人有民法典第一千一百二十五条第一款第一项或者第二项所列之行为,而被继承人以遗嘱将遗产指定由该继承人继承的,可以确认遗嘱无效,并确认该继承人丧失继承权。

第九条　继承人伪造、篡改、隐匿或者销毁遗嘱,侵害了缺乏劳动能力又无生活来源的继承人的利益,并造成其生活困难的,应当认定为民法典第一千一百二十五条第一款第四项规定的"情节严重"。

二、法定继承

第十条　被收养人对养父母尽了赡养义务,同时又对生父母扶养较多的,除可以依照民法典第一千一百二十七条的规定继承养父母的遗产外,还可以依照民法典第一千一百三十一条的规定分得生父母适当的遗产。

第十一条　继子女继承了继父母遗产的,不影响其继承生父母的遗产。

继父母继承了继子女遗产的,不影响其继承生子女的遗产。

第十二条　养子女与生子女之间、养子女与养子女之间,系养兄弟姐妹,可以互为第二顺序继承人。

被收养人与其亲兄弟姐妹之间的权利义务关系,因收养关系的成立而消除,不能互为第二顺序继承人。

第十三条　继兄弟姐妹之间的继承权,因继兄弟姐妹之间的扶养关系而发生。没有扶养关系的,不能互为第二顺序继承人。

继兄弟姐妹之间相互继承了遗产的，不影响其继承亲兄弟姐妹的遗产。

第十四条 被继承人的孙子女、外孙子女、曾孙子女、外曾孙子女都可以代位继承，代位继承人不受辈数的限制。

第十五条 被继承人的养子女、已形成扶养关系的继子女的生子女可以代位继承；被继承人亲生子女的养子女可以代位继承；被继承人养子女的养子女可以代位继承；与被继承人已形成扶养关系的继子女的养子女也可以代位继承。

第十六条 代位继承人缺乏劳动能力又没有生活来源，或者对被继承人尽过主要赡养义务的，分配遗产时，可以多分。

第十七条 继承人丧失继承权的，其晚辈直系血亲不得代位继承。如该代位继承人缺乏劳动能力又没有生活来源，或者对被继承人尽赡养义务较多的，可以适当分给遗产。

第十八条 丧偶儿媳对公婆、丧偶女婿对岳父母，无论其是否再婚，依照民法典第一千一百二十九条规定作为第一顺序继承人时，不影响其子女代位继承。

第十九条 对被继承人生活提供了主要经济来源，或者在劳务等方面给予了主要扶助的，应当认定其尽了主要赡养义务或主要扶养义务。

第二十条 依照民法典第一千一百三十一条规定可以分给适当遗产的人，分给他们遗产时，按具体情况可以多于或者少于继承人。

第二十一条 依照民法典第一千一百三十一条规定可以分给适当遗产的人，在其依法取得被继承人遗产的权利受到侵犯时，本人有权以独立的诉讼主体资格向人民法院提起诉讼。

第二十二条 继承人有扶养能力和扶养条件，愿意尽扶养义务，但被继承人因有固定收入和劳动能力，明确表示不要求其扶养的，分配遗产时，一般不应因此而影响其继承份额。

第二十三条 有扶养能力和扶养条件的继承人虽然与被继承人共同生活，但对需要扶养的被继承人不尽扶养义务，分配遗产时，可以少分或者不分。

三、遗嘱继承和遗赠

第二十四条 继承人、受遗赠人的债权人、债务人，共同经营的合伙人，也应当视为与继承人、受遗赠人有利害关系，不能作为遗嘱的见证人。

第二十五条　遗嘱人未保留缺乏劳动能力又没有生活来源的继承人的遗产份额，遗产处理时，应当为该继承人留下必要的遗产，所剩余的部分，才可参照遗嘱确定的分配原则处理。

继承人是否缺乏劳动能力又没有生活来源，应当按遗嘱生效时该继承人的具体情况确定。

第二十六条　遗嘱人以遗嘱处分了国家、集体或者他人财产的，应当认定该部分遗嘱无效。

第二十七条　自然人在遗书中涉及死后个人财产处分的内容，确为死者的真实意思表示，有本人签名并注明了年、月、日，又无相反证据的，可以按自书遗嘱对待。

第二十八条　遗嘱人立遗嘱时必须具有完全民事行为能力。无民事行为能力人或者限制民事行为能力人所立的遗嘱，即使其本人后来具有完全民事行为能力，仍属无效遗嘱。遗嘱人立遗嘱时具有完全民事行为能力，后来成为无民事行为能力人或者限制民事行为能力人的，不影响遗嘱的效力。

第二十九条　附义务的遗嘱继承或者遗赠，如义务能够履行，而继承人、受遗赠人无正当理由不履行，经受益人或者其他继承人请求，人民法院可以取消其接受附义务部分遗产的权利，由提出请求的继承人或者受益人负责按遗嘱人的意愿履行义务，接受遗产。

四、遗产的处理

第三十条　人民法院在审理继承案件时，如果知道有继承人而无法通知的，分割遗产时，要保留其应继承的遗产，并确定该遗产的保管人或者保管单位。

第三十一条　应当为胎儿保留的遗产份额没有保留的，应从继承人所继承的遗产中扣回。

为胎儿保留的遗产份额，如胎儿出生后死亡的，由其继承人继承；如胎儿娩出时是死体的，由被继承人的继承人继承。

第三十二条　继承人因放弃继承权，致其不能履行法定义务的，放弃继承权的行为无效。

第三十三条　继承人放弃继承应当以书面形式向遗产管理人或者其他继承

人表示。

第三十四条 在诉讼中,继承人向人民法院以口头方式表示放弃继承的,要制作笔录,由放弃继承的人签名。

第三十五条 继承人放弃继承的意思表示,应当在继承开始后、遗产分割前作出。遗产分割后表示放弃的不再是继承权,而是所有权。

第三十六条 遗产处理前或者在诉讼进行中,继承人对放弃继承反悔的,由人民法院根据其提出的具体理由,决定是否承认。遗产处理后,继承人对放弃继承反悔的,不予承认。

第三十七条 放弃继承的效力,追溯到继承开始的时间。

第三十八条 继承开始后,受遗赠人表示接受遗赠,并于遗产分割前死亡的,其接受遗赠的权利转移给他的继承人。

第三十九条 由国家或者集体组织供给生活费用的烈属和享受社会救济的自然人,其遗产仍应准许合法继承人继承。

第四十条 继承人以外的组织或者个人与自然人签订遗赠扶养协议后,无正当理由不履行,导致协议解除的,不能享有受遗赠的权利,其支付的供养费用一般不予补偿;遗赠人无正当理由不履行,导致协议解除的,则应当偿还继承人以外的组织或者个人已支付的供养费用。

第四十一条 遗产因无人继承又无人受遗赠归国家或者集体所有制组织所有时,按照民法典第一千一百三十一条规定可以分给适当遗产的人提出取得遗产的诉讼请求,人民法院应当视情况适当分给遗产。

第四十二条 人民法院在分割遗产中的房屋、生产资料和特定职业所需要的财产时,应当依据有利于发挥其使用效益和继承人的实际需要,兼顾各继承人的利益进行处理。

第四十三条 人民法院对故意隐匿、侵吞或者争抢遗产的继承人,可以酌情减少其应继承的遗产。

第四十四条 继承诉讼开始后,如继承人、受遗赠人中有既不愿参加诉讼,又不表示放弃实体权利的,应当追加为共同原告;继承人已书面表示放弃继承、受遗赠人在知道受遗赠后六十日内表示放弃受遗赠或者到期没有表示的,不再列为当事人。

五、附　　则

第四十五条 本解释自 2021 年 1 月 1 日起施行。

最高人民法院关于审理人身损害赔偿案件适用法律若干问题的解释

1. 2003 年 12 月 4 日最高人民法院审判委员会第 1299 次会议通过、2003 年 12 月 26 日公布、自 2004 年 5 月 1 日起施行(法释〔2003〕20 号)
2. 根据 2020 年 12 月 23 日最高人民法院审判委员会第 1823 次会议通过、2020 年 12 月 29 日公布、自 2021 年 1 月 1 日起施行的《最高人民法院关于修改〈最高人民法院关于在民事审判工作中适用《中华人民共和国工会法》若干问题的解释〉等二十七件民事类司法解释的决定》第一次修正
3. 根据 2022 年 2 月 15 日最高人民法院审判委员会第 1864 次会议通过、2022 年 4 月 24 日公布、自 2022 年 5 月 1 日起施行的《最高人民法院关于修改〈最高人民法院关于审理人身损害赔偿案件适用法律若干问题的解释〉的决定》第二次修正

为正确审理人身损害赔偿案件,依法保护当事人的合法权益,根据《中华人民共和国民法典》《中华人民共和国民事诉讼法》等有关法律规定,结合审判实践,制定本解释。

第一条　因生命、身体、健康遭受侵害,赔偿权利人起诉请求赔偿义务人赔偿物质损害和精神损害的,人民法院应予受理。

本条所称"赔偿权利人",是指因侵权行为或者其他致害原因直接遭受人身损害的受害人以及死亡受害人的近亲属。

本条所称"赔偿义务人",是指因自己或者他人的侵权行为以及其他致害原因依法应当承担民事责任的自然人、法人或者非法人组织。

第二条　赔偿权利人起诉部分共同侵权人的,人民法院应当追加其他共同侵权人作为共同被告。赔偿权利人在诉讼中放弃对部分共同侵权人的诉讼请求的,其他共同侵权人对被放弃诉讼请求的被告应当承担的赔偿份额不承担连带责任。责任范围难以确定的,推定各共同侵权人承担同等责任。

人民法院应当将放弃诉讼请求的法律后果告知赔偿权利人,并将放弃诉讼请求的情况在法律文书中叙明。

第三条　依法应当参加工伤保险统筹的用人单位的劳动者,因工伤事故遭受

人身损害，劳动者或者其近亲属向人民法院起诉请求用人单位承担民事赔偿责任的，告知其按《工伤保险条例》的规定处理。

因用人单位以外的第三人侵权造成劳动者人身损害，赔偿权利人请求第三人承担民事赔偿责任的，人民法院应予支持。

第四条 无偿提供劳务的帮工人，在从事帮工活动中致人损害的，被帮工人应当承担赔偿责任。被帮工人承担赔偿责任后向有故意或者重大过失的帮工人追偿的，人民法院应予支持。被帮工人明确拒绝帮工的，不承担赔偿责任。

第五条 无偿提供劳务的帮工人因帮工活动遭受人身损害的，根据帮工人和被帮工人各自的过错承担相应的责任；被帮工人明确拒绝帮工的，被帮工人不承担赔偿责任，但可以在受益范围内予以适当补偿。

帮工人在帮工活动中因第三人的行为遭受人身损害的，有权请求第三人承担赔偿责任，也有权请求被帮工人予以适当补偿。被帮工人补偿后，可以向第三人追偿。

第六条 医疗费根据医疗机构出具的医药费、住院费等收款凭证，结合病历和诊断证明等相关证据确定。赔偿义务人对治疗的必要性和合理性有异议的，应当承担相应的举证责任。

医疗费的赔偿数额，按照一审法庭辩论终结前实际发生的数额确定。器官功能恢复训练所必要的康复费、适当的整容费以及其他后续治疗费，赔偿权利人可以待实际发生后另行起诉。但根据医疗证明或者鉴定结论确定必然发生的费用，可以与已经发生的医疗费一并予以赔偿。

第七条 误工费根据受害人的误工时间和收入状况确定。

误工时间根据受害人接受治疗的医疗机构出具的证明确定。受害人因伤致残持续误工的，误工时间可以计算至定残日前一天。

受害人有固定收入的，误工费按照实际减少的收入计算。受害人无固定收入的，按照其最近三年的平均收入计算；受害人不能举证证明其最近三年的平均收入状况的，可以参照受诉法院所在地相同或者相近行业上一年度职工的平均工资计算。

第八条 护理费根据护理人员的收入状况和护理人数、护理期限确定。

护理人员有收入的，参照误工费的规定计算；护理人员没有收入或者雇佣护工的，参照当地护工从事同等级别护理的劳务报酬标准计算。护理人员原则上为一人，但医疗机构或者鉴定机构有明确意见的，可以参照确定护理人员人数。

护理期限应计算至受害人恢复生活自理能力时止。受害人因残疾不能恢复生活自理能力的，可以根据其年龄、健康状况等因素确定合理的护理期限，但最长不超过二十年。

受害人定残后的护理，应当根据其护理依赖程度并结合配制残疾辅助器具的情况确定护理级别。

第九条　交通费根据受害人及其必要的陪护人员因就医或者转院治疗实际发生的费用计算。交通费应当以正式票据为凭；有关凭据应当与就医地点、时间、人数、次数相符合。

第十条　住院伙食补助费可以参照当地国家机关一般工作人员的出差伙食补助标准予以确定。

受害人确有必要到外地治疗，因客观原因不能住院，受害人本人及其陪护人员实际发生的住宿费和伙食费，其合理部分应予赔偿。

第十一条　营养费根据受害人伤残情况参照医疗机构的意见确定。

第十二条　残疾赔偿金根据受害人丧失劳动能力程度或者伤残等级，按照受诉法院所在地上一年度城镇居民人均可支配收入标准，自定残之日起按二十年计算。但六十周岁以上的，年龄每增加一岁减少一年；七十五周岁以上的，按五年计算。

受害人因伤致残但实际收入没有减少，或者伤残等级较轻但造成职业妨害严重影响其劳动就业的，可以对残疾赔偿金作相应调整。

第十三条　残疾辅助器具费按照普通适用器具的合理费用标准计算。伤情有特殊需要的，可以参照辅助器具配制机构的意见确定相应的合理费用标准。

辅助器具的更换周期和赔偿期限参照配制机构的意见确定。

第十四条　丧葬费按照受诉法院所在地上一年度职工月平均工资标准，以六个月总额计算。

第十五条　死亡赔偿金按照受诉法院所在地上一年度城镇居民人均可支配收入标准，按二十年计算。但六十周岁以上的，年龄每增加一岁减少一年；七十五周岁以上的，按五年计算。

第十六条　被扶养人生活费计入残疾赔偿金或者死亡赔偿金。

第十七条 被扶养人生活费根据扶养人丧失劳动能力程度，按照受诉法院所在地上一年度城镇居民人均消费支出标准计算。被扶养人为未成年人的，计算至十八周岁；被扶养人无劳动能力又无其他生活来源的，计算二十年。但六十周岁以上的，年龄每增加一岁减少一年；七十五周岁以上的，按五年计算。

被扶养人是指受害人依法应当承担扶养义务的未成年人或者丧失劳动能力又无其他生活来源的成年近亲属。被扶养人还有其他扶养人的，赔偿义务人只赔偿受害人依法应当负担的部分。被扶养人有数人的，年赔偿总额累计不超过上一年度城镇居民人均消费支出额。

第十八条 赔偿权利人举证证明其住所地或者经常居住地城镇居民人均可支配收入高于受诉法院所在地标准的，残疾赔偿金或者死亡赔偿金可以按照其住所地或者经常居住地的相关标准计算。

被扶养人生活费的相关计算标准，依照前款原则确定。

第十九条 超过确定的护理期限、辅助器具费给付年限或者残疾赔偿金给付年限，赔偿权利人向人民法院起诉请求继续给付护理费、辅助器具费或者残疾赔偿金的，人民法院应予受理。赔偿权利人确需继续护理、配制辅助器具，或者没有劳动能力和生活来源的，人民法院应当判令赔偿义务人继续给付相关费用五至十年。

第二十条 赔偿义务人请求以定期金方式给付残疾赔偿金、辅助器具费的，应当提供相应的担保。人民法院可以根据赔偿义务人的给付能力和提供担保的情况，确定以定期金方式给付相关费用。但是，一审法庭辩论终结前已经发生的费用、死亡赔偿金以及精神损害抚慰金，应当一次性给付。

第二十一条 人民法院应当在法律文书中明确定期金的给付时间、方式以及每期给付标准。执行期间有关统计数据发生变化的，给付金额应当适时进行相应调整。

定期金按照赔偿权利人的实际生存年限给付，不受本解释有关赔偿期限的限制。

第二十二条 本解释所称“城镇居民人均可支配收入”“城镇居民人均消费支出”“职工平均工资”，按照政府统计部门公布的各省、自治区、直辖市以及经济特区和计划单列市上一年度相关统计数据确定。

“上一年度”，是指一审法庭辩论终结时的上一统计年度。

第二十三条　精神损害抚慰金适用《最高人民法院关于确定民事侵权精神损害赔偿责任若干问题的解释》予以确定。

第二十四条　本解释自 2022 年 5 月 1 日起施行。施行后发生的侵权行为引起的人身损害赔偿案件适用本解释。

本院以前发布的司法解释与本解释不一致的，以本解释为准。

最高人民法院关于审理道路交通事故损害赔偿案件适用法律若干问题的解释

1. 2012 年 9 月 17 日最高人民法院审判委员会第 1556 次会议通过、2012 年 11 月 27 日公布、自 2012 年 12 月 21 日起施行（法释〔2012〕19 号）
2. 根据 2020 年 12 月 23 日最高人民法院审判委员会第 1823 次会议通过、2020 年 12 月 29 日公布、自 2021 年 1 月 1 日起施行的《最高人民法院关于修改〈最高人民法院关于在民事审判工作中适用《中华人民共和国工会法》若干问题的解释〉等二十七件民事类司法解释的决定》（法释〔2020〕17 号）修正

为正确审理道路交通事故损害赔偿案件，根据《中华人民共和国民法典》《中华人民共和国道路交通安全法》《中华人民共和国保险法》《中华人民共和国民事诉讼法》等法律的规定，结合审判实践，制定本解释。

一、关于主体责任的认定

第一条　机动车发生交通事故造成损害，机动车所有人或者管理人有下列情形之一，人民法院应当认定其对损害的发生有过错，并适用民法典第一千二百零九条的规定确定其相应的赔偿责任：

（一）知道或者应当知道机动车存在缺陷，且该缺陷是交通事故发生原因之一的；

（二）知道或者应当知道驾驶人无驾驶资格或者未取得相应驾驶资格的；

（三）知道或者应当知道驾驶人因饮酒、服用国家管制的精神药品或者麻醉药品，或者患有妨碍安全驾驶机动车的疾病等依法不能驾驶机动车的；

（四）其它应当认定机动车所有人或者管理人有过错的。

第二条 被多次转让但是未办理登记的机动车发生交通事故造成损害，属于该机动车一方责任，当事人请求由最后一次转让并交付的受让人承担赔偿责任的，人民法院应予支持。

第三条 套牌机动车发生交通事故造成损害，属于该机动车一方责任，当事人请求由套牌机动车的所有人或者管理人承担赔偿责任的，人民法院应予支持；被套牌机动车所有人或者管理人同意套牌的，应当与套牌机动车的所有人或者管理人承担连带责任。

第四条 拼装车、已达到报废标准的机动车或者依法禁止行驶的其他机动车被多次转让，并发生交通事故造成损害，当事人请求由所有的转让人和受让人承担连带责任的，人民法院应予支持。

第五条 接受机动车驾驶培训的人员，在培训活动中驾驶机动车发生交通事故造成损害，属于该机动车一方责任，当事人请求驾驶培训单位承担赔偿责任的，人民法院应予支持。

第六条 机动车试乘过程中发生交通事故造成试乘人损害，当事人请求提供试乘服务者承担赔偿责任的，人民法院应予支持。试乘人有过错的，应当减轻提供试乘服务者的赔偿责任。

第七条 因道路管理维护缺陷导致机动车发生交通事故造成损害，当事人请求道路管理者承担相应赔偿责任的，人民法院应予支持。但道路管理者能够证明已经依照法律、法规、规章的规定，或者按照国家标准、行业标准、地方标准的要求尽到安全防护、警示等管理维护义务的除外。

依法不得进入高速公路的车辆、行人，进入高速公路发生交通事故造成自身损害，当事人请求高速公路管理者承担赔偿责任的，适用民法典第一千二百四十三条的规定。

第八条 未按照法律、法规、规章或者国家标准、行业标准、地方标准的强制性规定设计、施工，致使道路存在缺陷并造成交通事故，当事人请求建设单位与施工单位承担相应赔偿责任的，人民法院应予支持。

第九条 机动车存在产品缺陷导致交通事故造成损害，当事人请求生产者或者销售者依照民法典第七编第四章的规定承担赔偿责任的，人民法院应予支持。

第十条 多辆机动车发生交通事故造成第三人损害，当事人请求多个侵权人承担赔偿责任的，人民法院应当区分不同情况，依照民法典第一千一百七十条、第一千一百七十一条、第一千一百七十二条的规定，确定侵权人承担连带责任或者按份责任。

二、关于赔偿范围的认定

第十一条　道路交通安全法第七十六条规定的"人身伤亡"，是指机动车发生交通事故侵害被侵权人的生命权、身体权、健康权等人身权益所造成的损害，包括民法典第一千一百七十九条和第一千一百八十三条规定的各项损害。

道路交通安全法第七十六条规定的"财产损失"，是指因机动车发生交通事故侵害被侵权人的财产权益所造成的损失。

第十二条　因道路交通事故造成下列财产损失，当事人请求侵权人赔偿的，人民法院应予支持：

（一）维修被损坏车辆所支出的费用、车辆所载物品的损失、车辆施救费用；

（二）因车辆灭失或者无法修复，为购买交通事故发生时与被损坏车辆价值相当的车辆重置费用；

（三）依法从事货物运输、旅客运输等经营性活动的车辆，因无法从事相应经营活动所产生的合理停运损失；

（四）非经营性车辆因无法继续使用，所产生的通常替代性交通工具的合理费用。

三、关于责任承担的认定

第十三条　同时投保机动车第三者责任强制保险（以下简称"交强险"）和第三者责任商业保险（以下简称"商业三者险"）的机动车发生交通事故造成损害，当事人同时起诉侵权人和保险公司的，人民法院应当依照民法典第一千二百一十三条的规定，确定赔偿责任。

被侵权人或者其近亲属请求承保交强险的保险公司优先赔偿精神损害的，人民法院应予支持。

第十四条　投保人允许的驾驶人驾驶机动车致使投保人遭受损害，当事人请求承保交强险的保险公司在责任限额范围内予以赔偿的，人民法院应予支持，但投保人为本车上人员的除外。

第十五条 有下列情形之一导致第三人人身损害，当事人请求保险公司在交强险责任限额范围内予以赔偿，人民法院应予支持：

（一）驾驶人未取得驾驶资格或者未取得相应驾驶资格的；

（二）醉酒、服用国家管制的精神药品或者麻醉药品后驾驶机动车发生交通事故的；

（三）驾驶人故意制造交通事故的。

保险公司在赔偿范围内向侵权人主张追偿权的，人民法院应予支持。追偿权的诉讼时效期间自保险公司实际赔偿之日起计算。

第十六条 未依法投保交强险的机动车发生交通事故造成损害，当事人请求投保义务人在交强险责任限额范围内予以赔偿的，人民法院应予支持。

投保义务人和侵权人不是同一人，当事人请求投保义务人和侵权人在交强险责任限额范围内承担相应责任的，人民法院应予支持。

第十七条 具有从事交强险业务资格的保险公司违法拒绝承保、拖延承保或者违法解除交强险合同，投保义务人在向第三人承担赔偿责任后，请求该保险公司在交强险责任限额范围内承担相应赔偿责任的，人民法院应予支持。

第十八条 多辆机动车发生交通事故造成第三人损害，损失超出各机动车交强险责任限额之和的，由各保险公司在各自责任限额范围内承担赔偿责任；损失未超出各机动车交强险责任限额之和，当事人请求由各保险公司按照其责任限额与责任限额之和的比例承担赔偿责任的，人民法院应予支持。

依法分别投保交强险的牵引车和挂车连接使用时发生交通事故造成第三人损害，当事人请求由各保险公司在各自的责任限额范围内平均赔偿的，人民法院应予支持。

多辆机动车发生交通事故造成第三人损害，其中部分机动车未投保交强险，当事人请求先由已承保交强险的保险公司在责任限额范围内予以赔偿的，人民法院应予支持。保险公司就超出其应承担的部分向未投保交强险的投保义务人或者侵权人行使追偿权的，人民法院应予支持。

第十九条 同一交通事故的多个被侵权人同时起诉的，人民法院应当按照各被侵权人的损失比例确定交强险的赔偿数额。

第二十条 机动车所有权在交强险合同有效期内发生变动，保险公司在交通事故发生后,以该机动车未办理交强险合同变更手续为由主张免除赔偿责任的,人民法院不予支持。

机动车在交强险合同有效期内发生改装、使用性质改变等导致危险程度增加的情形,发生交通事故后,当事人请求保险公司在责任限额范围内予以赔偿的,人民法院应予支持。

前款情形下,保险公司另行起诉请求投保义务人按照重新核定后的保险费标准补足当期保险费的,人民法院应予支持。

第二十一条　当事人主张交强险人身伤亡保险金请求权转让或者设定担保的行为无效的,人民法院应予支持。

四、关于诉讼程序的规定

第二十二条　人民法院审理道路交通事故损害赔偿案件,应当将承保交强险的保险公司列为共同被告。但该保险公司已经在交强险责任限额范围内予以赔偿且当事人无异议的除外。

人民法院审理道路交通事故损害赔偿案件,当事人请求将承保商业三者险的保险公司列为共同被告的,人民法院应予准许。

第二十三条　被侵权人因道路交通事故死亡,无近亲属或者近亲属不明,未经法律授权的机关或者有关组织向人民法院起诉主张死亡赔偿金的,人民法院不予受理。

侵权人以已向未经法律授权的机关或者有关组织支付死亡赔偿金为理由,请求保险公司在交强险责任限额范围内予以赔偿的,人民法院不予支持。

被侵权人因道路交通事故死亡,无近亲属或者近亲属不明,支付被侵权人医疗费、丧葬费等合理费用的单位或者个人,请求保险公司在交强险责任限额范围内予以赔偿的,人民法院应予支持。

第二十四条　公安机关交通管理部门制作的交通事故认定书,人民法院应依法审查并确认其相应的证明力,但有相反证据推翻的除外。

五、关于适用范围的规定

第二十五条　机动车在道路以外的地方通行时引发的损害赔偿案件,可以参照适用本解释的规定。

第二十六条 本解释施行后尚未终审的案件，适用本解释；本解释施行前已经终审，当事人申请再审或者按照审判监督程序决定再审的案件，不适用本解释。

最高人民法院关于审理利用信息网络侵害人身权益民事纠纷案件适用法律若干问题的规定

1. 2014 年 6 月 23 日最高人民法院审判委员会第 1621 次会议通过、2014 年 8 月 21 日公布、自 2014 年 10 月 10 日起施行(法释〔2014〕11 号)
2. 根据 2020 年 12 月 23 日最高人民法院审判委员会第 1823 次会议通过、2020 年 12 月 29 日公布、自 2021 年 1 月 1 日起施行的《最高人民法院关于修改〈最高人民法院关于在民事审判工作中适用《中华人民共和国工会法》若干问题的解释〉等二十七件民事类司法解释的决定》(法释〔2020〕17 号)修正

为正确审理利用信息网络侵害人身权益民事纠纷案件，根据《中华人民共和国民法典》《全国人民代表大会常务委员会关于加强网络信息保护的决定》《中华人民共和国民事诉讼法》等法律的规定，结合审判实践，制定本规定。

第一条 本规定所称的利用信息网络侵害人身权益民事纠纷案件，是指利用信息网络侵害他人姓名权、名称权、名誉权、荣誉权、肖像权、隐私权等人身权益引起的纠纷案件。

第二条 原告依据民法典第一千一百九十五条、第一千一百九十七条的规定起诉网络用户或者网络服务提供者的，人民法院应予受理。

原告仅起诉网络用户，网络用户请求追加涉嫌侵权的网络服务提供者为共同被告或者第三人的，人民法院应予准许。

原告仅起诉网络服务提供者，网络服务提供者请求追加可以确定的网络用户为共同被告或者第三人的，人民法院应予准许。

第三条 原告起诉网络服务提供者，网络服务提供者以涉嫌侵权的信息系网络用户发布为由抗辩的，人民法院可以根据原告的请求及案件的具体情

况，责令网络服务提供者向人民法院提供能够确定涉嫌侵权的网络用户的姓名（名称）、联系方式、网络地址等信息。

网络服务提供者无正当理由拒不提供的，人民法院可以依据民事诉讼法第一百一十四条的规定对网络服务提供者采取处罚等措施。

原告根据网络服务提供者提供的信息请求追加网络用户为被告的，人民法院应予准许。

第四条　人民法院适用民法典第一千一百九十五条第二款的规定，认定网络服务提供者采取的删除、屏蔽、断开链接等必要措施是否及时，应当根据网络服务的类型和性质、有效通知的形式和准确程度、网络信息侵害权益的类型和程度等因素综合判断。

第五条　其发布的信息被采取删除、屏蔽、断开链接等措施的网络用户，主张网络服务提供者承担违约责任或者侵权责任，网络服务提供者以收到民法典第一千一百九十五条第一款规定的有效通知为由抗辩的，人民法院应予支持。

第六条　人民法院依据民法典第一千一百九十七条认定网络服务提供者是否"知道或者应当知道"，应当综合考虑下列因素：

（一）网络服务提供者是否以人工或者自动方式对侵权网络信息以推荐、排名、选择、编辑、整理、修改等方式作出处理；

（二）网络服务提供者应当具备的管理信息的能力，以及所提供服务的性质、方式及其引发侵权的可能性大小；

（三）该网络信息侵害人身权益的类型及明显程度；

（四）该网络信息的社会影响程度或者一定时间内的浏览量；

（五）网络服务提供者采取预防侵权措施的技术可能性及其是否采取了相应的合理措施；

（六）网络服务提供者是否针对同一网络用户的重复侵权行为或者同一侵权信息采取了相应的合理措施；

（七）与本案相关的其他因素。

第七条　人民法院认定网络用户或者网络服务提供者转载网络信息行为的过错及其程度，应当综合以下因素：

（一）转载主体所承担的与其性质、影响范围相适应的注意义务；

（二）所转载信息侵害他人人身权益的明显程度；

（三）对所转载信息是否作出实质性修改，是否添加或者修改文章标题，导致其与内容严重不符以及误导公众的可能性。

第八条 网络用户或者网络服务提供者采取诽谤、诋毁等手段，损害公众对经营主体的信赖，降低其产品或者服务的社会评价，经营主体请求网络用户或者网络服务提供者承担侵权责任的，人民法院应依法予以支持。

第九条 网络用户或者网络服务提供者，根据国家机关依职权制作的文书和公开实施的职权行为等信息来源所发布的信息，有下列情形之一，侵害他人人身权益，被侵权人请求侵权人承担侵权责任的，人民法院应予支持：

（一）网络用户或者网络服务提供者发布的信息与前述信息来源内容不符；

（二）网络用户或者网络服务提供者以添加侮辱性内容、诽谤性信息、不当标题或者通过增删信息、调整结构、改变顺序等方式致人误解；

（三）前述信息来源已被公开更正，但网络用户拒绝更正或者网络服务提供者不予更正；

（四）前述信息来源已被公开更正，网络用户或者网络服务提供者仍然发布更正之前的信息。

第十条 被侵权人与构成侵权的网络用户或者网络服务提供者达成一方支付报酬，另一方提供删除、屏蔽、断开链接等服务的协议，人民法院应认定为无效。

擅自篡改、删除、屏蔽特定网络信息或者以断开链接的方式阻止他人获取网络信息，发布该信息的网络用户或者网络服务提供者请求侵权人承担侵权责任的，人民法院应予支持。接受他人委托实施该行为的，委托人与受托人承担连带责任。

第十一条 网络用户或者网络服务提供者侵害他人人身权益，造成财产损失或者严重精神损害，被侵权人依据民法典第一千一百八十二条和第一千一百八十三条的规定，请求其承担赔偿责任的，人民法院应予支持。

第十二条 被侵权人为制止侵权行为所支付的合理开支，可以认定为民法典第一千一百八十二条规定的财产损失。合理开支包括被侵权人或者委托代理人对侵权行为进行调查、取证的合理费用。人民法院根据当事人的请求和具体案情，可以将符合国家有关部门规定的律师费用计算在赔偿范围内。

被侵权人因人身权益受侵害造成的财产损失以及侵权人因此获得的利益难以确定的，人民法院可以根据具体案情在50万元以下的范围内确定赔偿数额。

第十三条　本规定施行后人民法院正在审理的一审、二审案件适用本规定。

本规定施行前已经终审，本规定施行后当事人申请再审或者按照审判监督程序决定再审的案件，不适用本规定。

最高人民法院关于审理民间借贷案件适用法律若干问题的规定

1. 2015年6月23日最高人民法院审判委员会第1655次会议通过、2015年8月6日公布、自2015年9月1日起施行（法释〔2015〕18号）
2. 根据2020年8月18日最高人民法院审判委员会第1809次会议通过、2020年8月19日公布、自2020年8月20日起施行的《最高人民法院关于修改〈关于审理民间借贷案件适用法律若干问题的规定〉的决定》（法释〔2020〕6号）第一次修正
3. 根据2020年12月23日最高人民法院审判委员会第1823次会议通过、2020年12月29日公布、自2021年1月1日起施行的《最高人民法院关于修改〈最高人民法院关于在民事审判工作中适用《中华人民共和国工会法》若干问题的解释〉等二十七件民事类司法解释的决定》（法释〔2020〕17号）第二次修正

为正确审理民间借贷纠纷案件，根据《中华人民共和国民法典》《中华人民共和国民事诉讼法》《中华人民共和国刑事诉讼法》等相关法律之规定，结合审判实践，制定本规定。

第一条　本规定所称的民间借贷，是指自然人、法人和非法人组织之间进行资金融通的行为。

经金融监管部门批准设立的从事贷款业务的金融机构及其分支机构，因发放贷款等相关金融业务引发的纠纷，不适用本规定。

第二条　出借人向人民法院提起民间借贷诉讼时，应当提供借据、收据、欠条等债权凭证以及其他能够证明借贷法律关系存在的证据。

当事人持有的借据、收据、欠条等债权凭证没有载明债权人，持有债权

凭证的当事人提起民间借贷诉讼的,人民法院应予受理。被告对原告的债权人资格提出有事实依据的抗辩,人民法院经审查认为原告不具有债权人资格的,裁定驳回起诉。

第三条 借贷双方就合同履行地未约定或者约定不明确,事后未达成补充协议,按照合同相关条款或者交易习惯仍不能确定的,以接受货币一方所在地为合同履行地。

第四条 保证人为借款人提供连带责任保证,出借人仅起诉借款人的,人民法院可以不追加保证人为共同被告;出借人仅起诉保证人的,人民法院可以追加借款人为共同被告。

保证人为借款人提供一般保证,出借人仅起诉保证人的,人民法院应当追加借款人为共同被告;出借人仅起诉借款人的,人民法院可以不追加保证人为共同被告。

第五条 人民法院立案后,发现民间借贷行为本身涉嫌非法集资等犯罪的,应当裁定驳回起诉,并将涉嫌非法集资等犯罪的线索、材料移送公安或者检察机关。

公安或者检察机关不予立案,或者立案侦查后撤销案件,或者检察机关作出不起诉决定,或者经人民法院生效判决认定不构成非法集资等犯罪,当事人又以同一事实向人民法院提起诉讼的,人民法院应予受理。

第六条 人民法院立案后,发现与民间借贷纠纷案件虽有关联但不是同一事实的涉嫌非法集资等犯罪的线索、材料的,人民法院应当继续审理民间借贷纠纷案件,并将涉嫌非法集资等犯罪的线索、材料移送公安或者检察机关。

第七条 民间借贷纠纷的基本案件事实必须以刑事案件的审理结果为依据,而该刑事案件尚未审结的,人民法院应当裁定中止诉讼。

第八条 借款人涉嫌犯罪或者生效判决认定其有罪,出借人起诉请求担保人承担民事责任的,人民法院应予受理。

第九条 自然人之间的借款合同具有下列情形之一的,可以视为合同成立:

(一)以现金支付的,自借款人收到借款时;

(二)以银行转账、网上电子汇款等形式支付的,自资金到达借款人账户时;

(三)以票据交付的,自借款人依法取得票据权利时;

（四）出借人将特定资金账户支配权授权给借款人的，自借款人取得对该账户实际支配权时；

（五）出借人以与借款人约定的其他方式提供借款并实际履行完成时。

第十条　法人之间、非法人组织之间以及它们相互之间为生产、经营需要订立的民间借贷合同，除存在民法典第一百四十六条、第一百五十三条、第一百五十四条以及本规定第十三条规定的情形外，当事人主张民间借贷合同有效的，人民法院应予支持。

第十一条　法人或者非法人组织在本单位内部通过借款形式向职工筹集资金，用于本单位生产、经营，且不存在民法典第一百四十四条、第一百四十六条、第一百五十三条、第一百五十四条以及本规定第十三条规定的情形，当事人主张民间借贷合同有效的，人民法院应予支持。

第十二条　借款人或者出借人的借贷行为涉嫌犯罪，或者已经生效的裁判认定构成犯罪，当事人提起民事诉讼的，民间借贷合同并不当然无效。人民法院应当依据民法典第一百四十四条、第一百四十六条、第一百五十三条、第一百五十四条以及本规定第十三条之规定，认定民间借贷合同的效力。

担保人以借款人或者出借人的借贷行为涉嫌犯罪或者已经生效的裁判认定构成犯罪为由，主张不承担民事责任的，人民法院应当依据民间借贷合同与担保合同的效力、当事人的过错程度，依法确定担保人的民事责任。

第十三条　具有下列情形之一的，人民法院应当认定民间借贷合同无效：

（一）套取金融机构贷款转贷的；

（二）以向其他营利法人借贷、向本单位职工集资，或者以向公众非法吸收存款等方式取得的资金转贷的；

（三）未依法取得放贷资格的出借人，以营利为目的向社会不特定对象提供借款的；

（四）出借人事先知道或者应当知道借款人借款用于违法犯罪活动仍然提供借款的；

（五）违反法律、行政法规强制性规定的；

（六）违背公序良俗的。

第十四条　原告以借据、收据、欠条等债权凭证为依据提起民间借贷诉讼，被告依据基础法律关系提出抗辩或者反诉，并提供证据证明债权纠纷非民间借贷行为引起的，人民法院应当依据查明的案件事实，按照基础法律关系审理。

当事人通过调解、和解或者清算达成的债权债务协议，不适用前款规定。

第十五条 原告仅依据借据、收据、欠条等债权凭证提起民间借贷诉讼，被告抗辩已经偿还借款的，被告应当对其主张提供证据证明。被告提供相应证据证明其主张后，原告仍应就借贷关系的存续承担举证责任。

被告抗辩借贷行为尚未实际发生并能作出合理说明的，人民法院应当结合借贷金额、款项交付、当事人的经济能力、当地或者当事人之间的交易方式、交易习惯、当事人财产变动情况以及证人证言等事实和因素，综合判断查证借贷事实是否发生。

第十六条 原告仅依据金融机构的转账凭证提起民间借贷诉讼，被告抗辩转账系偿还双方之前借款或者其他债务的，被告应当对其主张提供证据证明。被告提供相应证据证明其主张后，原告仍应就借贷关系的成立承担举证责任。

第十七条 依据《最高人民法院关于适用〈中华人民共和国民事诉讼法〉的解释》第一百七十四条第二款之规定，负有举证责任的原告无正当理由拒不到庭，经审查现有证据无法确认借贷行为、借贷金额、支付方式等案件主要事实的，人民法院对原告主张的事实不予认定。

第十八条 人民法院审理民间借贷纠纷案件时发现有下列情形之一的，应当严格审查借贷发生的原因、时间、地点、款项来源、交付方式、款项流向以及借贷双方的关系、经济状况等事实，综合判断是否属于虚假民事诉讼：

（一）出借人明显不具备出借能力；

（二）出借人起诉所依据的事实和理由明显不符合常理；

（三）出借人不能提交债权凭证或者提交的债权凭证存在伪造的可能；

（四）当事人双方在一定期限内多次参加民间借贷诉讼；

（五）当事人无正当理由拒不到庭参加诉讼，委托代理人对借贷事实陈述不清或者陈述前后矛盾；

（六）当事人双方对借贷事实的发生没有任何争议或者诉辩明显不符

合常理；

（七）借款人的配偶或者合伙人、案外人的其他债权人提出有事实依据的异议；

（八）当事人在其他纠纷中存在低价转让财产的情形；

（九）当事人不正当放弃权利；

（十）其他可能存在虚假民间借贷诉讼的情形。

第十九条　经查明属于虚假民间借贷诉讼，原告申请撤诉的，人民法院不予准许，并应当依据民事诉讼法第一百一十二条之规定，判决驳回其请求。

诉讼参与人或者其他人恶意制造、参与虚假诉讼，人民法院应当依据民事诉讼法第一百一十一条、第一百一十二条和第一百一十三条之规定，依法予以罚款、拘留；构成犯罪的，应当移送有管辖权的司法机关追究刑事责任。

单位恶意制造、参与虚假诉讼的，人民法院应当对该单位进行罚款，并可以对其主要负责人或者直接责任人员予以罚款、拘留；构成犯罪的，应当移送有管辖权的司法机关追究刑事责任。

第二十条　他人在借据、收据、欠条等债权凭证或者借款合同上签名或者盖章，但是未表明其保证人身份或者承担保证责任，或者通过其他事实不能推定其为保证人，出借人请求其承担保证责任的，人民法院不予支持。

第二十一条　借贷双方通过网络贷款平台形成借贷关系，网络贷款平台的提供者仅提供媒介服务，当事人请求其承担担保责任的，人民法院不予支持。

网络贷款平台的提供者通过网页、广告或者其他媒介明示或者有其他证据证明其为借贷提供担保，出借人请求网络贷款平台的提供者承担担保责任的，人民法院应予支持。

第二十二条　法人的法定代表人或者非法人组织的负责人以单位名义与出借人签订民间借贷合同，有证据证明所借款项系法定代表人或者负责人个人使用，出借人请求将法定代表人或者负责人列为共同被告或者第三人的，人民法院应予准许。

法人的法定代表人或者非法人组织的负责人以个人名义与出借人订

立民间借贷合同，所借款项用于单位生产经营，出借人请求单位与个人共同承担责任的，人民法院应予支持。

第二十三条 当事人以订立买卖合同作为民间借贷合同的担保，借款到期后借款人不能还款，出借人请求履行买卖合同的，人民法院应当按照民间借贷法律关系审理。当事人根据法庭审理情况变更诉讼请求的，人民法院应当准许。

按照民间借贷法律关系审理作出的判决生效后，借款人不履行生效判决确定的金钱债务，出借人可以申请拍卖买卖合同标的物，以偿还债务。就拍卖所得的价款与应偿还借款本息之间的差额，借款人或者出借人有权主张返还或者补偿。

第二十四条 借贷双方没有约定利息，出借人主张支付利息的，人民法院不予支持。

自然人之间借贷对利息约定不明，出借人主张支付利息的，人民法院不予支持。除自然人之间借贷的外，借贷双方对借贷利息约定不明，出借人主张利息的，人民法院应当结合民间借贷合同的内容，并根据当地或者当事人的交易方式、交易习惯、市场报价利率等因素确定利息。

第二十五条 出借人请求借款人按照合同约定利率支付利息的，人民法院应予支持，但是双方约定的利率超过合同成立时一年期贷款市场报价利率四倍的除外。

前款所称“一年期贷款市场报价利率”，是指中国人民银行授权全国银行间同业拆借中心自 2019 年 8 月 20 日起每月发布的一年期贷款市场报价利率。

第二十六条 借据、收据、欠条等债权凭证载明的借款金额，一般认定为本金。预先在本金中扣除利息的，人民法院应当将实际出借的金额认定为本金。

第二十七条 借贷双方对前期借款本息结算后将利息计入后期借款本金并重新出具债权凭证，如果前期利率没有超过合同成立时一年期贷款市场报价利率四倍，重新出具的债权凭证载明的金额可认定为后期借款本金。超过部分的利息，不应认定为后期借款本金。

按前款计算，借款人在借款期间届满后应当支付的本息之和，超过以最初借款本金与以最初借款本金为基数、以合同成立时一年期贷款市场报价利率四倍计算的整个借款期间的利息之和的，人民法院不予支持。

第二十八条　借贷双方对逾期利率有约定的，从其约定，但是以不超过合同成立时一年期贷款市场报价利率四倍为限。

未约定逾期利率或者约定不明的，人民法院可以区分不同情况处理：

（一）既未约定借期内利率，也未约定逾期利率，出借人主张借款人自逾期还款之日起参照当时一年期贷款市场报价利率标准计算的利息承担逾期还款违约责任的，人民法院应予支持；

（二）约定了借期内利率但是未约定逾期利率，出借人主张借款人自逾期还款之日起按照借期内利率支付资金占用期间利息的，人民法院应予支持。

第二十九条　出借人与借款人既约定了逾期利率，又约定了违约金或者其他费用，出借人可以选择主张逾期利息、违约金或者其他费用，也可以一并主张，但是总计超过合同成立时一年期贷款市场报价利率四倍的部分，人民法院不予支持。

第三十条　借款人可以提前偿还借款，但是当事人另有约定的除外。

借款人提前偿还借款并主张按照实际借款期限计算利息的，人民法院应予支持。

第三十一条　本规定施行后，人民法院新受理的一审民间借贷纠纷案件，适用本规定。

2020 年 8 月 20 日之后新受理的一审民间借贷案件，借贷合同成立于 2020 年 8 月 20 日之前，当事人请求适用当时的司法解释计算自合同成立到 2020 年 8 月 19 日的利息部分的，人民法院应予支持；对于自 2020 年 8 月 20 日到借款返还之日的利息部分，适用起诉时本规定的利率保护标准计算。

本规定施行后，最高人民法院以前作出的相关司法解释与本规定不一致的，以本规定为准。

最高人民法院关于审理信用证纠纷案件若干问题的规定

1. 2005 年 10 月 24 日最高人民法院审判委员会第 1368 次会议通过、2005 年 11 月 14 日公布、自 2006 年 1 月 1 日起施行(法释〔2005〕13 号)
2. 根据 2020 年 12 月 23 日最高人民法院审判委员会第 1823 次会议通过、2020 年 12 月 29 日公布、自 2021 年 1 月 1 日起施行的《最高人民法院关于修改〈最高人民法院关于破产企业国有划拨土地使用权应否列入破产财产等问题的批复〉等二十九件商事类司法解释的决定》(法释〔2020〕18 号)修正

根据《中华人民共和国民法典》《中华人民共和国涉外民事关系法律适用法》《中华人民共和国民事诉讼法》等法律,参照国际商会《跟单信用证统一惯例》等相关国际惯例,结合审判实践,就审理信用证纠纷案件的有关问题,制定本规定。

第一条 本规定所指的信用证纠纷案件,是指在信用证开立、通知、修改、撤销、保兑、议付、偿付等环节产生的纠纷。

第二条 人民法院审理信用证纠纷案件时,当事人约定适用相关国际惯例或者其他规定的,从其约定;当事人没有约定的,适用国际商会《跟单信用证统一惯例》或者其他相关国际惯例。

第三条 开证申请人与开证行之间因申请开立信用证而产生的欠款纠纷、委托人和受托人之间因委托开立信用证产生的纠纷、担保人为申请开立信用证或者委托开立信用证提供担保而产生的纠纷以及信用证项下融资产生的纠纷,适用本规定。

第四条 因申请开立信用证而产生的欠款纠纷、委托开立信用证纠纷和因此产生的担保纠纷以及信用证项下融资产生的纠纷应当适用中华人民共和国相关法律。涉外合同当事人对法律适用另有约定的除外。

第五条 开证行在作出付款、承兑或者履行信用证项下其他义务的承诺后,只要单据与信用证条款、单据与单据之间在表面上相符,开证行应当履行在信用证规定的期限内付款的义务。当事人以开证申请人与受益人之间

的基础交易提出抗辩的，人民法院不予支持。具有本规定第八条的情形除外。

第六条 人民法院在审理信用证纠纷案件中涉及单证审查的，应当根据当事人约定适用的相关国际惯例或者其他规定进行；当事人没有约定的，应当按照国际商会《跟单信用证统一惯例》以及国际商会确定的相关标准，认定单据与信用证条款、单据与单据之间是否在表面上相符。

信用证项下单据与信用证条款之间、单据与单据之间在表面上不完全一致，但并不导致相互之间产生歧义的，不应认定为不符点。

第七条 开证行有独立审查单据的权利和义务，有权自行作出单据与信用证条款、单据与单据之间是否在表面上相符的决定，并自行决定接受或者拒绝接受单据与信用证条款、单据与单据之间的不符点。

开证行发现信用证项下存在不符点后，可以自行决定是否联系开证申请人接受不符点。开证申请人决定是否接受不符点，并不影响开证行最终决定是否接受不符点。开证行和开证申请人另有约定的除外。

开证行向受益人明确表示接受不符点的，应当承担付款责任。

开证行拒绝接受不符点时，受益人以开证申请人已接受不符点为由要求开证行承担信用证项下付款责任的，人民法院不予支持。

第八条 凡有下列情形之一的，应当认定存在信用证欺诈：

（一）受益人伪造单据或者提交记载内容虚假的单据；

（二）受益人恶意不交付货物或者交付的货物无价值；

（三）受益人和开证申请人或者其他第三方串通提交假单据，而没有真实的基础交易；

（四）其他进行信用证欺诈的情形。

第九条 开证申请人、开证行或者其他利害关系人发现有本规定第八条的情形，并认为将会给其造成难以弥补的损害时，可以向有管辖权的人民法院申请中止支付信用证项下的款项。

第十条 人民法院认定存在信用证欺诈的，应当裁定中止支付或者判决终止支付信用证项下款项，但有下列情形之一的除外：

（一）开证行的指定人、授权人已按照开证行的指令善意地进行了付款；

（二）开证行或者其指定人、授权人已对信用证项下票据善意地作出了承兑；

（三）保兑行善意地履行了付款义务；

（四）议付行善意地进行了议付。

第十一条 当事人在起诉前申请中止支付信用证项下款项符合下列条件的，人民法院应予受理：

（一）受理申请的人民法院对该信用证纠纷案件享有管辖权；

（二）申请人提供的证据材料证明存在本规定第八条的情形；

（三）如不采取中止支付信用证项下款项的措施，将会使申请人的合法权益受到难以弥补的损害；

（四）申请人提供了可靠、充分的担保；

（五）不存在本规定第十条的情形。

当事人在诉讼中申请中止支付信用证项下款项的，应当符合前款第（二）、（三）、（四）、（五）项规定的条件。

第十二条 人民法院接受中止支付信用证项下款项申请后，必须在四十八小时内作出裁定；裁定中止支付的，应当立即开始执行。

人民法院作出中止支付信用证项下款项的裁定，应当列明申请人、被申请人和第三人。

第十三条 当事人对人民法院作出中止支付信用证项下款项的裁定有异议的，可以在裁定书送达之日起十日内向上一级人民法院申请复议。上一级人民法院应当自收到复议申请之日起十日内作出裁定。

复议期间，不停止原裁定的执行。

第十四条 人民法院在审理信用证欺诈案件过程中，必要时可以将信用证纠纷与基础交易纠纷一并审理。

当事人以基础交易欺诈为由起诉的，可以将与案件有关的开证行、议付行或者其他信用证法律关系的利害关系人列为第三人；第三人可以申请参加诉讼，人民法院也可以通知第三人参加诉讼。

第十五条 人民法院通过实体审理，认定构成信用证欺诈并且不存在本规定第十条的情形的，应当判决终止支付信用证项下的款项。

第十六条 保证人以开证行或者开证申请人接受不符点未征得其同意为由请求免除保证责任的，人民法院不予支持。保证合同另有约定的除外。

第十七条 开证申请人与开证行对信用证进行修改未征得保证人同意的，保证人只在原保证合同约定的或者法律规定的期间和范围内承担保证责任。保证合同另有约定的除外。

第十八条　本规定自2006年1月1日起施行。

最高人民法院关于适用《中华人民共和国涉外民事关系法律适用法》若干问题的解释(一)

1. 2012年12月10日最高人民法院审判委员会第1563次会议通过、2012年12月28日公布、自2013年1月7日起施行(法释〔2012〕24号)
2. 根据2020年12月23日最高人民法院审判委员会第1823次会议通过、2020年12月29日公布、自2021年1月1日起施行的《最高人民法院关于修改〈最高人民法院关于破产企业国有划拨土地使用权应否列入破产财产等问题的批复〉等二十九件商事类司法解释的决定》(法释〔2020〕18号)修正

为正确审理涉外民事案件,根据《中华人民共和国涉外民事关系法律适用法》的规定,对人民法院适用该法的有关问题解释如下:

第一条　民事关系具有下列情形之一的,人民法院可以认定为涉外民事关系:

(一)当事人一方或双方是外国公民、外国法人或者其他组织、无国籍人;

(二)当事人一方或双方的经常居所地在中华人民共和国领域外;

(三)标的物在中华人民共和国领域外;

(四)产生、变更或者消灭民事关系的法律事实发生在中华人民共和国领域外;

(五)可以认定为涉外民事关系的其他情形。

第二条　涉外民事关系法律适用法实施以前发生的涉外民事关系,人民法院应当根据该涉外民事关系发生时的有关法律规定确定应当适用的法律;当时法律没有规定的,可以参照涉外民事关系法律适用法的规定确定。

第三条　涉外民事关系法律适用法与其他法律对同一涉外民事关系法律适

用规定不一致的，适用涉外民事关系法律适用法的规定，但《中华人民共和国票据法》《中华人民共和国海商法》《中华人民共和国民用航空法》等商事领域法律的特别规定以及知识产权领域法律的特别规定除外。

涉外民事关系法律适用法对涉外民事关系的法律适用没有规定而其他法律有规定的，适用其他法律的规定。

第四条 中华人民共和国法律没有明确规定当事人可以选择涉外民事关系适用的法律，当事人选择适用法律的，人民法院应认定该选择无效。

第五条 一方当事人以双方协议选择的法律与系争的涉外民事关系没有实际联系为由主张选择无效的，人民法院不予支持。

第六条 当事人在一审法庭辩论终结前协议选择或者变更选择适用的法律的，人民法院应予准许。

各方当事人援引相同国家的法律且未提出法律适用异议的，人民法院可以认定当事人已经就涉外民事关系适用的法律做出了选择。

第七条 当事人在合同中援引尚未对中华人民共和国生效的国际条约的，人民法院可以根据该国际条约的内容确定当事人之间的权利义务，但违反中华人民共和国社会公共利益或中华人民共和国法律、行政法规强制性规定的除外。

第八条 有下列情形之一，涉及中华人民共和国社会公共利益、当事人不能通过约定排除适用、无需通过冲突规范指引而直接适用于涉外民事关系的法律、行政法规的规定，人民法院应当认定为涉外民事关系法律适用法第四条规定的强制性规定：

（一）涉及劳动者权益保护的；

（二）涉及食品或公共卫生安全的；

（三）涉及环境安全的；

（四）涉及外汇管制等金融安全的；

（五）涉及反垄断、反倾销的；

（六）应当认定为强制性规定的其他情形。

第九条 一方当事人故意制造涉外民事关系的连结点，规避中华人民共和国法律、行政法规的强制性规定的，人民法院应认定为不发生适用外国法律的效力。

第十条 涉外民事争议的解决须以另一涉外民事关系的确认为前提时，人民法院应当根据该先决问题自身的性质确定其应当适用的法律。

第十一条　案件涉及两个或者两个以上的涉外民事关系时，人民法院应当分别确定应当适用的法律。

第十二条　当事人没有选择涉外仲裁协议适用的法律，也没有约定仲裁机构或者仲裁地，或者约定不明的，人民法院可以适用中华人民共和国法律认定该仲裁协议的效力。

第十三条　自然人在涉外民事关系产生或者变更、终止时已经连续居住一年以上且作为其生活中心的地方，人民法院可以认定为涉外民事关系法律适用法规定的自然人的经常居所地，但就医、劳务派遣、公务等情形除外。

第十四条　人民法院应当将法人的设立登记地认定为涉外民事关系法律适用法规定的法人的登记地。

第十五条　人民法院通过由当事人提供、已对中华人民共和国生效的国际条约规定的途径、中外法律专家提供等合理途径仍不能获得外国法律的，可以认定为不能查明外国法律。

根据涉外民事关系法律适用法第十条第一款的规定，当事人应当提供外国法律，其在人民法院指定的合理期限内无正当理由未提供该外国法律的，可以认定为不能查明外国法律。

第十六条　人民法院应当听取各方当事人对应当适用的外国法律的内容及其理解与适用的意见，当事人对该外国法律的内容及其理解与适用均无异议的，人民法院可以予以确认；当事人有异议的，由人民法院审查认定。

第十七条　涉及香港特别行政区、澳门特别行政区的民事关系的法律适用问题，参照适用本规定。

第十八条　涉外民事关系法律适用法施行后发生的涉外民事纠纷案件，本解释施行后尚未终审的，适用本解释；本解释施行前已经终审，当事人申请再审或者按照审判监督程序决定再审的，不适用本解释。

第十九条　本院以前发布的司法解释与本解释不一致的，以本解释为准。

最高人民法院关于审理因垄断行为引发的民事纠纷案件应用法律若干问题的规定

1. 2012 年 1 月 30 日最高人民法院审判委员会第 1539 次会议通过、2012 年 5 月 3 日公布、自 2012 年 6 月 1 日起施行(法释〔2012〕5 号)
2. 根据 2020 年 12 月 23 日最高人民法院审判委员会第 1823 次会议通过、2020 年 12 月 29 日公布、自 2021 年 1 月 1 日起施行的《最高人民法院关于修改〈最高人民法院关于审理侵犯专利权纠纷案件应用法律若干问题的解释(二)〉等十八件知识产权类司法解释的决定》修正

为正确审理因垄断行为引发的民事纠纷案件,制止垄断行为,保护和促进市场公平竞争,维护消费者利益和社会公共利益,根据《中华人民共和国民法典》《中华人民共和国反垄断法》和《中华人民共和国民事诉讼法》等法律的相关规定,制定本规定。

第一条 本规定所称因垄断行为引发的民事纠纷案件(以下简称垄断民事纠纷案件),是指因垄断行为受到损失以及因合同内容、行业协会的章程等违反反垄断法而发生争议的自然人、法人或者非法人组织,向人民法院提起的民事诉讼案件。

第二条 原告直接向人民法院提起民事诉讼,或者在反垄断执法机构认定构成垄断行为的处理决定发生法律效力后向人民法院提起民事诉讼,并符合法律规定的其他受理条件的,人民法院应当受理。

第三条 第一审垄断民事纠纷案件,由知识产权法院,省、自治区、直辖市人民政府所在地的市、计划单列市中级人民法院以及最高人民法院指定的中级人民法院管辖。

第四条 垄断民事纠纷案件的地域管辖,根据案件具体情况,依照民事诉讼法及相关司法解释有关侵权纠纷、合同纠纷等的管辖规定确定。

第五条 民事纠纷案件立案时的案由并非垄断纠纷,被告以原告实施了垄断行为为由提出抗辩或者反诉且有证据支持,或者案件需要依据反垄断法作出裁判,但受诉人民法院没有垄断民事纠纷案件管辖权的,应当将案件移

送有管辖权的人民法院。

第六条　两个或者两个以上原告因同一垄断行为向有管辖权的同一法院分别提起诉讼的，人民法院可以合并审理。

两个或者两个以上原告因同一垄断行为向有管辖权的不同法院分别提起诉讼的，后立案的法院在得知有关法院先立案的情况后，应当在七日内裁定将案件移送先立案的法院；受移送的法院可以合并审理。被告应当在答辩阶段主动向受诉人民法院提供其因同一行为在其他法院涉诉的相关信息。

第七条　被诉垄断行为属于反垄断法第十三条第一款第一项至第五项规定的垄断协议的，被告应对该协议不具有排除、限制竞争的效果承担举证责任。

第八条　被诉垄断行为属于反垄断法第十七条第一款规定的滥用市场支配地位的，原告应当对被告在相关市场内具有支配地位和其滥用市场支配地位承担举证责任。

被告以其行为具有正当性为由进行抗辩的，应当承担举证责任。

第九条　被诉垄断行为属于公用企业或者其他依法具有独占地位的经营者滥用市场支配地位的，人民法院可以根据市场结构和竞争状况的具体情况，认定被告在相关市场内具有支配地位，但有相反证据足以推翻的除外。

第十条　原告可以以被告对外发布的信息作为证明其具有市场支配地位的证据。被告对外发布的信息能够证明其在相关市场内具有支配地位的，人民法院可以据此作出认定，但有相反证据足以推翻的除外。

第十一条　证据涉及国家秘密、商业秘密、个人隐私或者其他依法应当保密的内容的，人民法院可以依职权或者当事人的申请采取不公开开庭、限制或者禁止复制、仅对代理律师展示、责令签署保密承诺书等保护措施。

第十二条　当事人可以向人民法院申请一至二名具有相应专门知识的人员出庭，就案件的专门性问题进行说明。

第十三条　当事人可以向人民法院申请委托专业机构或者专业人员就案件的专门性问题作出市场调查或者经济分析报告。经人民法院同意，双方当事人可以协商确定专业机构或者专业人员；协商不成的，由人民法院指定。

人民法院可以参照民事诉讼法及相关司法解释有关鉴定意见的规定，对前款规定的市场调查或者经济分析报告进行审查判断。

第十四条　被告实施垄断行为，给原告造成损失的，根据原告的诉讼请求和查明的事实，人民法院可以依法判令被告承担停止侵害、赔偿损失等民事责任。

根据原告的请求，人民法院可以将原告因调查、制止垄断行为所支付的合理开支计入损失赔偿范围。

第十五条 被诉合同内容、行业协会的章程等违反反垄断法或者其他法律、行政法规的强制性规定的，人民法院应当依法认定其无效。但是，该强制性规定不导致该民事法律行为无效的除外。

第十六条 因垄断行为产生的损害赔偿请求权诉讼时效期间，从原告知道或者应当知道权益受到损害以及义务人之日起计算。

原告向反垄断执法机构举报被诉垄断行为的，诉讼时效从其举报之日起中断。反垄断执法机构决定不立案、撤销案件或者决定终止调查的，诉讼时效期间从原告知道或者应当知道不立案、撤销案件或者终止调查之日起重新计算。反垄断执法机构调查后认定构成垄断行为的，诉讼时效期间从原告知道或者应当知道反垄断执法机构认定构成垄断行为的处理决定发生法律效力之日起重新计算。

原告知道或者应当知道权益受到损害以及义务人之日起超过三年，如果起诉时被诉垄断行为仍然持续，被告提出诉讼时效抗辩的，损害赔偿应当自原告向人民法院起诉之日起向前推算三年计算。自权利受到损害之日起超过二十年的，人民法院不予保护，有特殊情况的，人民法院可以根据权利人的申请决定延长。

最高人民法院关于审理涉及计算机网络域名民事纠纷案件适用法律若干问题的解释

1. 2001年6月26日最高人民法院审判委员会第1182次会议通过、2001年7月17日公布、自2001年7月24日起施行(法释〔2001〕24号)
2. 根据2020年12月23日最高人民法院审判委员会第1823次会议通过、2020年12月29日公布、自2021年1月1日起施行的《最高人民法院关于修改〈最高人民法院关于审理侵犯专利权纠纷案件应用法律若干问题的解释(二)〉等十八件知识产权类司法解释的决定》修正

为了正确审理涉及计算机网络域名注册、使用等行为的民事纠纷案件

（以下简称域名纠纷案件），根据《中华人民共和国民法典》《中华人民共和国反不正当竞争法》和《中华人民共和国民事诉讼法》（以下简称民事诉讼法）等法律的规定，作如下解释：

第一条　对于涉及计算机网络域名注册、使用等行为的民事纠纷，当事人向人民法院提起诉讼，经审查符合民事诉讼法第一百一十九条规定的，人民法院应当受理。

第二条　涉及域名的侵权纠纷案件，由侵权行为地或者被告住所地的中级人民法院管辖。对难以确定侵权行为地和被告住所地的，原告发现该域名的计算机终端等设备所在地可以视为侵权行为地。

涉外域名纠纷案件包括当事人一方或者双方是外国人、无国籍人、外国企业或组织、国际组织，或者域名注册地在外国的域名纠纷案件。在中华人民共和国领域内发生的涉外域名纠纷案件，依照民事诉讼法第四编的规定确定管辖。

第三条　域名纠纷案件的案由，根据双方当事人争议的法律关系的性质确定，并在其前冠以计算机网络域名；争议的法律关系的性质难以确定的，可以通称为计算机网络域名纠纷案件。

第四条　人民法院审理域名纠纷案件，对符合以下各项条件的，应当认定被告注册、使用域名等行为构成侵权或者不正当竞争：

（一）原告请求保护的民事权益合法有效；

（二）被告域名或其主要部分构成对原告驰名商标的复制、模仿、翻译或音译；或者与原告的注册商标、域名等相同或近似，足以造成相关公众的误认；

（三）被告对该域名或其主要部分不享有权益，也无注册、使用该域名的正当理由；

（四）被告对该域名的注册、使用具有恶意。

第五条　被告的行为被证明具有下列情形之一的，人民法院应当认定其具有恶意：

（一）为商业目的将他人驰名商标注册为域名的；

（二）为商业目的注册、使用与原告的注册商标、域名等相同或近似的域名，故意造成与原告提供的产品、服务或者原告网站的混淆，误导网络用户访问其网站或其他在线站点的；

（三）曾要约高价出售、出租或者以其他方式转让该域名获取不正当利益的；

（四）注册域名后自己并不使用也未准备使用，而有意阻止权利人注册该域名的；

（五）具有其他恶意情形的。

被告举证证明在纠纷发生前其所持有的域名已经获得一定的知名度，且能与原告的注册商标、域名等相区别，或者具有其他情形足以证明其不具有恶意的，人民法院可以不认定被告具有恶意。

第六条 人民法院审理域名纠纷案件，根据当事人的请求以及案件的具体情况，可以对涉及的注册商标是否驰名依法作出认定。

第七条 人民法院认定域名注册、使用等行为构成侵权或者不正当竞争的，可以判令被告停止侵权、注销域名，或者依原告的请求判令由原告注册使用该域名；给权利人造成实际损害的，可以判令被告赔偿损失。

侵权人故意侵权且情节严重，原告有权向人民法院请求惩罚性赔偿。

后记　律师之光

2015 年曾经写过一本刑事辩护方面的书，但因电脑故障，文件毁于一旦，半年多无法释怀，无法释怀自己的粗心大意，无法释怀自己耗费半年的心血，更无法释怀心中那逐渐远去却又灵光闪现的芳华情怀。

法律的精神是公平正义，在追求公平正义的道路上必定会触犯一部分人的利益，必定会动了一部分人的奶酪，必定会有让法律蒙羞的事件发生。"前车之鉴，后事之师"，希望通过以案说法的形式来解析法律，让人们更好地理解日常生活中的法律常识，避免踩坑，遭受不必要的损失，也希望这本书能帮到有需要的朋友们。

感谢法律出版社的编辑老师，感谢中国政法大学的王顺安、李显冬老师，感谢独立经济学家巩胜利教授的指导意见，感谢给我热忱帮助的所有兄弟姐妹朋友们。